L'entreprise entre joies et peines

L'entreprise entre joies et peines

Trajectoires, défis et perspectives de l'entreprise

Coordinateurs : Georges BARATIN, Marc Richevaux,
Clotaire Mouloungui et Amel GUEHAIRIA

SINGLETON PUBLISHER et Clotaire MOULOUNGUI
6, square du capitaine Guynemor
59960 Neuville-en-Ferrain
Didactijuris@yahoo.com

ISBN : 979-10-977232-5-5
EAN : 9791097723255

Avant-propos

L'entreprise occupe aujourd'hui une place essentielle dans les dynamiques économiques, sociales et juridiques qui structurent nos sociétés. Elle est à la fois vecteur de production de richesses, d'innovation et d'emplois, mais aussi confrontée à des défis multiples liés à la mondialisation, aux mutations technologiques, aux transformations institutionnelles et aux exigences accrues en matière de durabilité. C'est dans ce contexte de complexité et d'interdépendance que s'inscrit le présent ouvrage collectif, intitulé *Regards interdisciplinaires sur l'entreprise : trajectoires, défis et perspectives.*

L'ouvrage analyse les facteurs favorisant ou limitant la dynamique entrepreneuriale. Il traite des politiques publiques incitatives, du rôle des universités, de l'effet du développement financier, ainsi que de problématiques juridiques et des contraintes rencontrées par les PME.

En outre, il s'intéresse aux instruments et pratiques de gestion influençant la performance et la gouvernance. Il explore l'apport du contrôle de gestion à la performance globale et durable, la contribution des approches fondées sur les ressources à la compétitivité, la pertinence d'une conception systémique de la performance organisationnelle, l'impact des dépenses publiques sur la croissance économique, ainsi que les perspectives offertes par l'audit interne pour renforcer la gouvernance des PME.

En réunissant ces contributions, l'ouvrage entend alimenter la réflexion scientifique et professionnelle sur les transformations de l'entreprise ainsi que sur les leviers susceptibles de soutenir son émergence, sa pérennité et sa capacité d'adaptation. La diversité des approches mobilisées met en évidence la richesse des regards interdisciplinaires et souligne la nécessité d'un dialogue entre le droit, l'économie et les sciences de gestion pour analyser les trajectoires de l'entreprise dans un environnement marqué par l'incertitude et l'interdépendance.

Cet ouvrage est complété par un second : « L'entreprise entre joies et peines ».

Amel GUEHAIRIA
Professeure d'économie

Sommaire

1) L'IMPOSSIBILITÉ DE DEVENIR TOUS DES ENTREPRENEURS.

Clotaire MOULOUNGUI
Maître de conférences hors classe à l'ULCO
Rédacteur en chef de la Revue Gestion Juridique des RH
Rédacteur en chef de la Revue GestEcoDroit

Résumé : Les autorités publiques françaises facilitent la création d'entreprises grâce à un cadre juridique spécifique, un contexte et des infrastructures enviables. La raison est que l'enrichissement individuel susceptible de s'ensuivre est susceptible de contribuer à alimenter le Trésor public et la Sécurité sociale. En quoi consiste l'enrichissement ainsi recherché, et cette recherche vaut-elle la peine ? Peut-être faut-il songer aux salaires, aux dividendes, aux cotisations, aux impôts et aux taxes. Du reste, le simple souci de résorption du chômage de masse conduit à convaincre chacun des demandeurs d'emploi à réviser son projet professionnel de salariat ou de fonctionnariat, au profit d'une activité patronale ; serait-ce comme auto-entrepreneur.

Néanmoins, tout le monde n'a pas la fibre des affaires. D'ailleurs l'éventuelle appétence entrepreneuriale ne suffit pas toujours. Car beaucoup de Français n'ont pas encore ou bien n'ont plus le droit de diriger, d'administrer ou de gérer des entreprises. Dans quels cas de figure ou pourquoi ? Le lecteur trouvera la réponse à cette question (et à d'autres connexes) dans le chapitre ci-dessous, lequel rappelle d'abord les facilités offertes aux potentiels créateurs d'entreprises.

Abstract : French public authorities facilitate business creation thanks to a specific legal framework, an enviable context and infrastructure. The reason is that the individual enrichment likely to result is likely to contribute to feeding the public treasury and social security. What does this sought-after enrichment consist of, and is it worth the effort? Perhaps we should consider salaries, dividends, contributions, taxes and duties. Moreover, the simple concern of reducing mass unemployment leads to convincing each job seeker to revise their career plan for employment or civil service, in favor of an employer activity; even as a self-employed entrepreneur.

However, not everyone has a flair for business. Moreover, even a slight entrepreneurial appetite isn't always enough. Many French people don't yet have, or no longer have, the right to run, administer, or manage businesses. In what cases, and why ? The reader will find the answer to this question (and other related ones) in the chapter below, which first outlines the opportunities available to potential business creators.

Introduction

1. – Les humains ont besoin de biens matériels et de services pour vivre assez convenablement (1). Comment donc les obtiennent-ils ? Réponse : par héritage ; ou bien grâce à la solidarité (familiale, confraternelle, nationale) ; ou encore en vertu d'une activité source d'une rémunération généralement mensuelle. Dans cette troisième hypothèse, l'intéressé se sera obligé à offrir quotidiennement sa force de travail à un employeur. Il sera donc devenu un salarié du secteur privé, ou bien plutôt un agent public (c'est-à-dire un fonctionnaire ou un contractuel). Ce troisième cas de figure d'une activité subordonnée contre salaire ou contre traitement apparaît le plus fréquent en pratique. Sans doute du fait de ses intérêts pour les travailleurs concernés ainsi que, par ricochet, pour la collectivité tout entière.

2. – Néanmoins, à cause de la difficulté de se faire recruter, ou au contraire par souci d'indépendance professionnelle, voire par volonté d'innovation, certains individus choisissent de se mettre à leur propre compte personnel. Parfois, ils y parviennent en continuant l'activité d'une entreprise déjà constituée (reprise). Plus souvent, ils se lancent dans une création ex nihilo de leur propre affaire. Encore que, pour se rassurer, au lieu d'une entreprise individuelle, ils optent éventuellement pour une société commerciale. Le cas échéant, leur objectif commun sera de profiter de leurs synergies, puis celui de partager les bénéfices en fin d'exercice annuel.

3. – Toutefois, devenir un acteur de la vie économique dépend de nombreuses conditions : financières, climatiques, politiques, juridiques, etc. Les conditions juridiques semblent les plus faciles à remplir ; car elles se résument en la détention du droit d'entreprendre. Sans doute l'idée d'une vérification de ce droit

1) Même les religieux ayant fait vœu de pauvreté quémandent parfois quelques biens terrestres de nature à les aider à mieux exercer leurs vertus spirituelles.

semblera-t-elle surprenante, puisque la France a opté depuis bien longtemps pour la liberté du commerce et de l'industrie en faveur de ses habitants (Section). En réalité, cette liberté connaît des limites susceptibles de compromettre une entrée ou un maintien dans le monde des affaires (Section 2).

Section 1. – *L'intérêt individuel et collectif de l'entrepreneuriat.*

4. – Que le commerce et l'industrie se déploient sur le territoire de la République présente des intérêts pour les acteurs directs, ainsi que pour la collectivité. Voilà pourquoi il convient de les promouvoir. Néanmoins, les hommes (et femmes) d'affaires ne bénéficient pas pour autant d'une liberté sans limite. En effet, la liberté d'entreprendre se révèle parfois contrecarrée. En tous cas, l'activité économique est de nature à servir à la fois l'intérêt privé individuel et l'intérêt collectif. En conséquence de quoi les autorités publiques la facilitent autant que faire se peut (§ 1.). Cependant, cette facilitation étatique n'est pas appréciée à sa juste valeur par nombre d'entrepreneurs, de même que par beaucoup de leurs supporters et/ou suppôts (§ 2.).

§ 1. – La facilitation étatique de l'entreprenariat

5. – C'est d'abord au moyen de textes ou de jurisprudences que les autorités publiques facilitent la vie des affaires (A.). Il y a ensuite à leur actif la contribution à un contexte favorable à l'enrichissement des entrepreneurs (B.).

A. – La facilitation des affaires par des règles appropriées.

1. – UNE LIBERTÉ D'EXERCICE DE L'ACTIVITÉ DE SON CHOIX.

LA CONSÉCRATION DE LIBERTÉS INCONCEVABLES SOUS L'ANCIEN RÉGIME.

6. – Faire des affaires (entreprendre) est devenu beaucoup plus facile après la Révolution de 1789. Parce que plusieurs mesures restrictives antérieurement en vigueur (durant l'Ancien Régime) auront été supprimées (2). Auparavant, pour devenir artisan dans une branche quelconque, il fallait commencer par entrer comme membre dans la corporation correspondante. D'un autre côté, des monopoles étaient accordés à de rares personnes qui pouvaient alors exercer telle ou telle activité lucrative. Sans compter que le passage des marchandises d'une ville à l'autre était parfois subordonné au paiement d'un péage.

7. – Le changement (révolutionnaire) aura à la fois consisté en la consécration de la liberté du commerce et de l'industrie, et en l'interdiction des corporations, ces sortes de castes ou sectes professionnelles. Les deux mesures illustrent (en matière économique) la célébrissime abolition des privilèges. Rappelons que toute la population du Royaume de France relevait de trois classes, dont deux (la noblesse et le clergé) renfermaient quelques milliers de privilégiés), tandis que le troisième (le tiers-état) renfermait le reste de la population, c'est-à-dire des millions d'individus. Encore dit autrement, quelques personnes seulement bénéficiaient d'avantages auxquels les autres Français ne pouvaient prétendre. Cette abolition

---

2) Guylain CLAMOUR et Pierre-Yves GAHDOUN, Art. 2 - Contenu de la liberté du commerce et de l'industrie, Répertoire de droit commercial / Commerce et industrie Com. Mise à jour de mai 2023.

(la nuit du 04 août 1789) aura donc consisté à consacrer notre chère égalité actuelle.

8. – C'est durant l'année 1791 que les révolutionnaires auront ainsi libéré l'énergie entrepreneuriale du pays. Ce fut au moyen de deux textes d'ailleurs encore en vigueur aujourd'hui. Premièrement : la loi fiscale des 2-17 mars 1791, plus connue sous la dénomination de décret d'Allarde. La liberté du commerce et de l'industrie alors ainsi instituée est un droit détenu contre l'État. Celui-ci doit le respecter autant que faire se peut ; en application de la Constitution et des textes inférieurs (les lois et règlements) (3). Les bénéficiaires de cette liberté sont les entreprises et les particuliers, ou plus généralement des personnes privées (4). Certes, même une Administration pourrait aussi vouloir (valablement) s'en réclamer.

9. – En second lieu, il y aura eu la loi Le Chapelier des 14-17 juin 1791 qui aura aboli les corporations et les groupements (5). Cette abrogation devait logiquement emporter deux conséquences : d'une part, l'entrée de nouvelles personnes dans des activités économiques jusque-là trop sélectives ; d'autre part la disparition du communautarisme et, au contraire, l'émergence d'une seule communauté regroupant tous les citoyens : la Nation française.

10. – De même, deux années après, dans son article 17, la Constitution de 1793 aura manifesté une faveur identique envers les entrepreneurs (6). On y lit que : « *Nul genre de travail, de culture, de*

---

3) Imbert, Le décret d'Allarde et ses suites, Naissance des libertés économiques. Liberté du travail et liberté d'entreprendre : le décret d'Allarde et la loi Le Chapelier, leurs conséquences, 1791-fin XIX e siècle, éd. A. Plessis, Paris, IHI, 1993, p. 103-110.

4) Guillaume DRAGO, La liberté d'entreprendre, Revue Commentaire, 2015/2 Numéro 150.

5) Idem.

6) Jean-Charles ASSELAIN, Histoire des entreprises et approches globales. Quelles convergences ? Revue économique, 2007, Pages 153 à 172.

commerce ne peut être interdit à l'industrie des citoyens » (7). Une affirmation similaire se retrouve dans la Constitution du 22 août 1795. Celle-ci proclame en effet que : « *Il n'y a ni privilège ni maîtrise, ni jurande ni limitation à la liberté de la presse, du commerce, et à l'industrie et des arts de toute espèce. Toute loi prohibitive en ce genre, quand les circonstances la rendent nécessaire, est essentiellement provisoire, et n'a d'effet que pendant un an au plus, à moins qu'elle ne soit formellement renouvelée* » (art. 355). En faut-il que ces éléments théoriques se traduisent en définitive dans la vie pratique.

LES LIBERTÉS OFFERTES AUX ENTREPRENEURS ET LEUR EFFECTIVITÉ.

11. – La liberté du commerce et de l'industrie ne se réduit pas à une « *liberté économique* » (8). Car une telle perception (trop restrictive) exclurait des pans entiers de l'activité humaine. L'on sait par exemple que les professions libérales, de même que les professions intellectuelles, ne sont point des commerces. Mieux, diraient les intéressés eux-mêmes, ils s'y adonnent sans pour autant être des ("vulgaires") commerçants. Au fond, pour certains auteurs, la liberté du commerce et de l'industrie relèverait des principes généraux du droit, alors que pour d'autres elle appartiendrait aux libertés publiques.

12. – Indifféremment du cadre général de rattachement, il apparaît que le concept de liberté d'entreprendre est plus satisfaisant. Et

---

7) Et d'après l'article 18 : « *Tout homme peut engager ses services, son temps ; mais il ne peut se vendre, ni être vendu ; sa personne n'est pas une propriété aliénable* ».

8) Paule QUILICHINI, La liberté du commerce et de l'industrie peut servir à faire respecter la concurrence, AJDA 2003. 1232.

cette liberté d'entreprendre se subdivise en cinq composantes (9). Les voici : 1) la liberté d'établissement ou liberté d'installation ; 2) la liberté du travail (pour les indépendants) ; 3) la liberté de gestion ou liberté d'exploitation (définition de la politique de son entreprise) ; 4) la liberté contractuelle (autonomie de la volonté pour l'acte le plus fréquent (des personnes physiques et morales), le contrat ; 5) La liberté de la concurrence (une concurrence libre et non faussée). Il n'y a pas réellement de liberté du commerce et de l'industrie face à des trusts ou à des ententes frauduleuses d'autres entreprises plus ou moins grandes. Ce principe a besoin de compléter ou conforter par le principe de la liberté de la concurrence (10).

13. – En principe, les autorités publiques (en particulier le Gouvernement et le Parlement) respectent le principe de la liberté d'entreprendre. On sait à ce propos que le Conseil constitutionnel s'est prononcé (le 27 mars 2014) très en faveur de la liberté d'entreprendre, et presque contre la loi dite « *loi Florange* » (11). Une loi socialiste (de François HOLLANDE) qui visait à éviter le chômage des salariés dont l'employeur abandonnait son activité. La règle adoptée étant que s'il ne se trouvait de remplaçant (de repreneur), il devait alors assumer de lourdes pénalités (de nature à aider à l'assistance des nouveaux chômeurs). Il devait payer 20 fois le SMIC

9) Charlène COLLET, L'encadrement pluriel de la liberté d'installation des professionnels de santé par les conventions nationales, RDSS 2024. 202 ; Philippe COLEMAN, L'ordre public économique : l'ordre du marché, AJDA 2024. 766 ; Catherine PRIETO, Liberté d'établissement et de prestation de services, RTD eur. 2007. 75.

10) Paule QUILICHINI, La liberté du commerce et de l'industrie peut servir à faire respecter la concurrence, AJDA 2003. 1232.

11) Louis D'AVOUT, La liberté d'entreprendre au bûcher ? D. 2014. 1287 ; François BARRIÈRE et Charles de RÉALS, Loi Florange, une loi anti-OPA ? Rev. soc. 2015, p. 279 ; Alexandre FABRE, La promesse présidentielle de "Florange" à l'épreuve du droit de propriété et de la liberté d'entreprendre, Constitutions 2014. 204.

par salarié (12). Mais le Conseil constitutionnel aura trouvé ces exigences excessives ; même si les syndicats en font fréquemment la demande ("loi anti-licenciement").

14. – Le 16 janvier 1982, le Conseil avait déjà eu à se prononcer contre une loi socialiste (du temps de MITTERRAND) qui portait sur des nationalisations d'entreprises. Concrètement, plusieurs grandes sociétés françaises, notamment des banques, devaient cesser d'appartenir au secteur privé, pour devenir des entreprises publiques. Mais d'un point de vue légal, pour opérer de pareilles expropriations, il faut une loi (naturellement votée par le Parlement). C'est la loi correspondante qui (à l'époque) aura été attaquée devant le Conseil constitutionnel ; notamment pour atteinte au droit de propriété (13). L'inconstitutionnalité (ou plutôt la non-conformité à la Constitution) était envisageable du fait que de telles opérations restreignaient *« le champ de la propriété privée et de la liberté d'entreprise au point de méconnaître les dispositions [...] de la Déclaration de 1789 »*. Cette déclaration proclame que la propriété est sacrée, et qu'elle est au même rang que la liberté, la sûreté et la résistance à l'oppression. Les propriétaires expropriés n'auront certainement par tous remercié l'État, malgré sa fourniture jusque-là d'un contexte favorable à leur enrichissement.

---

12) François BARRIÈRE et Charles de RÉALS, Loi Florange, une loi anti-OPA ? Rev. soc. 2015, p. 279 ; Alexandre FABRE, La promesse présidentielle de « Florange » à l'épreuve du droit de propriété et de la liberté d'entreprendre, Constitutions 2014. 204.

13) Gwendoline LARDEUX, Qu'est-ce que la propriété ? RTD civ. 2013. 741.

2. - UNE LIBERTÉ D'ENTREPRENDRE ENTOURÉE DE LIMITES

LES LIMITATIONS PONCTUELLES À LA LIBERTÉ DES AFFAIRES.

15. – Le principe de la liberté d'entreprendre, quoique juridiquement de valeur constitutionnelle, est susceptible de limitations. Concrètement, quelques unes de ces limitations découlent d'autorités à compétence nationale. En revanche, d'autres relèvent du niveau communal. Des trois pouvoirs dans l'État (le législatif, l'exécutif, le judiciaire), c'est le pouvoir législatif (le Parlement : Sénat+Assemblée Nationale) qui, au moyen d'une loi, peut adopter des mesures restreignant la liberté du commerce et de l'industrie. Même quand une telle loi existe bel et bien, sa mise en œuvre (sur la population) nécessite l'intervention de ministres, de préfets et de maires notamment (14). De leur part, il s'agit alors d'adopter des arrêtés ou des décrets d'application. Le Gouvernement est du reste parfois tenu de compléter (de détailler) la loi dont le Parlement aura seulement décidé des grands contours.

16. – D'un autre côté, sans devoir s'abriter derrière une loi préexistante, le Gouvernement pourra directement porter atteinte à la liberté du commerce et de l'industrie. Ce sera alors au moyen d'un décret autonome, lequel est permis par la Constitution (art. 37), pour les matières relevant de sa compétence exclusive. On supposera une matière en lien avec cette liberté économique. Plus généralement, l'Administration (le Gouvernement) peut limiter des libertés en se fondant en particulier sur les concepts de circonstances exceptionnelles ; d'ordre public ; de mise en œuvre du

14) Marie-Pierre VIARD, Un maire peut réglementer la mise à l'eau de scooters de mer sur un point unique du territoire de la commune, AJDA 2008. 1725.

domaine public (15).

17. – Dans ce cadre, malgré la liberté du commerce et de l'industrie, un arrêté du 12 janvier 2018, du ministre de l'Économie (Bruno Le Maire) aura fait retirer tous les lots de lait fabriqués par la société LACTALIS (dans la ville de CRON, en Mayenne). C'était pour des raisons sanitaires (16). Dans le même sens, une association bataille en cet automne 2025 pour que ce ministère retire à la société suisse Nestlé le droit de se prévaloir de la dénomination « *eau naturelle gazeuse* » pour son eau. Car étant souvent traité, elle n'est plus tout à fait naturelle.

18. – Plusieurs produits ne sont point librement commercialisables : ils nécessitent une autorisation préalable de l'administration (17). L'on peut ici songer au commerce des armes (armurerie en ville ou exportation), celui de l'alcool (débit de boisson, licence IV). Le dernier exemple étonne parce que les supermarchés vendent librement de l'alcool ; mais à consommer chez soi.

19. – D'autres produits semblent être hors commerce, et donc insusceptibles d'être écoulés dans son commerce au coin de la rue

---

15) CONSEIL D'ÉTAT 8 JUIN 2005, Le maire, la liberté du commerce et le sex-shop, AJDA 2005. 1260 ; COUR ADMINISTRATIVE D'APPEL DE VERSAILLES 23 juin 2005, Un maire ne peut autoriser l'ouverture le dimanche d'un seul commerce de détail de sa commune s'il en existe d'autres ayant la même activité, Lebon 2005 ; Dominique VOLUT, Les pouvoirs du maire en matière d'installation et d'exploitation des manèges forains, D.A. 4 septembre 2012.

16) Yves PETIT, Retrait du lait écrémé en poudre dans le cadre du programme de distribution d'aide alimentaire aux personnes les plus démunies, Droit rural n° 449, Janvier 2017, comm. 28.

17) François DURET-ROBERT, Section 8 - Biens dont la vente est interdite ou soumise à certaines restrictions, Droit du marché de l'art / Chapitre 113 - Biens pouvant faire l'objet de ventes publiques, 2024-2025 ; CONSEIL D'ÉTAT 24 juillet 2019, Motifs de retrait d'une autorisation de fabrication ou de commerce des armes, Lebon 2019.

(18). Il y a tout d'abord le corps humain, ses parties et ses produits. Alors (par exemple) les transfusions sanguines et les transplantations d'organes ne sont généralement effectuées que grâce à des dons anonymes et gratuits.

20. – D'une autre côté, les animaux et les plantes (en risque d'extinction) et figurant sur des listes internationales de protection ne sont pas davantage commercialisables. De même, la chasse au trésor au sein de navires naufragés ou sur des sites archéologiques constitue une activité susceptible d'exposer les intéressés à des sanctions pénales.

21. – Le maire de la commune de Paris aura été désavoué par la justice administrative pour avoir cantonné l'activité de forains à la journée de mercredi, et seulement sur la place de l'Église (19). En vérité, les juges se seraient sans doute prononcés en sa faveur s'il avait agi pour l'ordre public, ou bien dans l'hypothèse où il se serait préoccupé de la sécurité publique. Ce n'était pas le cas ; il y aura eu par conséquent un détournement de ses pouvoirs par le maire voulant favoriser les commerçants sédentaires en compliquant la vie des commerçants nomades. Plus exactement la « *restriction a été motivée, non par les nécessités de la circulation ni pour des motifs tirés de l'ordre et de la sécurité publics mais par le souci de protéger les intérêts de certains commerçants de la localité* » (C.E., 25 janvier 1991).

22. – Au moins trois objectifs fondent l'existence et l'action du maire ;

---

18) Sandrine DRAPIER, Épaves maritimes : une notion "janusienne" à deux régimes pour le retirement, LPA juin 2024, n° LPA203d5.

19) Dominique VOLUT, Les pouvoirs du maire en matière d'installation et d'exploitation des manèges forains, D.A. 4 septembre 2012 ; Marie-Pierre VIARD, Un maire peut réglementer la mise à l'eau de scooters de mer sur un point unique du territoire de la commune, AJDA 2008. 1725 ; COUR ADMINISTRATIVE D'APPEL DE VERSAILLES 23 juin 2005, Un maire ne peut autoriser l'ouverture le dimanche d'un seul commerce de détail de sa commune s'il en existe d'autres ayant la même activité, Lebon 2005.

cela tranquillité, la salubrité et l'hygiène (20). La tranquillité consiste en l'existence d'un espace public sans désordre, sans bruit, sans affichage sauvage, sans commerce choquant. Chaque commune disposait autrefois de sa police municipale, ou seulement d'un cantonnier et d'un garde-champêtre pour garantir la tranquillité des citoyens. En second lieu, la salubrité renvoie à l'idée de propreté, tandis que l'hygiène concerne surtout le contrôle des commerces de bouche, en vue d'éviter les intoxications alimentaires. Le maire veille ainsi à l'harmonie des relations humaines et des installations matérielles. Il est probable qu'il invoque l'un au moins des trois concepts pour mettre (exceptionnellement) en échec la liberté du commerce et de l'industrie.

LA POSSIBILITÉ D'UNE CONCURRENCE COMMERCIALE DE L'ADMINISTRATION.

23. – Les personnes qui se lancent dans les affaires espèrent trouver une importante clientèle et très peu de concurrents. Or l'Administration pourrait parfois se dresser en rival dans l'acquisition de marchés (21). Le terme Administration avec (parfois) un grand A englobe les personnes publiques (22) ; par exemple : l'État, les régions, les départements, les communes, les établissements mis en place par l'un et les autres. On peut même y ajouter les personnes privées (entreprises ou associations) chargées d'un service public (l'eau, l'électricité, le gaz, le transport urbain,

20) Réponse min., Pouvoirs du maire en matière de lutte contre le phénomène de cabanisation sauvage, JOAN Q 23 avr. 2024, p. 3294, Construction - Urbanisme n° 6, Juin 2024, alerte 52 ; CONSEIL D'ÉTAT 8 JUIN 2005, Le maire, la liberté du commerce et le sex-shop, AJDA 2005. 1260.

21) Sébastien DEGOMMIER, Liberté du commerce et de l'industrie et gestion des musées, AJDA 2010. 1475.

22) CONSEIL D'ÉTAT 23 juillet 2014, Pôle emploi est un établissement public administratif, Lebon 2014.

etc.). La Sécurité sociale et France travail se situent dans cette zone intermédiaire entre le public et le privé.

24. – Dans un avis, le Conseil d'État aura répondu à propos d'une Administration candidate lors d'un marché public, qu'elle pouvait valablement se poser en concurrente d'entreprises privées (23). Car : « *aucun texte, ni aucun principe n'interdit, en raison de sa nature, à une personne publique de se porter candidate à l'attribution d'un marché public ou d'un contrat de délégation de service public* » (C.E. avis, 8 nov. 2000).

25. – Il l'aura ensuite solennellement jugé dans son arrêt Fédération française des services à la personne et de proximité (Fédésap) du 6 décembre 2017 (24). En voici les termes : « *il ne résulte d'aucun texte ni d'aucun principe que la consultation du Conseil d'État serait obligatoire au motif que le décret porterait, selon elle, atteinte à la liberté du commerce et de l'industrie* ».

26. – Certes, dans un arrêt du 30 mai 1930 (Chambre syndicale du commerce en détail de Nevers contre le conseil municipal de Nevers) il avait déjà proclamé que : « *les entreprises ayant un caractère commercial restent, en règle général, réservées à l'initiative privée* » (25). Ainsi donc, la liberté du commerce et de l'industrie profite aux personnes publiques (26). Oui, mais de façon exceptionnelle. Le principe est que l'Administration n'a pas à entreprendre des

23) Philippe Chrestia, Conformité à la Constitution de la priorité reconnue aux communes en matière de concession de plage, AJDA 2013. 1976.

24) CONSEIL D'ÉTAT, 6 décembre 2017, L'application nuancée de la directive Services à l'activité d'aide à domicile des personnes âgées et handicapées, AJDA 2018. 1406.

25) Michel GUIBAL, Commerce et industrie, Répertoire de droit commercial, janvier 2015.

26) Thierry GUILLOIS, La concurrence se moque de l'intérêt général, JA 2021, n°650, p.26 ; Sylvain PÉRIGNON, L'exercice du droit de préemption doit répondre à un intérêt général suffisant, AJDA 2012. 1869.

activités lucratives. Toutefois, l'intérêt général peut l'inciter à intervenir ; en particulier quand l'initiative privée est défaillante. Mais, en général, la puissance publique cherche à fournir les moyens de réussir aux entrepreneurs.

B. – L'offre d'un contexte favorable à l'enrichissement.

1. - UNE AIDE DIRECTE OU INDIRECTE À L'ENTREPRENARIAT

LA PROMOTION ÉTATIQUE DE L'ENTREPRENEURIAT EN DIRECTION DES ÉTUDIANTS.

30. – Les autorités françaises recommandent et favorisent la diffusion des idées entrepreneuriales dans les universités (27). La France ambitionne en effet devenir un pays d'entrepreneurs. Toutefois, certains reprochent alors au président de la République (Emmanuel MACRON) de vouloir faire du pays une *« Start Up Nation »*. Il n'empêche que, de son côté, un ancien premier ministre de gauche (Manuel VALS) avait auparavant clamé aimer l'entreprise. Du reste, même l'extrême-gauche se montre ouverte à de la magnanimité envers les (tout) petits patrons. Même les aides apportées aux grandes entreprises leur apparaitraient acceptables si des conditions (sociales, écologiques, économiques) leur étaient imposées et étaient

27) Alexandre DELMOTTE, Valorisation des résultats de la recherche : quand le chercheur veut le beurre, l'argent du beurre et le sourire de la crémière, Propriété industrielle n° 9, Septembre 2024, comm. 55 ; Florence GHRENASSIA et Amélie CHIOCCARELLO, La valorisation de la recherche, Gaz. Pal. 23 mai 2009, p. 43 ; Camille Alcover et Aurélien Guillois, Tribune – « Pour un apprentissage de l'entrepreneuriat culturel dès l'école », JAC 2017, n°45, p.38 ; Maripier TREMBLAY, Martine PELÉ, Gérard Akrikpan Kokou DOKOU, Les entrepreneurs des générations X et Y, Ellipses, 2019.

ensuite vérifiées. Sinon, ils se croient autorisés à parler de « *cadeaux faits aux riches* ».

31. – Du temps de Nicolas SARKOZY comme président de la République, il existait déjà deux dispositifs en direction de l'Université. Premièrement, la valorisation de la recherche au moyen d'une exploitation des découvertes universitaires dans des entreprises ; existantes ou spécialement créées. En second lieu, il y aura eu le statut de l'étudiant-entrepreneur, lequel incite et facile l'entrée des jeunes gens dans le monde des affaires.

32. – À ce sujet, dans le nord de la France, l'Université du Littoral Côte d'Opale (l'ULCO) s'est dotée d'une structure ad hoc (HUBHOUSE), le « *Centre Entreprenariat du Littoral* » (CEL). Sa direction est assurée par un professeur de Gestion (Gérard A. K. DOKOU). Même si le siège du CEL se situe à Dunkerque, les autres antennes (ou sites) de l'ULCO renferment des points d'accueil (à Calais, à Boulogne-sur-Mer, à Saint-Omer).

33. – D'un autre côté, plusieurs des formations offertes par cette université concourent à l'esprit entrepreneurial. Par exemple, le BUT GEA (*Gestion des Entreprises et des Administrations*), lequel est managé à Calais par Gauthier AUFORT. Par exemple encore, l'on trouve à Dunkerque un master de Management de l'Innovation, dont l'un des parcours s'intitule « *Stratégies d'Innovation et Dynamiques Entrepreneuriales* ». Sa codirection est assurée par deux professeures d'université en économie (Sophie BOUTILLIER et Blandine LAPERCHE).

34. – Les étudiants qui en sont diplômés ne se lancent pas toujours aussitôt dans la création d'entreprises. Ils commencent en effet par accumuler un capital en argent, en confiance et en relations, au sein de structures préexistantes. Autant d'éléments qui sont gages ou aides d'une réussite dans les affaires.

L'UTILITÉ PLUS OU MOINS PERCEPTIBLE DE L'ÉTAT DANS L'ÉCONOMIE.

35. – Si l'on demandait aux entrepreneurs (aux investisseurs, aux créateurs) s'ils attendent quelque chose des autorités publiques, leur réponse (arrogante) serait certainement que l'État devrait les laisser faire, et donc les laisser tranquilles. Car, en d'autres termes, ils s'en sortiraient parfaitement sans ses interventions considérées, au mieux, comme inutiles et, au pire, comme préjudiciables (28). À les croire, leur génie pourrait toujours donner la pleine mesure de ses capacités en tous lieux et en tous temps. Ce qui est en partie vrai. Par exemple, au siècle dernier, l'indien RAMANUJAN (1887-1920) aura révolutionné les mathématiques alors qu'il n'avait même pas fait d'études secondaires. Or il ne disposait nullement de bibliothèque universitaire, et naturellement pas de l'Internet.

36. – En vérité, le génie a besoin d'un contexte favorable pour éclore et se développer. Concrètement, l'existence d'infrastructures (routières, sanitaires, éducatives, bancaires, etc.) ainsi que la liberté d'agir, sont indispensables à la naissance d'entreprises (29). Plus

---

28) Marie-Christine de MONTECLER, Quel avenir pour les ingénieurs de l'État ? AJDA 2009. 626 ; Benoit LECOURT, Transposition de la directive sur la transparence fiscale des grandes sociétés, Rev. sociétés 2023. 704 ; Miren LARTIGUE, Impôt minimum de 15 % sur les bénéfices des grands groupes : la réforme entre en vigueur, D.A. 12 janvier 2024 ; CONSEIL D'ÉTAT, Crédit d'impôt en cas de double imposition, D.A. 27 juin 2016, Lebon 2016 ; CONSEIL D'ÉTAT 19 juillet 2019, Les données fiscales des "Américains accidentels" peuvent être transférées, Lebon 2019 ; Alexis CONTAMINE, Poursuites judiciaires et pirates somaliens : la nouvelle équation, AJ pénal 2010. 330 ; Bertrand-Léo COMBRADE, La France face aux enlèvements contre rançon revendiqués par des groupes terroristes, RDP mars 2022, p. 479.

29) Hélène GAUMONT-PRAT, Les aspects éthiques de la recherche clinique dans les pays en développement, D. 2004. 534 ; Nadège REBOUL-MAUPIN, Le vaccin contre le Covid-19 : un bien public mondial de l'humanité ! D. 2020. 1120 ; Alan FUSTEC, La place du capital immatériel dans le secteur associatif, JA 2013, n°471, p.20 ; Thierry LAMBERT, Il n'y a pas de propriété industrielle "verte", D.

généralement, les créations prennent appui sur des théories et des pratiques déjà en cours dans la société. Conclusion : un homme, abandonné dans les tréfonds de l'Afghanistan ou sur les berges du Congo, aura peu de chances d'offrir à ses contemporains (et donc au monde) une quelconque nouveauté technologique. Tout inventeur apparaît ainsi donc redevable aux générations présentes et/ou passées. D'où une dette d'impôt utile à ses contemporains et/ou aux générations futures qu'il convient de soigner, éduquer, protéger, etc. Autant de bienfaits que l'État prodigue parfois même à ses ressortissants installés à l'étranger.

LE CONCOURS DE LA FRANCE À SES ENTREPRISES MÊME À L'ÉTRANGER.

37. – Les multinationales françaises (TOTALENERGIES, LVMH, EDF, VINCI, etc.) réalisent une grande partie de leur chiffre d'affaires à l'étranger. L'on pourrait dès lors se dire que ces firmes devraient (peut-être) échapper à l'impôt (en France). Mais ce serait oublier que leur nationalité française est prise en considération par leurs partenaires internationaux qui, sans celle-ci, hésiteraient probablement à traiter avec elles. Il faut savoir qu'un objet présenté comme provenant de PARIS éveille l'intérêt ainsi que l'impulsion d'achat. La raison est que non seulement la formation théorique et pratique y est de grande qualité ; en outre le mode de vie y est admirable. Bref, ces entreprises internationales profitent de la *« marque France »*.

38. – Mieux, à l'occasion de ses voyages officiels, le président de la République s'entoure de chefs d'entreprises auxquels il facilite alors l'accès aux autorités du pays étranger. Conclusion : les nouveaux marchés consécutivement obtenus par ces entreprises doivent

---

2024. 1431 ; David Forest, Faut-il craindre les chasseurs de brevets en Europe ? D. 2006. 2473.

beaucoup à la France ; plus précisément à son exécutif et à son corps diplomatique. D'ailleurs, lorsque l'un de leurs salariés (expatrié) se fait enlever à l'étranger, les diplomates et les forces spéciales de la France mettent tout en œuvre pour obtenir la libération de l'otage. Mieux, la rançon exigée par les ravisseurs est payée par le Trésor public, lequel est lui-même alimenté par les impôts de tous.

39. – La France n'avoue jamais verser de rançons pour la libération de ses ressortissants ainsi enlevés à l'étranger. Sinon chacun des expatriés ressemblerait à un coffre-fort ambulant. C'est-à-dire une source d'enrichissement rapide, en contrepartie d'une prise de risque pénal, voire d'une exécution extrajudiciaire (loin de France pas de justice pour les terroristes). En tous cas, il ne faut pas donner de mauvaises idées à des ravisseurs potentiels. La discrétion puis le secret (en cette matière d'otages) évite finalement aux expatriés une angoisse anticipée, et au Trésor public une dépense vaine, sous forme de rançon.

40. – De tout le discours qui précède l'on conclura qu'il est normal que toutes les entreprises françaises payent des impôts à la France. Pour leur part, les États-Unis d'Amérique exigent un impôt à leurs ressortissants (individus et entreprises) même établis à l'étranger. Ces contribuables ne subissent pas pour autant une double imposition. Car l'impôt qu'ils doivent au Trésor américain représente tout au plus l'économie éventuellement réalisée par le contribuable ayant acquitté ses impôts dans son pays étranger de résidence. Ce qui semble absolument invraisemblable quand l'Américain est domicilié en France, puisque les impôts y augmentent, tandis qu'ils baissent outre-Atlantique.

2. – LES REPROCHES RÉGLEMENTAIRES ET FISCAUX À LA FRANCE.

LA LOURDEUR ADMINISTRATIVE OU LA PAPERASSERIE.

41. – La France subit beaucoup de reproches de la plupart de ses entrepreneurs (30). Le premier concerne la lenteur et la complexité bureaucratique ; familièrement la paperasserie. L'idée est qu'il y aurait un trop grand nombre de documents à remplir, puis à faire signer et tamponner. Or si dans beaucoup de pays une seule journée suffirait pour qu'une entreprise puisse commencer (en toute légalité) son activité, en revanche des mois (voire des années) sont souvent nécessaires en France. À cet égard, il est étonnant que ce pays figure quand même parmi les plus performants (économiquement et socialement) au monde.

42. – Le second reproche fait à la France est sa législation sociale (trop favorable aux salariés) : seulement 35 heures hebdomadaires ; de longs congés annuels ; des droits syndicaux ; l'encadrement des licenciements collectifs (surtout) ; etc. Un investisseur américain (GOODYEAR) aura d'ailleurs prétendu s'être délocalisé (d'Amiens) vers la Pologne à cause des chronophages palabres des syndicats.

43. – Toujours pour moquer ou déplorer notre droit social (c'est-à-dire à la fois le droit du travail et le droit de la sécurité sociale), des commentateurs montrent la grosseur des codes français. Selon eux, ces codes gagneraient des dizaines de pages chaque année (et à toute nouvelle édition). En vérité, leur affirmation (à la fois fantaisiste et ignorante) oublie que les Codes (vendus en librairies) ne contiennent

---

30) Nicolas MOLFESSIS, Simplification du droit et déclin de la loi, RTD civ. 2004. 155 ; Claire DEMUNCK, Simplification des normes et accès à la commande publique : deux axes du Rapport parlementaire « *Rendre des heures aux Français* », AJCT 2024. 132 ; Pascal Lokiec, Les licenciements boursiers, Droit social 2011. 1229 ; Julien BOURDOISEAU, La "généralisation" de la complémentaire santé : un bilan, RDSS 2017. 436.

pas uniquement le texte même de la loi. En effet, les éditeurs y rajoutent des bibliographies, des index alphabétiques, des extraits d'autres codes, etc. Ainsi, chaque code officiel est plus petit que le code *''privé''* commercialisé par un éditeur (Dalloz ou Litec, principalement). D'un autre côté, les codes officiels (toujours dépouillés et sans fioritures) sont gratuits sous format numérique. En effet, les sites Internet des administrations publiques, de même qu'un site public spécifique (legifrance.gouv.fr) les tiennent à la disposition de quiconque prétend (en cochant) ne point être un robot.

LE POIDS ET L'INCERTITUDE DES PRÉLÈVEMENTS OBLIGATOIRES.

44. – Le troisième reproche fait à la France concerne ses prélèvements obligatoires comprenant les impôts (CRDS, CSG, IR, IS) et les cotisations sociales. D'ailleurs, ces dernières illustrent le fameux *« coût du travail »,* lequel plomberait la compétitivité des entreprises françaises. Certes, la France figure parmi les pays dont les impôts et les cotisations sociales sont les plus élevés. Et actuellement (en octobre 2025), les partis politiques de gauche envisagent d'augmenter substantiellement les impôts (des très riches), tandis que les partis de droite (et du centre) s'y opposent plus ou moins fermement. Pourtant, trois entrepreneurs de la haute technologie française ont rédigé une tribune en faveur de la participation des riches (et de leurs entreprises) au refinancement du Trésor public. Pareillement, aux USA, quelques milliardaires suggèrent que leurs impôts soient augmentés.

45. – Non seulement les prélèvements obligatoires présentent l'inconvénient d'être élevés, en plus, ils ont le tort de fluctuer au fil des ans. Or une telle instabilité fiscale fausserait (par contrecoup) les prévisions et les plans (même à court terme) des acteurs de la vie économique française. En revanche, la grande majorité des autres richards militent pour une baisse (voire pour une suppression) des

prélèvements obligatoires. Chacun d'eux préférerait exercer la solidarité à son propre niveau ; souvent en créant une fondation ; une fondation pour distribuer des livres, ou des bourses, ou des aides alimentaires, etc. De fait, donner pour des œuvres de charité ou pour des politiciens est courant aux USA.

46. – En France, les entreprises font du mécénat intéressé ou désintéressé, en faveur de diverses causes qu'elles jugent dignes d'intérêt (protection animale, financement d'un sport, etc.). Mais la participation individuelle (finalement tolérée) des personnes physiques au financement d'un parti politique ne doit plus jamais dépasser 7500 euros par an, depuis une loi de l'année 1995.

47. – En ce qui les concerne, les pays anglo-saxons se caractérisent par une certaine permanence des règles essentielles. Par exemple, la constitution des États-Unis d'Amérique date de leur indépendance ; soit une longévité supérieure à 250 ans. Mieux, celle du Royaume-Uni vient du fonds des âges ; et elle n'aura même jamais eu besoin d'être écrite. Au contraire, entre sa constitution de 1789 et celle de 1958, la France en aura essayé treize autres. Concédons néanmoins que l'on est au 27ème amendement de la constitution étatsunienne. Pire, son actuel président (Donald TRUMP) modifie frénétiquement les règles économiques chaque semaine. Et pourtant les affaires ne semblent pas tellement en souffrir pour le moment ; sauf peut-être dans le reste du monde.

48. – De ce point de vue, l'instabilité française et ses inconvénients prétendus devraient être relativisés. Certes, pour 2025, le budget général de l'État, ainsi que celui de la Sécurité sociale, auront été adoptés avec deux mois de retard. De toute évidence, un retard similaire se profile pour celui de 2026, à voter avant le 31 décembre 2025 (par le Sénat et l'Assemblée Nationale). Encore une fois, le problème est que l'incertitude paralyserait les investisseurs. L'idée est que tant les entrepreneurs que les administrateurs publics aiment pouvoir se confectionner des prévisions pluriannuelles. L'instabilité politique compromet apparemment cette espérance.

Dans ces conditions, l'on se demandera pourquoi donc former les futurs cadres et entrepreneurs à la comptabilité prévisionnelle, aux recherches prospectives et aux études d'impact.

§ 2. – L'espoir d'un retour sur investissement.

52. – L'esprit d'entreprise ne suffit pas pour aussitôt s'enrichir. Il faut en effet par ailleurs s'obliger à des efforts, voire à des sacrifices (A.). Dans le cas heureux d'un succès, la collectivité en bénéficie peut-être aussi ; serait-ce indirectement. Cela, malgré l'éventuelle mauvaise volonté de ces personnes devenues riches (B.).

A. – Les sacrifices de l'entrepreneur pour son enrichissement.

1. – LE SENS DE LA VOCATION D'ENTREPRENEUR

SE CONVAINCRE DE LA LÉGITIMITÉ D'UNE QUÊTE DE LA RICHESSE.

53. – À notre époque de promotion de la sobriété, voire de la pauvreté, doit-on encore chercher à devenir riche ? Mais sans doute ne devrait-on pas répondre à cette question sans avoir préalablement défini la sorte de richesse et/ou de pauvreté en cause. S'agissant de la richesse en biens matériels, la plupart des philosophies et des religions du monde recommandent, sinon de la fuir, du moins de ne point la rechercher frénétiquement (31).

54. – L'on se rappellera par exemple le philosophe DIOGÈNE qui logea

31) Laure SOLIGNAC, La pauvreté volontaire au service du bien commun : la solution franciscaine, Transversalités 2016/3 n° 138 ; Antoine SONDAG, On ne supprimera jamais la pauvreté, Érès, 2005 ; Valérie GUILLARD, Comment consommer avec sobriété, Vers une vie mieux remplie, De Boeck Supérieur, 2021 ; Julien COUARD, Ratification de la convention du Conseil de l'Europe contre le trafic d'organes humains, Droit de la famille n° 10, Octobre 2022, alerte 110.

dans un spartiate tonneau, et qui disait (il y a près de 2500 ans) que *« les choses nécessaires sont peu chers, mais que les choses superflues coutent cher »*. De même, les religieux catholiques s'obligent à la pauvreté (outre à l'obéissance et à la chasteté). Par exemple encore, des moines bouddhistes vivent de la charité populaire et s'adonnent sans vergogne à la mendicité. Somme toute, en dépit ou en vue de l'exercice de la vertu, ces divers pratiquants de la sagesse transcendantale réclament un minimum de biens terrestres. Des biens qu'une langue d'autrefois aurait désignés comme étant *« le vivre et le couvert »*.

55. – Cela dit, l'on observera que pour le commun des mortels, la quête de revenus représente une préoccupation permanente en vue de s'offrir ce que la société offre à la consommation. Pire, certains individus sont en l'occurrence prêts à *« tuer père et mère »* pour devenir riches. Ils sont concrètement disposés à exploiter, à spolier, à escroquer ou à voler autrui. La question se pose par conséquent de savoir si l'on pourrait chercher à devenir riche tout en se comportant parallèlement comme un saint envers son prochain. À ce niveau, une confiance aveugle en l'être humain conduit à répondre positivement (à cette interrogation). Même si la Bible elle-même assure que *« l'amour de l'argent est la racine de tous les maux »*. D'ailleurs, le vouloir ne suffit point : il convient en outre pour l'entrepreneur de s'appliquer et de s'impliquer.

SE DONNER CORPS ET ÂME POUR RÉUSSIR DANS LES AFFAIRES.

56. – Très souvent l'argent représente littéralement la vie ou tout au moins la santé ; dans de trop nombreux pays. Car, pour y être pris en charge en cas de maladie, l'intéressé doit être capable de (se) payer les opérations et traitements médicaux nécessaires à sa guérison. En caricaturant à peine, l'on pourrait affirmer que si en France (grâce à la solidarité nationale) il suffit, pour le malade, de présenter sa "*carte vitale*", aux États-Unis d'Amérique, il faut sortir sa "*carte de paiement*".

57. – À cet égard, le premier ministre canadien (Mark CARNEY), courroucé par le président de son puissant voisin américain, se sera vanté de ce que dans son pays à lui la santé constituerait un droit, et non pas un businesse, comme aux USA. Dans ceux-ci, les entrepreneurs qui vivent crânement et impitoyablement de la souffrance des compatriotes n'attirent pas forcément l'admiration ou la sympathie. De sorte que l'assassinat de Brian THOMSON, le directeur général de UNITEDHEALTHCARE (une assurance-maladie privée), en décembre en 2024, aura été compris par certains ; voire approuvé.

58. – Toujours bien loin de la France (ce paradis dont les habitants s'imaginent qu'ils vivent en enfer), des pauvres vendent quelques uns de leurs organes. Par exemple un rein, puisqu'un seul suffit pour vivre correctement. Une réflexion bête et méchante pourrait ici consister à soutenir qu'il vaut mieux recevoir de l'argent en vendant par exemple ses cornées, plutôt que de continuer une vie misérable sur une décharge d'immondices (dont il conservera la possibilité de toujours les voir de ses yeux). Des pratiques désespérées et désespérantes absolument inconcevables en France où le donneur d'organe le fait de façon anonyme et, gratuitement. Certes, vendre ses charmes y est encore admis de la part des « *travailleurs du sexe* ». Il n'empêche que malgré une sujétion de ceux-ci à l'impôt sur les revenus tirés de cette activité à dimension sexuelle, leur inscription comme professionnels (prestataires de service) est hypocritement refusée. D'ailleurs, leurs clients sont mis à l'amende. Le tarissement de la demande est censé faire disparaître par conséquent l'offre, et donc faire réorienter les professionnels vers d'autres activités lucratives plus moralement acceptables.

59. – L'argent et la richesse préservent aussi d'autres contrariétés. Par exemple, dans la France du 19ème siècle, des jeunes à peine sortis de l'adolescence devaient consacrer trois années de leur vie au service militaire. La procédure revêtait la forme du tirage au sort de quelques malchanceux ; parce que l'armée n'était pas en mesure

d'accueillir toute la classe d'âge correspondante. Or le droit positif de l'époque admettait que toute personne ainsi désignée par le hasard pût se faire remplacer par une seconde. Cette dernière était alors payée par le rescapé pour se dévouer (à sa place) au service de la Nation.

60. – En clair, les fils des riches bourgeois ne devenaient militaires que s'ils le voulaient vraiment ; ce qui advenait traditionnellement dans certaines familles ("*de haute extraction*"). Les enfants réfractaires ou déserteurs déshonoraient leur famille. D'un autre côté, « *les fils à papa* » tirés au sort ne devenaient finalement militaires qu'en ayant échoué à dénicher un suppléant (peut-être forcé par sa propre famille plutôt pauvre). Dans la Russie contemporaine, le départ vers le front ukrainien représente un lucratif investissement (sans doute très risqué) pour le militaire et sa famille. Ils sont appâtés par la solde améliorée, ainsi que par l'éventuelle pension de veuve et d'orphelins de soldat mort en opération (de guerre). Cette voie n'est pas pour autant un jackpot en vue de millions.

ACCEPTER D'ŒUVRER JOUR ET NUIT POUR SON ENTREPRISE.

61. – L'entrepreneur travaille souvent sans limitation de durée ; c'est-à-dire avec peu de pauses, de repos et de vacances ; même en cas de maladie. La passion leur fait oublier ces chansons d'Henri SALVADOR et de Georges MOUSTAKI. Selon le premier, *« les bourreaux du travail font pas de vieux os »* ; d'après le second, aucun de ses amis *« n'aurait perdu sa vie pour la gagner »*. Les 35 heures hebdomadaires de travail, ainsi que le droit à la déconnexion sont étrangers l'homme d'affaires (32). Surtout que ces prescriptions légales concernent et

32) Frédéric EDEL, Le droit et les pratiques du temps de travail des cadres supérieurs de l'État, AJFP 2024. 319 ; Delphine CASTEL, Temps de travail des cadres, JT 2016, n°182, p.16 ; CONSEIL D'ÉTAT 17 décembre 2021, L'organisation du temps de travail au sein de la gendarmerie ne méconnaît pas le droit européen, Lebon 2021 ; Raphaël SERRES, Repos dominical obligatoire, atteinte à la liberté

protègent seulement les personnes qui travaillent pour autrui (les salariés du privé et les fonctionnaires).

62. – Pourtant, depuis plus d'un siècle, la France a opté pour les 3 huit au profit des actifs. C'est-à-dire que la journée de travail se subdivise en trois périodes (égales) de 8 heures : 8 H de travail ; 8 H de loisirs ; sommeil. Au pire, et de façon exceptionnelle, un travailleur européen est susceptible de se trouver à la tâche durant 48 heures une semaine donnée. Bien sûr, il en obtiendra une compensation (matérielle ou financière).

63. – Cependant, les cadres dirigeant ne comptent pas leurs heures ; au point de parfois dépasser les 50 heures hebdomadaires de travail. Il en va de la sorte, tant dans le secteur privé que dans le secteur public. En effet, les hauts fonctionnaires aussi demeurent disponibles et alertes. Mieux, les hommes et les femmes politiques n'arrêtent quasiment jamais de travailler. Ce qui est susceptible de pénaliser leur santé. Il leur manque ainsi du temps pour les relations de famille et les loisirs, voire pour s'offrir la durée utile à un sommeil nocturne réparateur.

64. – Les internes en médecine (futurs médecins) et les pompiers volontaires (des salariés et des fonctionnaires serviables) dépassent allégrement les limites horaires posées par l'Union européenne. Des limites pourtant au profit de la préservation de leur santé et de leur vie personnelle et familiale. Remarque identique à propos des militaires, même lorsqu'ils ne sont en opérations. Aussi la France est-elle menacée de sanctions pour son laisser-aller. L'entrepreneur travaille nuit et jour, afin de faire triompher son projet économique le plus vite possible. Selon toute vraisemblance, il en découle un continu surmenage physique et intellectuel de nature à dégénérer en une dépression en cas d'échec du projet (faillite). Le cas échéant, la perte des apports (en numéraire et en nature) pourrait précéder

---

d'entreprendre et discrimination indirecte d'un commerce de produits casher ? Rev. trav. 2024. 461.

l'atteinte à des biens personnels pourtant non affectés à l'activité entrepreneuriale.

2. – LE FLIRT ENTRE LA RÉUSSITE ET L'ÉCHEC ENTREPRENARIAL

DU REVENU CONFORTABLE AU JACKPOT DE MILLIONNAIRE.

65. – Gagner assez d'argent pour soi-même et pour les siens apparaît défendable dans une large mesure. Mais faut-il par ailleurs se forcer à se transformer en millionnaire ? D'ailleurs un honnête travailleur peut-il jamais le devenir ? À première vue, il ne paraît pas y avoir de perspective d'enrichissement phénoménal pour un travailleur (un fonctionnaire ou un salarié) ; sauf peut-être en étant malhonnête. Il arrive en effet qu'un travailleur améliore sa situation financière en monnayant des services qu'il devrait rendre gratuitement, ou bien en rendant des services absolument illégaux.

66. – Le cas échéant, l'intéressé se sera probablement rendu coupable d'un des délits suivants : la concussion ; la corruption (passive) ; la complicité d'évasion ; le trafic de stupéfiants ; le séjour irrégulier d'étrangers, etc. Cela étant, les *« dessous de table »* ou les *« pots de vin »* ainsi illégalement perçus n'atteignent jamais le million. En clair, le travailleur pour autrui (honnête ou malhonnête) ne saurait raisonnablement caresser l'espoir de devenir millionnaire. En revanche, une pareille espérance se comprendrait de la part d'un entrepreneur.

67. – Attention, tous les chefs d'entreprises ne sont pas des entrepreneurs. Ce sont effectivement souvent des travailleurs parvenus aux postes les plus élevés de leur organisme employeur. Tel est forcément le cas dans les sociétés publiques. Par ailleurs, beaucoup de dirigeants sociaux d'entreprises privées ne sont que des héritiers continuateurs de l'œuvre de l'ascendant retiré ou décédé. Ces divers dirigeants ont l'opportunité de percevoir plus ou moins

souvent des dividendes et, de façon plus sûre et régulière, un gros salaire, de même que de juteux jetons de présence.

68. – Au bas de l'échelle sociale, la personne qui travaille pour autrui perçoit généralement une rémunération lui permettant juste de survivre (33). Même si, heureusement, les autorités publiques fixent un salaire plancher en dessous duquel aucun employeur ne saurait descendre : le SMIC. Néanmoins, les rémunérations du travail ne permettent presque jamais (même aux travailleurs de catégorie intermédiaire) de thésauriser, d'économiser. En pratique, dès le milieu du mois de perception de leur paie, beaucoup d'entre eux l'auront déjà dépensée. Car elle est insuffisante pour permettre d'assumer toutes les charges du mois.

69. – Aujourd'hui, la préoccupation commune des Français se résume dans les expressions : *« pouvoir d'achat »*, *« vie chère »*, *« inflation galopante »*, *« coût de la vie »*. Une boutade parfois entendu est que « *le travail ne paie plus* », ou qu'il faut désormais « *travailler plus et gagner moins* ». Or, contrairement à ce que l'on voit dans les films hollywoodiens, dans lesquels des personnes vont dans la même journée d'un employeur à un autre, en France, il est juridiquement difficile de cumuler des emplois. D'ailleurs, s'y adonner unilatéralement constitue une faute disciplinaire qui expose le courageux mais naïf travailleur au licenciement. Néanmoins, dès qu'il n'a qu'un emploi, le travailleur disposera consécutivement d'assez de temps pour s'amuser, pour se reposer et pour dormir. Ce qui est bien loin de la vie particulièrement trépidante et accaparante d'un entrepreneur.

---

33) Simon RIANCHO, Le partage de la valeur dans les entreprises de moins de 50 salariés, BJT juill. 2024, n° BJT203s1 ; Denis COLOMBI, De folles dépenses ? Du luxe à la survie, Dans Où va l'argent des pauvres, 2020 ; Raphaël JANINE, Les millions de monsieur Mellon, Le capitalisme en procès aux États-Unis (1933-1941), Esprit (2023/5 Mai) ; revue de lecture sur Romain HURET, La Découverte, 2023 ; Olivier VALLÉE, La police morale de l'anticorruption, Cameroun, Nigeria, Karthala, 2010.

LA PERTE DE LA MISE DE DÉPART, LES APPORTS EN NATURE ET EN NUMÉRAIRE.

70. – L'entrepreneur vit généralement dans la difficulté, l'incompréhension et la suspicion. Ainsi, par exemple, celui qui avait échoué dans les affaires perdait ses biens, et parfois sa femme et ses enfants, alors réduits en esclavage. Puis les choses devinrent presque moins violentes. D'une part, le banc sur lequel le commerçant s'asseyait au bord du chemin, pour exercer son activité, était publiquement cassé : c'était la banqueroute. D'autre part, il était dépouillé de ses biens pour tenter de désintéresser ses créanciers impayés. Cette réaction vigoureuse à l'encontre du commerçant mauvais payeur servait d'avertissement, et donc de tamis d'autoévaluation en cas de volonté d'entrée dans le monde des affaires. Or, la faillite d'entreprise peut découler simplement d'une catastrophe naturelle ou d'une guerre. Autrement dit, le commerçant n'aura pas forcément commis d'erreur de gestion, et moins encore de faute de gestion.

71. – Déjà, dans une loi de 1985, le législateur avait a décidé qu'il fallait s'efforcer de sauver l'entreprise en difficulté économique (34). Il convenait dorénavant de la faire généreusement bénéficier de diverses procédures alors inventées, en particulier la sauvegarde de justice et, au pire, le redressement judiciaire. C'est seulement en désespoir de cause que la fin de l'entreprise est décidée par le juge compétent (juge-commissaire, tribunal de commerce). On parle alors

34) Fabien KENDÉRIAN et Isabelle ROHART, Les intérêts du bailleur éclipsés par ceux de la procédure collective du preneur, AJDI 2024. 861 ; Anne-Louise CHEVALIER et Laurence Caroline HENRY, L'attractivité et l'influence du droit français des entreprises en difficulté, GPL 28 juin 2022, n° GPL436v4 ; Thierry FAVARIO, Distinguer l'homme de l'entreprise : le temps de sanctionner vs le temps de liquider, BJE juill. 2023, n° BJE201a2 ; CONSEIL CONSTITUTIONNEL, 29 septembre 2016, Faillite personnelle (cumul de sanctions) : constitutionnalité du régime, D. 2016. 1925 ; https://solutions.lesechos.fr/business-trip/c/la-culture-de-lechec-france-versus-etats-unis-13449.

de liquidation judiciaire. Les créanciers de l'entreprise sont alors payés grâce à l'argent liquide obtenu de la vente de ses biens, dont les apports en nature.

72. – Le problème pour l'entrepreneur consiste non seulement en la perte de son outil de travail, mais également dans une éventuelle interdiction judiciaire de monter une nouvelle affaire. Curieusement, cette attitude punitive et expulsive est plutôt rarissime aux États-Unis d'Amérique. Là-bas en effet, l'échec est considéré comme une étape possible vers de futurs succès. Aussi l'homme d'affaires ne s'y sent pas gêné ou honteux de faire état de sa faillite. Certes, il est toujours plus agréable de pouvoir mettre en avant une réussite, une *''success story''*.

73. – Dans le cas malheureux de la faillite, sans doute les salariés percevront-ils leurs 60 derniers jours de travail au moyen du prix obtenu de la vente aux enchères des biens de l'entreprise. Cette protection s'appelle le superprivilège. Et comme l'entreprise aura normalement été assurée sur ce point auprès de l'AGS (assurance garantie des salaires), celle-ci s'en chargerait de toute façon. Pour les autres mois de salaires impayés, les salariés ne seraient plus que des créanciers privilégiés, au même titre que le Fisc et que l'URSSAF. Ils sont alors payés au prorata de leurs créances, encore dit au marc le franc, ou proportionnellement. Puis viennent les créanciers qui avaient pris la précaution d'exiger une garantie : hypothèque, nantissement, etc. S'il reste de l'argent, alors les créanciers chirographaires, les créanciers sans garantie, sont payés, au marc le franc. S'il y a encore un peu d'argent (ce qui serait vraiment étonnant), les associés sont alors indemnisés proportionnellement au montant de leurs apports. Notons que les professionnels grâce auxquels saisies et ventes se font (les commissaires de justice) se paient même avant les créanciers superprivilégiés.

B. – L'intérêt collectif d'un dynamisme économique

1. – LES ATTENTES COLLECTIVES À L'ÉGARD DES ENTREPRISES

LA RICHESSE DES NATIONS ET L'APPORT DES ENTREPRENEURS.

81. – La quête d'une prospérité nationale obnubile tous les hommes politiques. Peu importe que leur pays soit petit ou grand ; qu'il soit avancé ou émergeant. Effectivement, ils se battent tous pour diriger un pays plutôt riche ; c'est-à-dire sans trop de « *poches de pauvreté* ». Traditionnellement, dans cette richesse des nations l'on regroupe les biens matériels, les biens patrimoniaux ; c'est-à-dire ceux qui ont une valeur en argent (35). Concrètement, une telle richesse peut résulter d'un sous-sol regorgeant d'hydrocarbures, ou de minerais, ou bien encore d'un sol accueillant des animaux et/ou des plantes commercialisables ; voire même hors commerce. Car des paysages touristiques ainsi qu'une façon donnée de vivre (c'est-à-dire la culture) sont par ailleurs des richesses.

82. – Précisément, l'on convient désormais que l'homme est la principale richesse d'un pays. Car ses créations renferment de la valeur. Voici à cet égard un aphorisme célèbre : *« En France on n'a pas de pétrole, mais on a des idées »*. Plus sérieusement, il se trouve qu'en 2006 un rapport de la Banque Mondiale aura présenté le capital immatériel comme l'essentiel de la richesse des nations ; même pour celles encore en voie de développement. Dans ce classement (où la France occupait la neuvième place) 86 % de la

---

35) Lucien RAPP, Redécouvrir la richesse des nations... de juristes, AJDA 2023. 1521 ; David S. LANDES, Richesse et pauvreté des nations, éd. Albin Michel, 2000 ; Jared DIAMOND et Jean-Louis de MONTESQUIOU, Les vraies causes de la richesse des nations, New York Review of Books le 7 juin 2012 ; Emmanuelle MAUPIN, « La souveraineté est le reflet du génie propre de chaque pays », AJDA 2024. 1676.

richesse par habitant (403.000 dollars, environ 350.000 €) se rapportait à l'immatériel ; à l'incorporel.

83. – Dans cette optique, les entrepreneurs sont essentiels à tout pays. Dit encore autrement, l'on peut considérer comme riche le pays dont les citoyens auront par exemple inventé Space X, Amazon, Facebook, Internet, etc. Au fond, et pour mieux se représenter le phénomène de la richesse immatérielle, il conviendrait d'avoir à l'esprit qu'une entreprise valant 1000 sera parfois vendue 3000. Pourquoi ? La raison est que l'acheteur n'acquière pas seulement le stock actuel de richesse (le bilan). En effet, les perspectives de création (à plus ou moins brève échéance) de la valeur par cette entreprise entrent en ligne de compte. Bref, cela a aussi un prix qui se traduit en définitive dans le prix à payer.

84. – Les entreprises sont utiles aux pays parce qu'elles offrent du travail aux demandeurs d'emplois, ainsi que des biens et services aux consommateurs. De plus, elles alimentent les caisses de la Sécurité sociale et du Trésor public, au moyen de cotisations, de taxes et d'impôts. Les sommes en question sont versées spontanément par les contribuables et les cotisants. Parfois cependant, la manière forte doit être utilisée par le créancier public. Sa chance est qu'il n'a pas à solliciter l'office d'un juge pour certifier sa créance et pouvoir procéder à des saisies, puis à la vente aux enchères pour se payer sur le prix obtenu. Ce créancier public bénéficie de ce que l'on appelle le « *privilège du préalable* » ; c'est-à-dire la dispense d'un recours au juge. Bref, le débiteur payera malgré sa mauvaise volonté ou sa mauvaise foi. En vérité, l'intervention d'un juge s'imposera en cas de poursuites pour délit fiscal.

L'ALIMENTATION DES FINANCES PUBLIQUES PAR LES CONTRIBUABLES.

85. – L'entrepreneur qui a réussi doit-il pouvoir garder pour soi la richesse amassée ? La réponse négative s'impose ; au risque pour lui

de commettre un délit fiscal (36). Car pour ''*faire société*'', les Français ont chacun une obligation contributive, une obligation de solidarité nationale. Concrètement, ils s'entraident grâce à une caisse commune : budget de l'État et budget de la Sécurité sociale. Ils les alimentent au moyen d'un paiement unique ou échelonné. Oui, les sommes recouvrés (impôts, taxes, CSG, CRDS, amendes) par le Trésor public et par l'URSSAF permettent le financement des services publics. Les ouvrages publics (routes, ports, aéroports, etc.) et les services publics (universités, hôpitaux, police, etc.) offrent aux entrepreneurs un contexte favorable à leur réussite professionnelle. Eux-mêmes et leurs personnels en profitent.

86. – Cette obligation contributive d'affecter une portion de ses revenus au service de la collectivité est une convention sociale. En principe, chacun comprend et accepte la nécessité de payer sa quote-part. C'est le principe du consentement à l'impôt. Un consentement annuellement renouvelé par le peuple au travers du vote de ses représentants au Parlement (les députés et les sénateurs). L'impôt est dès lors légitime. D'ailleurs, que la personne sure et certaine de ne jamais avoir besoin des infrastructures et/ou des prestations publiques lèvent la main et s'abstienne alors du paiement de sa quote-part. En tous cas, l'impôt est l'une des rares dettes d'argent encore susceptible de conduire le mauvais payeur en prison.

87. – L'actuelle contrainte fiscale (financière) est indiscutablement un négligeable effort en comparaison des attentes nationales d'autrefois. Car à l'époque où la France subissait des guerres (sur

---

36) Pierre-Antoine SOUCHARD, Patrick Balkany aurait aimé « *vivre comme tout le monde* », D.A. 28 mai 2019 ; Michel BOUVIER et Marie-Christine ESCLASSAN, Jean-Pierre LASSALE, Finances publiques, LGDJ, 2024 ; COUR DE CASSATION, crim. 11 janvier 1996, Le seul fait de se placer sous un régime fiscal indu, dans l'intention de se soustraire à l'impôt, constitue le délit de fraude fiscale, D. 1996. 80 ; Julie GALLOIS, Affaire *Wildenstein* : absence de prescription d'une fraude fiscale commise *via* un *trust* étranger, D.A. 5 février 2021 ; Stéphane DETRAZ, Escroquerie à la TVA, RSC 2015. 661.

son territoire), les citoyens se devaient de risquer leur vie pour bouter les ennemis hors du pays. En effet, les hommes en âge de combattre devenaient des militaires ; quelques femmes (volontaires) aussi. Puis, lorsqu'ils mourraient ou s'estropiaient, l'on disait qu'ils avaient payé l'impôt du sang. Par contraste, l'impôt en argent apparaît manifestement préférable ; quitte à ce qu'il serve à payer de secourables mercenaires.

88. – La quiétude individuelle ne revient pas simplement du fait d'avoir échappé au pire en ayant préservé sa vie et sa santé. Car à l'issue de la guerre certains se retrouvaient ruinés. La raison est que les bombardements (ennemis ou amis) détruisent les maisons et les plantations. Par exemple, la ville de Calais aura perdu sa splendeur d'autrefois à cause du débarquement anglo-américain sur les côtes du nord de la France. Les riches (lesquels ont beaucoup à perdre en cas de guerre) pourraient ainsi accepter de payer davantage d'impôts pour que le pays soit toujours mieux armé et dissuade alors de potentiels agresseurs d'attaquer la France un jour. Justement, dit l'adage : « *Qui veut la paix prépare la guerre* ». Hélas, le refus (serait-ce indirect) de l'impôt se rencontre régulièrement.

2. – L'ÉGOÏME DE L'ENTREPRENEUR CONTRE L'ETAT ET AUTRES

LES DÉLITS CORRÉLATIFS AU REFUS DE L'IMPÔT.

89. – Se soustraire indument au paiement de l'impôt (sur les sociétés, sur le revenu, etc.) constitue un délit puni d'une peine d'amende et/ou d'emprisonnement. Le délit de fraude fiscale se rapproche beaucoup de celui de blanchiment de fraude fiscale. Ce second délit (blanchiment) concerne en général une personne (un banquier, un avocat, etc.) qui aura aidé à masquer (à blanchir) la fraude. L'on distingue par ailleurs la fraude fiscale de l'optimisation fiscale. Dans le premier cas (fraude), le contribuable sait parfaitement qu'il viole la loi ; alors que dans le second (optimisation), il peut s'imaginer être dans la légalité, en s'étant limité à flirter avec les frontières de la loi

fiscale.

90. – Cette optimisation est toutefois difficilement envisageable de la part d'un petit (d'un pauvre) contribuable. Car elle nécessite un savoir fiscal personnel ou d'un tiers (sans doute rémunéré). C'est dire que seuls les gros contribuables sont en mesure d'y recourir souvent. Conclusion : la pauvreté intellectuelle et/ou financière conduit à se maintenir (peut-être malgré soi) dans les limites de la légalité.

91. – Le délinquant fiscal se défend (se justifie) bien souvent en soutenant qu'il s'agirait de son propre argent ; un argent qu'il aura gagné à la sueur de son front (37). Dit de façon plus triviale, l'intéressé ne l'aura volé à personne. D'où sa prétention d'être exempt de tout reproche, contrairement à l'affirmation des ZUCMAN et autres demandeurs d'une plus grande justice fiscale. À propos de fraudeurs fiscaux, l'on cite volontiers le cas de Patrick BALKANY. Son père, rescapé des nazis avait désormais une crainte maladive de la jalousie et de la méchanceté de son voisinage français. Aussi a-t-il déposé dans une banque suisse la portion de fortune familiale qui avait être sauvée.

92. – Or, à son décès, le fils n'a pas cru devoir, soit ramener cet argent en France, soit simplement en signaler l'existence au Fisc. Dans l'une et l'autre hypothèse, tous les Français pouvaient eux aussi en profiter un peu. Il aura en définitive été envoyé en prison parce que l'on ne doit pas dissimuler son patrimoine et en jouir tout seul. S'agissant de Guillaume Cahuzac, il avait créé une clinique pour la chirurgie implantatoire de cheveux aux chauves. Or il ne déclarait pas au Fisc l'argent obtenu de cette activité, mais seulement celui

---

37) Emmanuel CRUVELIER, La société en commandite simple, outil d'optimisation fiscale immobilière ?, La revue fiscale du patrimoine n° 12, Décembre2023, étude 24 ; Salomé LEMASSON et Mathieu VALETEAU, « *CumEx* » / « *CumCum* » : optimisation fiscale rime-t-elle avec fraude fiscale ? Droit pénal n° 12, Décembre 2021, étude 24.

résultant de son mandat politique. Une chose est certaine : ce cumul d'activités lui prenait beaucoup de temps et d'énergie.

93. – La prétendue excuse d'un argent personnellement gagné et donc mérité n'existe pas en matière d'escroquerie à la TVA. Il se trouve que cette taxe n'est parfois pas payée par les entreprises (les vendeurs et les prestataires) malhonnêtes. Or les sociétés et les commerçants sont de simples intermédiaires entre le Fisc destinataire des sommes et leurs clients débiteurs de la taxe génératrice desdites sommes. En pratique, au sein de la somme payée par un client se niche généralement une portion (la TVA) qui constitue un impôt indirect (invisible et apparemment indolore pour le payeur). La TVA ainsi collectée (par l'entreprise) au profit du Trésor public devrait lui être immédiatement reversée, c'est-à-dire aux dates prévues.

94. – Malheureusement, quelques commerçants et artisans la garde pour eux-mêmes. Leur attitude malhonnête fait alors penser aux infractions d'abus de confiance et/ou d'escroquerie. L'affaire de la fraude à la taxe carbone avait privé les caisses de l'État d'un milliard six cents millions d'euros. D'après les journalistes, c'était « *l'escroquerie du siècle* ». Outre des pénalités de retard, les intéressés encourent des peines d'amendes et d'emprisonnement. Beaucoup n'ont pu y goûter, car ils se seront entretués avant ou après le procès. À croire que l'argent rendu fou.

95. – Vouloir échapper au paiement de l'impôt n'est pas nouveau. Par exemple, il y a bien longtemps avait existé un impôt calculé sur la base du nombre des portes et fenêtres du bâtiment de l'assujetti. En réaction, nombre d'ouvertures même de châteaux auront été obstruées par les propriétaires, afin de minimiser la charge fiscale correspondante. Récemment (mandat de François HOLLANDE, puis d'Emmanuel MACRON), des mouvements sociaux (ou plutôt fiscaux) seront survenus. D'une part, les "*bonnets rouges bretons*" hostiles à des portiques routiers payants ; d'autre part, les "*bonnets jaunes*" qui eux étaient opposés à une écotaxe (écologique) destinée à frapper

le carburant polluant.

96. – L'on peut aussi penser aux jacqueries de l'Ancien Régime, ou bien au poujadisme des années 1953 à 58 contre notamment le Fisc et la bureaucratie. Ce mouvement proche de l'insurrection fut entrepris par de petits commerçants qui s'estimaient maltraités par l'Administration et ses réglementations, aussi absurdes que coûteuses. En 2012, des entrepreneurs avaient lancé le mouvement « *les pigeons* » pour se plaindre d'être ''*plumés*''. En cette année 2025 vient de naître un ''*front des entrepreneurs*'' hostiles aux hausses d'impôts. Il y a même le concept plaintif suivant : « *c'est Nicolas qui paie* ». Ajoutons que l'entrepreneur le plus riche de France vient de se joindre publiquement au cortège des pleureurs, en une procession certes bien laïque. Et en octobre 2025, les chefs d'entreprise et entrepreneurs descendront dans la rue, menacent-ils. Ils déplorent la méconnaissance généralisée de leur rôle social ; un rôle qui, pour être rempli, nécessite la réalisation préalable de profits.

LA VOCATION LUCRATIVE DE L'ENTREPRISE ET SES PRIX D'ACHAT ET DE REVENTE.

97. – Même si les patrons sont désormais très nombreux à adopter un management éthique, c'est-à-dire peut-être paternalistes, ils n'oublient pas que leur organisme a pour finalité de réaliser des bénéfices. Par conséquent, ni leurs fournisseurs, ni leurs clients ne devraient s'attendre à des prix fixés dans leur intérêt à eux. La raison est que le commerce (ou l'artisanat) n'est nullement une activité caritative gratuite et désintéressée qui serait attentif au risque de surendettement d'autrui (38). Même les associations à but

38) Bertrand MATHIEU, Jusqu'où peut-on faire porter sur les entreprises un devoir de vigilance en matière de protection des droits de l'homme et de l'environnement ? Constitutions 2017. 291 ; Raphaèle-Jeanne AUBIN-BROUTÉ, Quels circuits de proximité pour une commercialisation au ''juste prix'' ? Droit rural n° 6-7, Juin-juillet 2024, dossier 29 ; Quentin GUILLARD, Réflexions sur la contribution du tarif réglementé de vente d'électricité à la réalisation d'un objectif de stabilité des prix à l'aune de la crise énergétique, Énergie - Environnement -

non lucratif ne courent pas pour autant au devant de déficits. Plus précisément, l'homme (la femme) d'affaires ambitionne de réaliser des bénéfices car il veut devenir riche. Au minimum, il s'agit pour l'entrepreneur de parvenir à rémunérer ses immobilisations, son personnel, son propre travail, ainsi que ses éventuels associés. Peu importe que la définition révisée de la société contienne dorénavant une dimension de responsabilité sociale et environnementale.

98. – Cela étant, depuis la fin de l'année 1986, c'est en toute liberté que les agents économiques qui mettent des produits et/ou des services sur le marché en fixent eux-mêmes librement le prix. Voilà pourquoi les fonctionnaires (inspecteurs et contrôleurs) chargés (à l'époque) de relever et sanctionner les prix excessifs auront dû être réorientés à d'autres tâches. Il reste que si les prix définis par le vendeur sont trop élevés, sans doute les clients ne se bousculeront-ils pas dans ses rayons. C'est la fameuse conciliation de l'offre et de la demande. À ce sujet du niveau des prix, parce qu'ils peuvent répartir leurs charges fixes (loyer, électricité, abonnements, etc.) sur une importante masse d'articles, les grands magasins (contrairement aux petits commerces) ont le loisir de pratiquer des prix bas. Mais pas trop bas quand même, dit la loi : la vente à perte est un délit pénal. Conforme à la loi doit ainsi être le prix d'appel. C'est le prix bas appliqué à un article fortement demandé, et qui alors assure une grande affluence au magasin.

99. – On peut ici craindre le dumping pratiqué par les entrepreneurs (européens ou étrangers) qui produisent dans des pays à bas coûts ; des pays dans lesquels les contraintes fiscales, sociales et environnementales sont souvent infimes. Leurs coûts de revient étant faibles, ils réussissent dès lors à proposer des prix très bas aux

---

Infrastructures n° 2, Février 2023, étude 3 ; Éric NIGRI, Prix plafonds pour certains produits de santé : quelles incidences dans le champ des marchés publics hospitaliers ?, Contrats et Marchés publics n° 1, Janvier 2021, 1 ; Erika MARTIN, Associations et sociétés commerciales, Relations privilégiées et lucrativité font la paire, JA 2019, n°603, p.37..

acheteurs. Une semblable pratique a pour conséquence, et sans doute pour but, de ruiner les concurrents. Il s'ensuivra alors une situation de monopole ou d'oligopole pour les intéressés (désormais sans concurrents). Certes des situations de monopole public ou privé subsistent en toute légalité. Ici, l'objectif est soit la protection de la santé des populations, soit la préservation de leurs intérêts patrimoniaux. C'est en gros la protection de l'intérêt général. Au demeurant, les autorités publiques se réservent le droit de plafonner (chaque fois que nécessaire) le prix de certains biens et services. En France, les superprofits ont vraiment mauvaise presse.

100. – Ainsi, quelques professions ne sont pas librement accessibles ; parce que réservées à des individus remplissant des critères stricts (39). Originellement, le droit pour chacun d'exercer l'activité professionnelle de son choix avait aussi conduit à la disparition du monopole des médecins et des pharmaciens. Mais l'exercice de la médecine ou de la pharmacie par des complets ignorants aura provoqué une recrudescence de décès, et par suite, le rétablissement des conditions, notamment la détention de diplômes. Aujourd'hui encore, les métiers du droit (avocats, commissaires de justice, notaires, etc.) ou ceux du chiffre (experts-comptables, commissaires aux comptes, etc.) ne sont pas librement accessibles. Outre le monopole de ces professions libérales, il y a celui de banquier ou d'agent de voyages. En résumé, le candidat à l'entrée dans le monde des affaires doit se renseigner sur le libre accès de l'activité envisagée ; afin de ne pas commettre le délit d'exercice illégale de la

---

39) Nils MONNERIE, Réparation intégrale et causalité : évaluation du préjudice réparable sur fond d'exercice illégal de l'activité de conseil en investissement, D.A. 6 mai 2024 ; Pierre BOUZAT, Exercice illégal de la profession de banquier, RTD com. 1990. 508 ; Méryl RECOTILLET, Exercice illégal de la profession de géomètre-expert, D.A. 24 novembre 2022 ; Bernard BOULOC, Exercice illégal de l'activité d'agent de voyages, RTD com. 2002. 380 ; Florie WINCKELMULLER, Exercice illégal de la profession de pharmacien, D.A. 5 mars 2014 ; S. REVEL, Exercice illégal de la médecine, 25 mars 2010 ; Arnaud LECOURT, Plateforme complice de l'exercice illégal de la profession de taxi, Dalloz IP/IT 2024. 424.

profession retenue.

LA CONFUSION REGRETTABLE ENTRE LE CHIFFRE D'AFFAIRES ET LE BÉNÉFICE NET.

106. – Il est courant que l'on suggère que les entreprises, surtout les très grosses, paient plus d'impôts. Leur grosseur traduirait ad vitam aeternam une permanente rentabilité. D'ailleurs beaucoup de gens s'imaginent qu'une entreprise se trouve en bonne situation économique juste parce qu'elle aura réalisé un bon chiffre d'affaires, c'est-à-dire beaucoup de ventes. À la vérité, elle pourrait quand même avoir subi des pertes (malgré son volume de ventes). Il ne faut donc pas confondre le chiffre d'affaire avec le résultat (le bénéfice). En résumé : pour réaliser des profits, point de scrupule dans la négociation des prix de gros.

107. – D'un autre côté, les contrats entre professionnels (distributeurs et fournisseurs) sont des contrats négociés de gré à gré. Cela veut dire que ce ne sont pas des contrats d'adhésion (à prendre ou à laisser). Lorsqu'il y a des relations suivies d'affaires (c'est-à-dire une longue coopération), la fixation des prix par les partenaires (producteurs et revendeurs) tient certainement compte de la nécessaire survie économique de chacun. À cet égard (et comme dans le cadre d'une économie dirigée), l'entreprise EDF est tenue d'acheter l'électricité produite par les particuliers, lesquels doivent par ailleurs en obtenir un bon prix (40). Mais, en général, la loi de l'offre et de la demande joue : *« les affaires sont les affaires ».*

108. – En aval, la fixation des prix de revente obéit à la même logique lucrative. Il se trouve même que les distributeurs que sont les

---

40) Pascal WILHELM, Enjeux et spécificités des centrales d'achats dans le secteur agricole, Droit rural n° 11, Novembre 2024, dossier 48 ; Irène GRIALOU, Déséquilibre du prix dans les contrats entre professionnels, Cahiers de droit de l'entreprise n° 6, Novembre-Décembre 2023, dossier 38. https://www.lexing.law/avocats/referencement-naturel-ou-payant-pratique-a-risque/2022/09/29/

supermarchés et autres revendeurs (déjà puissants même pris isolément) se groupent en centrale d'achats. Il s'agit pour eux de conduire les producteurs à consentir les prix les plus bas possibles. La légalité de cette façon de faire est discutée. En tous cas, elle manque de patriotisme envers les compatriotes qui sont artisans, agriculteurs et autres petits producteurs. Paradoxalement, ces gros acheteurs ont le sentiment de leur de rendre service. Sinon, ils manqueraient de débouchés commerciaux sûrs. De sorte que ces petits producteurs devraient quasiment les rémunérer pour avoir bien voulu commercialiser (référencer) leurs produits. Mais cette idée d'un référencement payant (par rétrocession d'une partie du prix) est devenue illégale. En matière d'alimentation particulièrement, plusieurs lois (EGALIM) visent à offrir la possibilité d'une juste rémunération aux agriculteurs et aux éleveurs.

Section 2. – La fermeture du monde des affaires à certaines personnes.

120. – La puissance publique apporte parfois des limites à la liberté du commerce et de l'industrie. Il peut ainsi s'agir de soumettre l'entrée dans l'activité professionnelle à des agréments. L'objectif est la protection de l'intérêt général, en particulier l'ordre public (l'ordre public économique ou ordre public de direction). Sans doute est-ce le cas lorsque les délinquants se voient évincés du monde des affaires (§ 1). Mais il existe par ailleurs des interdictions dont la finalité est la protection du candidat à l'activité économique. Le motif est que ce dernier n'aurait pas encore toute sa tête, ou bien ne l'aurait plus durant plus ou moins longtemps. C'est la question de l'incapacité (§ 2).

§ 1. – La fermeture du monde des affaires aux incapables.

121. – Les incapables représentent une grande partie des Français insusceptibles d'œuvrer activement dans le commerce et l'industrie.

En janvier 2025, l'on aura dénombré plus de quatorze millions de mineurs ; dont près de 11.500.000 âgés de moins de 15 ans ; quasiment à parité entre les garçons et les filles (41). D'un autre côté, « Fin 2023, la France compte 712.000 personnes majeures bénéficiant d'une mesure de tutelle ou de curatelle, soit 16 % de plus en 15 ans » (42). Voyons comment s'expliquent ces exclusions qui frappent nombre de mineurs (A.) et quelques majeurs (B.).

A. – L'exclusion du mineur d'âge de l'activité commerciale.

122. – L'exclusion des mineurs du monde des affaires est censée leur rendre service : ils échapperont en effet ainsi aux pertes matérielles et financières susceptibles d'entamer leur patrimoine (1.). Naturellement, cette protection doit être écartée quand, au contraire, elle jouerait contre le mineur (2.).

1. – LE SOUCI DE PROTECTION DU PATRIMOINE DU MINEUR D'ÂGE.

123. – Le législateur interdit-il au mineur de devenir commerçant, ou même l'associé de certains types de sociétés (43). La raison est qu'il est censé ne pas encore avoir toute l'intelligence des affaires. Or, en cas de faillite, le commerçant peut subir la saisie de ses biens (même non affectés à l'activité entrepreneuriale). Cette saisie, faite à la demande des créanciers, permettra à ces derniers un remboursement, à l'occasion d'une distribution du prix de la vente aux enchères des biens ainsi inventoriés.

124. – Mais l'associé, tout au moins dans une société de capitaux, ne

41) https://www.insee.fr/fr/statistiques/2381474.

42) https://www.justice.gouv.fr/documentation/etudes-et-statistiques/pres-dune-personne-dix-beneficie-dune-mesure-protection-juridique-apres-90.

43) Jean-Philippe DOM, De l'obligation de conseil du banquier envers les associés mineurs d'une société civile emprunteuse, Rev. sociétés 2006. 103 ; Eloi BUAT-MÉNARD, Le mineur et l'achat d'un immeuble, AJ fam. 2011. 356.

perdra que les biens et les fonds apportés à l'entreprise et faisant partie du capital social. Il s'agit des apports en nature et des apports en numéraires ; mais pas des apports en industrie. Car, par exemple le savoir-faire d'un individu se révèle insaisissable en vue de sa vente aux enchères pour ensuite payer les créanciers.

125. – Le mineur n'est pas pour autant autorisé à intégrer n'importe quel type de société. Parce que, dans certaines catégories de sociétés (les sociétés de personnes, en particulier la SNC : société en nom collectif), les biens et fonds personnels des associés sont saisissables en vue du paiement des créanciers de l'entreprise. Selon la formule classique, ces associés sont responsables indéfiniment et solidairement (44). En revanche, la responsabilité des associés, et donc du mineur associé, est limité aux apports faits dans le capital social de son type de société (SA : société anonyme ; SARL : société à responsabilité limitée ; SASU : société par actions simplifiée unipersonnelle ; etc.).

126. – Compte tenu de ce qui précède, le mineur ne saurait lui-même exploiter son fonds de commerce (45). En effet, l'exploitant d'un fonds de commerce doit être inscrit au registre du commerce et des sociétés (RCS). Il doit ainsi donc être un commerçant. Or compte tenu du risque d'appauvrissement consécutif à une éventuelle faillite, un mineur ne peut jamais être reconnu comme commerçant.

---

44) COUR DE CASSATION, com. 6 novembre 2024, Société (associé) : responsabilité personnelle à l'égard d'un tiers contractant, D. 2024. 1958 ; Marie-Hélène GIRARD, Qu'est-ce qu'un actionnaire ? Rev. sociétés 1999. 787.

45) Dimitri HOUTCIEFF, § 1er - Mineurs, Répertoire de droit commercial / Acte de commerce Com., Mise à jour de janvier 2023 ; Jean-Florian ESCHYLLE, La capacité commerciale du mineur émancipé, RTD com. 2013. 203 ; Chloé GOSSART, Requête aux fins d'autorisation de passer un acte, AJ fam. 2016. 374 ; Jean-Pierre MAUBLANC, Vente du fonds de commerce à l'initiative du fisc dans les formes prévues pour les biens appartenant à des mineurs, AJDI 2006. 930 ; Dorothée GUÉRIN et Maxime PÉRON, Seuils d'âge en droit des contrats et en droit des affaires, AJ fam. 2017. 516.

S'il n'est pas commerçant, il ne saurait exploiter un fonds de commerce.

127. – Bien entendu, le représentant légal du mineur ne saurait faire le commerce au nom de celui-ci. Et même émancipé (après 16 ans, par la justice), le mineur doit solliciter une autorisation du juge pour devenir un commerçant. En pratique, des mineurs apparaissent plus sérieux et responsables que des adultes. La protection forcée dont ils bénéficient n'est donc pas toujours utile.

2. – L'INUTILITÉ PONCTUELLE DE LA PROTECTION OFFERTE PAR L'INCAPACITÉ.

128. – Le principe est que le mineur ne peut agir lui-même pour ses actes de la vie civile. Il est alors représenté par son père ou sa mère, ayant toujours l'autorité parentale sur lui, et que l'on appelle des administrateurs légaux. Notons que le Code civil indique « *la tutelle s'ouvre lorsque le père et la mère sont tous deux décédés ou se trouvent privés de l'exercice de l'autorité parentale* » (art. 390). Cela étant, précise ce Code, il y a des « *cas dans lesquels la loi ou l'usage autorise les mineurs à agir eux-mêmes* » (art. 388-1-1). Pourvu que les actes courants en question « *soient conclus à des conditions normales* » (art. 1148). Sinon, ils sont annulables au regard de la lésion subie par ce mineur. « *Toutefois, la nullité n'est pas encourue lorsque la lésion résulte d'un événement imprévisible* » (art. 1149, al. 1).

129. – D'ailleurs, les administrateurs légaux peuvent faire confiance à leur enfant mineur de 16 ans et l'autoriser « *à accomplir seul les actes d'administration nécessaires à la création et à la gestion d'une entreprise individuelle à responsabilité limitée ou d'une société unipersonnelle* » (art ; 388-1-2). Néanmoins, poursuit le texte, le mineur ne pourra valablement se prêter à des actes de disposition ; en particulier des ventes ou des libéralités susceptibles de l'appauvrir. Il faut concilier cette interdiction avec le fait que : « *Le mineur ne peut se soustraire aux engagements qu'il a pris dans l'exercice de sa*

profession » (art. 1149 al. 3). La sécurité juridique n'est pas davantage assurée par la simple déclaration de

B. – L'impossibilité des affaires pour le majeur incapable.

140. – Le monde des affaires étant dangereux pour le patrimoine de ses acteurs, les majeurs incapables sont placés dans un cadre juridique destiné à assurer leur protection contre un potentiel appauvrissement (1). Les contrats qu'ils passeraient quand même encourent l'annulation (2.).

1. – LE PLACEMENT DE MAJEUR EN SITUATION DE PROTECTION

141. – En France, « *toute personne dans l'impossibilité de pourvoir seule à ses intérêts en raison d'une altération, médicalement constatée, soit de ses facultés mentales, soit de ses facultés corporelles de nature à empêcher l'expression de sa volonté peut bénéficier d'une mesure de protection juridique* » (Code civil, article 425). En bonne logique, la personne dont il s'agit ici est un individu majeur, puisque les mineurs (non émancipés) sont forcément des incapables.

142. – Leur droit de continuer de bénéficier de biens et créances (parfois nouveaux) apparaît cependant contredit par une impossibilité de toujours en user librement ; c'est-à-dire sans se faire accompagner ou suppléer par un tiers bienveillant. Il s'agit certes de protéger leur patrimoine d'éventuels prédateurs et profiteurs. Dès lors, les actes accomplis isolément par ces majeurs incapables sont susceptibles d'être remis en cause sur la base d'au moins cinq articles du Code civil : 435 ; 465 ; 494-4 ; 1148 ; 1151 ; 1352-4.

143. – Certes, l'incapacité du majeur connaît trois gradations qui appellent respectivement comme mesure de protection : une simple sauvegarde de justice (un contrôle a postériori) ; ou déjà une curatelle

(un accompagnement) ; ou bien, pire, une tutelle (un remplacement). De fait, dit le Code civil (art. 435) : « *La personne placée sous sauvegarde de justice conserve l'exercice de ses droits* ».

2. – L'ANNULABILITÉ DES CONTRATS DES MAJEURS PROTÉGÉS

144. – Pour la protection du majeur incapable, le concept d'annulation du contrat n'a pas besoin d'être systématiquement évoqué. Parce que le concept de rescision du contrat pour lésion est également utilisable. Le maintien du contrat pourrait s'envisager en l'absence de lésion, car la rescision sanctionne un appauvrissement injuste du cocontractant. Aussi, non seulement le contrat deviendra inattaquable au-delà du délai quinquennale de la prescription, la confirmation du contrat est envisagée ; en particulier par le juge de la protection, le juge des tutelles (Code civil, 494-4). Notons même que ce pouvoir de confirmation est reconnu au « *cocontractant devenu ou redevenu capable* » (Code civil, article 1151).

145. – Naturellement, si le contrat est annulé, il est censé n'avoir jamais existé. L'incapable perd donc tout droit sur les choses reçues de son cocontractant majeur et capable. Une restitution réciproque s'impose dès lors entre les deux cocontractants. Toutefois, la loi précise que : « *Les restitutions dues par un mineur non émancipé ou par un majeur protégé sont réduites à hauteur du profit qu'il a retiré de l'acte annulé* » (Code civil, article 1352-4).

146. – On sait que le propriétaire d'un fonds de commerce ne peut l'exploiter lui-même ou le donner location-gérance s'il est un majeur protégé, un incapable. En l'occurrence, le concours de tiers s'avère indispensable (46). De fait, le majeur protégé (placé sous tutelle ou

46) Michel MENJUCQ, Chapitre 7 - L'exploitation du fonds confiée à un tiers, Droit commercial et des affaires, juin 2024, Lextenso.

sous curatelle) ne saurait devenir ou continuer d'être commerçants ou dirigeants d'entreprise (47).

147. – Encore une fois, parce que de tels adultes ne sont pas en mesure (physiquement ou intellectuellement) d'exprimer une volonté raisonnable. En pratique, ils agiraient trop souvent contre leurs propres intérêts. Quoiqu'étant majeur capable, le fonctionnaire souffre d'une exclusion similaire. L'explication est essentiellement déontologique : le fonctionnaire doit se consacrer à ses missions de service public. Il ne doit pas se laisser distraire par l'appât du gain. À cet égard, le délinquant est interdit d'œuvrer (au grand jour) dans le monde des affaires.

§ 2. – La fermeture du monde des affaires aux délinquants.

150. – De la même façon que les individus peuvent être des délinquants, il existe des États voyous. La sanction contre eux peut consister à les priver de la possibilité d'acquérir certains biens. En effet, une décision d'embargo fait parfois (valablement) échec à la liberté du commerce et de l'industrie. L'importation et l'exportation deviennent (quasiment) impossible avec le pays concerné (48). La décision d'embargo est décidée contre l'État en question par le Conseil de sécurité de l'ONU ; ce qui supposera qu'aucun des cinq membres titulaires du droit de véto ne s'y oppose pas. En vérité,

47) Valentin GARCIA, Interdiction pour les soignants de recevoir des libéralités : longue vie à l'article 909, alinéa 1er, du Code civil !, GPL 6 déc. 2022, n° GPL443l2 ; Nathalie PETERKA, Majeurs protégés : capacité commerciale de la personne en curatelle, D.A. 20 décembre 2018 ; COUR DE CASSATION, 1re civ., avis 6 décembre 2018, La capacité commerciale de la personne en curatelle : comment aménager la liberté d'entreprendre et la protection des biens ? AJ fam. 2019. 41 ; COUR DE CASSATION, 3e civ. 19 juin 2002, Incompatibilité entre le statut de fonctionnaire et celui de commerçant, AJDA 2002. 818.

48) Frédéric NAUD, L'embargo : une valse à trois temps nations unies, Union européenne et États membres, RMCUE 1997. 25.

pour des raisons sanitaires en particulier, les produits d'un pays peuvent subir une sorte de boycott ou boycottage. Il a parfois aussi au moins une mesure de quarantaine. C'est-à-dire que pendant une durée probatoire le produit sera confiné, le temps que l'on s'assure de son innocuité ou de l'absence de risque de maladie. Des motifs moraux ou politiques fondent parfois des boycotts (49) ; notamment contre l'État d'Israël.

151. – Mais les États-Unis d'Amérique ont la fâcheuse manie de décider unilatéralement l'embargo contre tel ou tel pays qui leur déplait. Cuba en souffre depuis plus d'une soixantaine d'années ; ce qui est l'embargo le plus long de l'histoire moderne. Naturellement, les firmes américaines s'y soumettent. Parfois, les entreprises étrangères doivent aussi s'y plier ; même lorsque leur activité ne se déploie nullement aux USA. En effet, toute utilisation du dollar américain pour commercer avec le pays mis à l'index par L'ONCLE SAM expose à ses sanctions.

152. – L'objet de cette subdivision n'est nullement d'étudier les États voyous. Elle concerne plutôt les habitants de France (personnes physiques ou morales), et plus particulièrement les personnes physiques. Du fait d'actes de délinquance, des individus se retrouvent effectivement privés de la possibilité d'être des commerçants, des administrateurs, des gérants ou des directeurs d'une entreprise. Mais comment s'assurer que leur obligation de s'abstenir sera respectée, et quelles sanctions au cas contraire ? (A.). D'ailleurs, quels méfaits justifient une telle interdiction et celle-ci dure-t-elle indéfiniment ? (B.).

---

49) Xavier DELPECH, Clôture d'un compte bancaire sans préavis pour violation par son titulaire d'un embargo, D.A. 19 juillet 2021 ; Thomas HAMONIAUX, Principe de précaution et refus de la France de lever l'embargo sur la viande bovine britannique, AJDA 2002. 164 ; Sabrina LAVRIC, Appel au boycott de produits israéliens : pas de provocation à la discrimination, D.A. 24 octobre 2023 ; S. LAVRIC, Discrimination commerciale fondée sur un boycott illégal, D.A. 8 février 2008.

A. – L'identification et la sanction des exclus des affaires

153. – La question peut se poser de savoir si un partenaire (qui signe pour lui-même ou pour une société) a le droit d'évoluer dans le monde des affaires. C'est la question de l'identification de l'interdiction de commercer ou de gérer (1.). Vu que l'effectivité de cette exclusion a besoin de l'appui de sanctions dissuasives, l'on devrait les préciser ci-dessous (2.).

1. – L'IDENTIFICATION DE L'INTERDICTION DE COMMERCER OU DE GÉRER.

154. – En vue de l'obtention de la personnalité juridique par son entreprise, l'entrepreneur demande d'inscription au RCS (le Registre du commerce et des sociétés). Mais le greffier du tribunal de commerce rejettera cette demande s'il constate que le candidat à l'inscription est mineur d'âge, ou bien majeur incapable, ou encore majeur interdit (50). Un simple coup d'œil sur la pièce d'identité présentée par l'intéressé lui permettra de savoir s'il est mineur. Concernant l'incapacité (tutelle ou curatelle) elle est mentionnée en marge de l'acte de naissance (de moins de trois mois) fourni par la mairie de sa ville de naissance ou par le service compétent à Nantes.

155. – Quant à l'interdiction de gérer, elle est révélée par le Fichier national automatisé des interdictions de gérer. Celui-ci existe depuis la loi du 22 mars 2012 destinée à la simplification du droit (51). Et il est tenu par le Conseil national des greffiers des tribunaux de

---

50) Bernard BOULOC, Abus de biens sociaux. Interdiction de gérer, RTD com. 2024. 452 ; Nicolas RONTCHEVSKY, Mesure provisoire d'interdiction de gérer prononcée à l'égard du dirigeant d'une société cotée, RTD com. 2024. 406.

51) Michel GUIBAL, Commerce et industrie, Répertoire de droit commercial, janvier 2015.

commerce (52). Concrètement, l'on dénombre deux types d'individus dans ce Fichier national automatisé des interdictions de gérer (53).

156. – D'une part, les dirigeants sociaux dont le tribunal de commerce aura dit qu'ils auront commis des fautes de gestion ayant contribué à la faillite de celle-ci. Ces fautes de gestion (pas de simples erreurs) pouvant être : les abus de biens sociaux ; l'absence de comptabilité fidèle et sincère ; etc. D'autre part, n'importe quel citoyen condamné par le tribunal correctionnel pour divers délits peut se voir interdire la possibilité de diriger, de gérer ou d'administrer une entreprise.

157. – Les partenaires d'une entreprise lui demandent généralement la preuve de son existence légale. L'acte officiel qui en fait foi est « *l'extrait Kbis* » ou « *l'extrait K* ». L'une atteste de l'existence légale d'une personne morale, et, l'autre, de l'existence d'une personne physique actrice du monde des affaires. Le document ainsi délivré par le greffier du tribunal de commerce contient diverses informations sur la société ; des informations qui détermineront les potentiels partenaires à s'engager, ou au contraire à se désintéresser.

2. – LES SANCTIONS POUR IRRESPECT DE L'INTERDICTION PROFESSIONNELLE.

158. – Le code pénal (art. 434-40) prévoit deux ans d'emprisonnement et 30.000€ d'amende à l'encontre de la personne qui, malgré une interdiction, dirigerait quand même des entreprises (54). S'y ajoute à son encontre une interdiction supplémentaire : celle des droits

52) Idem.

53) Bernard BOULOC, Conditions de la limitation de l'interdiction de gérer, Rev. sociétés 2022. 303 ; Haritini MATSOPOULOU, Précisions sur la motivation d'une peine d'interdiction de gérer, Rev. sociétés 2017. 651.

54) Haritini MATSOPOULOU, La violation par un banqueroutier des interdictions de gérer, Rev. sociétés 2022. 370.

civiques, civils et de famille. Le délinquant perdra notamment le droit de vote ; celui d'être membre d'un jury de cour d'assises ; celui d'être un tuteur.

159. – Bien entendu, le dirigeant social à qui la justice aura interdit de diriger, de gérer ou d'administrer des entreprises ne peut demeurer dans son entreprise, en prétendant ne plus en être le chef. Car il ne doit plus du tout s'immiscer dans la vie de l'entreprise ; même pas indirectement, par personne interposée (sa femme, un homme de paille, etc.). Il ne peut donc devenir un simple salarié de l'entreprise qu'il dirigeait jusque-là.

160. – Sa solution de repli est la location-gérance de son fonds de commerce. Mais, à un autre commerçant qui soit indépendant de lui. La vente de l'entreprise (cession des parts ou des actions) semble la solution la plus radicale. Malgré son interdiction d'exercer la plupart des métiers, il lui restera les fonctions auxquelles l'on accède par élection : les fonctions politiques et les fonctions syndicales. S'y ajoute l'activité journalistique. La personne condamnée pourra aussi être valablement recrutée en tant que salarié ; mais pas dans son entreprise qu'il envisagerait peut-être de gérer en sous-main.

161. – En 2020, environ 470.000 personnes nouvelles avaient été inscrites au casier judiciaire. Soit presque 100.000 de moins que l'année précédente ; ici sans doute un effet du Covid-19 sur les activités des criminels (et des honnêtes gens). En 2024, « Le rapport annuel *Les condamnations en France en 2023* rend compte des 543 900 condamnations prononcées et inscrites au Casier judiciaire national des personnes physiques en 2023 » (https://www.justice.gouv.fr/documentation/etudes-et-statistiques/condamnations-france-2023).

162. – Les personnes condamnées pour crimes ou délits, voire pour une contravention, ne figurent pas forcément au casier judiciaire. D'abord, parce qu'il est possible de procéder victorieusement à une demande de dispense d'inscription sur le casier judiciaire. Ensuite, parce qu'il est possible d'obtenir une réhabilitation judiciaire qui

efface la mention infamante. Enfin, parce qu'après une certaine durée (dix ans au plus), la mention fait l'objet d'un effacement automatique. Malgré ces mouvements minoratifs du stock des potentiels d'interdits, il en reste logiquement quelques millions au fil des ans. Autant d'habitants de France qui ne peuvent donc être des commerçants, ou des gérants de sociétés, ou des directeurs d'entreprises. L'encouragement entrepreneurial des autorités se trouve ainsi contredit par le casier judiciaire.

B. – Les motifs et durées de l'interdiction professionnelle.

163. – L'individu dont le casier judiciaire signale qu'il ne devrait pas se maintenir ou bien s'installer dans le monde des affaires subit cette situation pour divers motifs possibles (1.). Encore que cette exclusion individuelle ne soit que rarement perpétuelle (2.).

1. – LES MOTIFS DE L'EXCLUSION PROFESSIONNELLE.

164. – Les infractions pour lesquelles l'interdiction professionnelle est prévue par le Code pénal peuvent être réparties dans quatre groupes (55). A savoir : 1) les crimes et délits contre les personnes ; 2) les atteintes contre les biens ; 3) les atteintes aux intérêts fondamentaux de la Nation ; 4) les entraves à l'exercice des libertés.

165. – Les crimes et délits contre les personnes visés sont : l'assassinat ; l'empoisonnement ; le viol ; l'agression sexuelle ; le trafic de stupéfiants ; l'interdiction illégale de grossesse ; la provocation ou la publicité en faveur du suicide ; le délaissement de mineurs ; etc. Comme exemples d'atteintes aux biens, il y a : le vol ; l'extorsion ; l'escroquerie ; l'abus de confiance ; le recel ; le

55) Bernard BOULOC, Conditions de la limitation de l'interdiction de gérer, Rev. sociétés 2022. 303 ; Haritini MATSOPOULOU, Précisions sur la motivation d'une peine d'interdiction de gérer, Rev. sociétés 2017. 651.

blanchiment ; les destructions et dégradations ; le piratage informatique.

166. – Les atteintes aux intérêts fondamentaux de la Nation sont pour l'essentiel : la trahison ; l'intelligence avec l'ennemi ; le terrorisme. Enfin, les entraves à l'exerce de libertés peuvent être illustrées par les infractions ci-dessous. D'une part, les entraves à l'exercice des libertés suivantes : d'expression ; du travail ; d'association ; de réunion ; de manifestation. Relativement aux fonctionnaires, l'abus d'autorité, le favoritisme, la prise illégale d'intérêts, la corruption, le trafic d'influence. De troisième part, il y a : l'aide à l'évasion ; la fabrication de faux (documents) ; la contrefaçon de monnaies ou de chèques et autres titres ; la falsification de tampons de l'État ; l'association de malfaiteurs.

167. – Pour sa part, le Code de la consommation prévoit l'incapacité commerciale à la suite des infractions suivantes : le prêt usuraire ; l'altération ou la modification des signes distinctifs des marchandises ; l'abus de faiblesse ; les fraudes et falsifications dangereuses ou nuisibles à la santé de l'homme ou de l'animal. Certes, cet empêchement peut n'être décidé qu'à titre conservatoire (56). Ainsi donc, outre les peines principales d'emprisonnement et d'amende, le dirigeant social risque par ailleurs la peine complémentaire d'interdiction de diriger, de gérer ou d'administrer des entreprises (57).

168. – Curieusement, alors que le travail dissimulé et la banqueroute sont punis de 5 ans d'emprisonnement et de 75.000 € d'amende, l'usurier n'encourt que 2 ans d'emprisonnement ; mais 300.000 € d'amende. L'on notera que l'amende possible est quintuplée lorsque l'auteur de l'infraction est une personne morale (et donc pas un

56) Nicolas RONTCHEVSKY, Mesure provisoire d'interdiction de gérer prononcée à l'égard du dirigeant d'une société cotée, RTD com. 2024. 406.

57) Michel GUIBAL, Commerce et industrie, Répertoire de droit commercial, janvier 2015.

commerçant indépendant isolé, un individu). De sorte que l'EURL (pourtant composée d'une seule personne) risque une amende de 1.500.000 €, là où le commerçant isolé risquera 300.000.

169. – Autre paradoxe, lorsque les juristes comparent les peines, pour savoir laquelle est la plus sévère, ils s'arrêtent à la durée de privation de liberté. Dans le cas ci-dessus, ils diront que le prêt usuraire est moins sévèrement puni (deux ans d'emprisonnement) que le travail dissimulé ou que la banqueroute (cinq ans d'emprisonnement). Cette durée de l'enfermement se confond temporellement avec celle de l'interdiction professionnelle (58).

2. – LA DURÉE DE L'EXCLUION PROFESSIONNELLE.

170. – L'interdiction de diriger, de gérer ou d'administrer des entreprises est perpétuelle à l'encontre des personnes dont le tribunal correctionnel estimera qu'elles ne pourront jamais s'améliorer et risqueraient de commettre d'autres délits dans les affaires. Les autres personnes sont condamnées pour une durée pouvant atteindre cinq années (59).

171. – Néanmoins, deux procédures libèrent possiblement de l'interdiction de diriger, gérer ou administrer des entreprises (60). Ce sont le relèvement et la réhabilitation (légale ou judiciaire). Le relèvement concerne les interdictions que le juge n'aura pas spécialement choisies mais qui tombent automatiquement sur le coupable. La réhabilitation concerne les interdictions que le juge aura spécialement retenues contre la personne condamnée.

---

58) Georges VERMELLE, Non-cumul d'une peine d'emprisonnement et d'une interdiction professionnelle, RSC 2004. 873 ; Jacques MESTRE, Les contrats conclus au mépris d'une incompatibilité professionnelle, RTD civ. 1996. 896.

59) Haritini MATSOPOULOU, La violation par un banqueroutier des interdictions de gérer, Rev. sociétés 2022. 370.

60) Idem.

2) PENSER LA PERFORMANCE D'ENTREPRISE COMME UN *CONSTRUIT SYSTÉMIQUE* : CRITÈRES D'ANALYSE

Samira SIFER
Docteure en Économie et Statistique Appliquée, Maître de conférences,
École des Hautes Études commerciales (EHEC), IRDE, ENSSEA, Algérie
sifer.samira.enssea@gmail.com

Amel GUEHAIRIA
Professeure des universités
École Nationale Supérieure de Statistique et d'Économie Appliquée (ENSSEA), IRDE, Algérie
guehairia.amel@learning.enssea.edu.dz

Résumé *: Ce chapitre examine la contribution de la pensée systémique à la compréhension et à l'évaluation de la performance organisationnelle dans un environnement marqué par la complexité et l'interdépendance. En mobilisant les fondements théoriques des systèmes – leurs propriétés, leur fonctionnement, leur ouverture – il propose de transcender les approches fragmentées et linéaires de la performance. L'analyse met en évidence la nature multidimensionnelle de celle-ci, déterminée par les finalités poursuivies, les ressources mobilisées et les interactions entre les sous-systèmes internes et l'environnement externe. Une lecture critique est proposée des différentes acceptions de la performance – conceptuelle, managériale et gestionnaire – ainsi que de leurs limites dans les pratiques actuelles. Le chapitre identifie les leviers permettant d'articuler les dimensions économiques, sociales et environnementales dans une perspective systémique intégrée. Il aboutit à la formulation de performance en tant que construit systémique, défini comme un produit émergent des dynamiques organisationnelles, évolutif, contextualisé et orienté vers la durabilité.*

Mots-clés
Théorie des systèmes ; organisation interne ; performance organisationnelle ; management.
Classification JEL
B520 - D230 - M10 - M15.

Abstract : *This chapter examines the contribution of systems thinking to understanding and evaluating organisational performance in an environment marked by complexity and interdependence. By drawing on the theoretical foundations of systems – their properties, functioning and openness – it proposes to transcend fragmented and linear approaches to performance. The analysis highlights the multidimensional nature of performance, which is determined by the objectives pursued, the resources mobilised and the interactions between internal subsystems and the external environment. A critical reading is offered of the different meanings of performance – conceptual, managerial and administrative – as well as their limitations in current practices. The chapter identifies the levers for articulating economic, social and environmental dimensions in an integrated systemic perspective. It concludes with the formulation of performance as a systemic construct, defined as an emergent product of organisational dynamics, evolutionary, contextualised and oriented towards sustainability.*

Translated with DeepL.com (free version)
Keywords
Systems theory; internal organization; Organizational performance; Management.
JEL Classification
B520 - D230 - M10 - M15

Introduction

Dans un contexte de décomposition hiérarchique, marqué par l'intensification des mutations économiques, sociales et technologiques, les entreprises évoluent désormais dans des environnements caractérisés par une complexité croissante, une interdépendance systémique et une instabilité structurelle. Ces transformations redéfinissent en profondeur les modalités d'action, de coordination et de pilotage stratégique, contraignant les acteurs organisationnels à repenser leurs référentiels d'analyse et de décision.

Ce constat concerne notamment l'évaluation de la performance des entreprises. En effet, Pierre Voyer (2009, p. 81) souligne que « la mesure de la performance est fondamentale à tout système organisationnel où l'on veut baliser, suivre et évaluer la progression vers des objectifs ». Ainsi des auteurs comme Virginie Galdemar Léopold Gilles Marie-Odile Simon (2012, p. 9) indiquent que « La notion de performance correspond à l'atteinte d'objectifs ou de résultats attendus, et plus largement à la création de valeur ». Dans le monde de l'entreprise, la création de valeur est généralement associée à l'accroissement du profit (Galdemar, Gilles et Simon, 2012). Toutefois, une telle conception apparaît réductrice au regard de la complexité intrinsèque que recouvre la notion de performance. Le terme de performance est en réalité difficile à circonscrire : il reste général et englobe des notions telles que l'efficience, la pertinence, l'efficacité, l'équité ainsi que d'autres notions de rendement, de productivité, de qualité et d'utilité. Ces derniers sont souvent considérés comme des sous-dimensions constitutives de la performance (Champagne, Contandriopoulos, Picot-Touché et al., 2005).

Dès lors, plusieurs critères permettent d'analyser et d'évaluer la performance au sein d'une entreprise. Or, pour donner du sens à ces critères et en comprendre les interactions, il est essentiel d'adopter une approche systémique. En effet, comme Aurore Cambien (2008, p. 20) a mentionné, en se référant à Joël de Rosnay (1975), « le systémicien considère le système dans sa totalité, dans toute sa complexité et sa dynamique propre », cette vision distingue principalement l'approche systémique de l'approche purement analytique (Joël de Rosnay, 1975).

Dans cette optique, la compréhension des systèmes, en tant qu'ensembles organisés d'éléments interdépendants, s'impose comme un cadre conceptuel pertinent pour appréhender les dynamiques internes et externes propres aux entreprises contemporaines. C'est dans cette perspective que s'inscrit la présente étude, qui vise à explorer les fondements conceptuels et méthodologiques d'une lecture systémique de la performance organisationnelle.

En effet, si la littérature reconnaît la nécessité de mesurer et d'évaluer la performance comme instrument de pilotage, d'aide à la décision ou d'amélioration continue, elle souligne encore la difficulté de construire des référentiels homogènes, dans un contexte marqué par l'hétérogénéité des modèles, des temporalités et des objectifs.

Dès lors, plusieurs interrogations méritent d'être soulevées : Comment définir et évaluer la performance dans un contexte organisationnel en constante mutation ? Quels outils permettent d'en rendre compte sans en appauvrir la complexité ? Et dans quelle mesure une lecture systémique peut-elle contribuer à renouveler la compréhension de la performance en intégrant ses dimensions économiques, sociales, environnementales et structurelles ?

Ce chapitre s'attache à répondre à ces questionnements en posant les fondements théoriques des notions de système et de performance, telles qu'elles s'appliquent au champ organisationnel. Il analyse ensuite les approches contemporaines d'évaluation de la performance, avant de développer une lecture intégrée de ses dimensions économique, sociale et environnementale, dans une perspective de développement durable et de résilience systémique.

1. – Systèmes et complexité : une exploration des définitions

Selon Gwendoline Donnadieu, Didier Durand, Denis Neel, Emmanuel Nunez et Laurent Saint Paul (2003, p. 3), le mot système provient du grec *sustêma*, qui signifie « ensemble cohérent ».

Toutefois, comme le souligne Jean-Louis Le Moigne (2006), le terme système fait l'objet de multiples définitions, souvent divergentes, y compris au sein de la littérature systémique. Nombre d'entre elles sont critiquées — parfois même par leurs propres auteurs — en raison de leur imprécision ou de leur portée jugée trop générale.

En effet, la définition classique proposée par Ludwig von Bertalanffy, selon laquelle un système est « un ensemble d'éléments en interaction » (Bertalanffy, 1968, p. 38) repose sur les notions fondamentales d'*élément* et d'*interaction*, mais apparaît comme insuffisante[61].

Par la suite, Ludwig von Bertalanffy a enrichi cette définition en y intégrant la notion d'environnement : « Un système peut être défini comme un ensemble d'éléments en interrelation entre eux et avec leur environnement »[62] (Bertalanffy, 1968, p. 55).

Dans le prolongement des travaux de Bertalanffy, plusieurs auteurs ont proposé des enrichissements conceptuels qui permettent d'approfondir la compréhension du système. Joël de Rosnay (1975, p. 93) enrichit cette perspective en y introduisant les dimensions de finalité et d'organisation[63] : « Un système est un ensemble d'éléments en interaction dynamique, organisés en fonction d'un but ». D'autres auteurs ont également contribué à affiner cette conceptualisation. Ainsi, Eugene Odum (1976) insiste sur la cohérence de l'ensemble systémique, qu'il définit comme « Un groupe d'éléments en constante interaction ou interdépendance concourant à la formation d'un ensemble unifié » (Odum, 1976, p. 2).

L'abondance des définitions proposées dans la littérature systémique ne garantit pas pour autant une clarification du concept. Bien au contraire, cette pluralité peut parfois engendrer une confusion théorique, en raison de divergences d'interprétation ou de fondements épistémologiques hétérogènes. De nombreuses tentatives de définition n'ont pas permis de cerner avec

---

[61] Ludwig von Bertalanffy est le premier penseur à avoir formulé explicitement qu'un système est un « ensemble d'éléments en interaction » (*sets of elements standing in interaction*), dans le cadre de la Théorie Générale des Systèmes (TGS). Bien que cette formulation ait été popularisée dans son ouvrage publié en 1968, ses travaux sur les systèmes remontent aux années 1940.

[62] Traduction effectuée à partir du texte original en anglais : "A system can be defined as a set of elements standing in interrelation among themselves and with the environment" (Bertalanffy, 1968, p. 55).

[63] Joël de Rosnay se réfère ici à Jay Forrester (1968), qui met en évidence le comportement dynamique d'un système comme résultant de sa structure interne. Jat Forrester (1968) souligne que toute action essentielle au comportement étudié doit être incluse à l'intérieur des limites du système.

rigueur le concept de système, en raison d'une terminologie imprécise ou conceptuellement inadéquate.

Parmi les critiques formulées à l'égard de ces approches, René Thom (1974) en souligne particulièrement les limites. Il remet notamment en question la définition d'un système comme un simple ensemble d'éléments en interaction, estimant qu'il est souvent difficile de déterminer avec précision les éléments constitutifs d'un tel ensemble. Une telle définition impliquerait, selon lui, une part d'arbitraire dans le choix des frontières et des composants retenus.

Face à ces critiques, certains auteurs ont tenté de dépasser les limites des définitions strictement structurales en adoptant des approches plus dynamiques, relationnelles ou finalisées, mettant en avant des notions telles que la rétroaction, l'auto-organisation ou encore l'émergence. C'est dans cette perspective que s'inscrit l'approche systémique contemporaine, en rupture avec les conceptions réductrices issues du paradigme mécaniste.

En revanche, lorsque les éléments sont définis selon des critères morphologiques, il demeure souvent incertain de savoir si leur simple agrégation suffit à constituer un système cohérent (Thom, 1974). En réponse aux limites de ces approches structurelles et fonctionnelles, Jean-Louis Le Moigne (1977, p. 62) propose une définition renouvelée et plus intégrative de la notion de système. Il en formule une synthèse plus élaborée, articulée autour de six composantes principales.

Les voici : a) quelque chose (n'importe quoi, présumé identifiable) ; b) qui dans quelque chose (environnement) ; c) pour quelque chose (finalité ou projet) ; d) fait quelque chose (activité : fonctionnement) ; e) par quelque chose (structure : forme stable) ; f) qui se transforme dans le temps (évolution). Il résume cette conception par la définition suivante : « un objet qui, dans un environnement, doté de finalités, exerce une activité et voit sa structure interne évoluer au fil du temps, sans qu'il perde pourtant son identité unique.» (Le Moigne, 1977, p. 61).

À son tour, Alain Degenne (1978, p. 300), dans un article consacré à l'œuvre de Jean-Louis Le Moigne (*La théorie du système général. Théorie de la modélisation*), souligne que l'enjeu fondamental ne réside pas tant dans la profusion de la littérature sur la théorie des systèmes, que dans le sens concret attribué à ses définitions, par opposition aux–simples intuitions ou métaphores[64].

Pour Jean-Louis Le Moigne, l'une des principales difficultés réside dans le fait que toutes les tentatives de définition mobilisent des concepts fondamentaux tels que « élément », « relation » ou « environnement », lesquels nécessitent à leur tour une définition précise. Cette complexité a néanmoins favorisé une progression conceptuelle continue, évitant ainsi l'écueil d'approches superficielles ou éphémères. Elle a toutefois généré un certain nombre de paradoxes, conduisant à l'élaboration d'une nouvelle notion : celle de « système général » ou de « modèle général systémique », centrée sur l'analyse des caractéristiques communes aux systèmes, dans une optique d'optimisation. Cette approche a cependant suscité des critiques, notamment en raison de son apparente incohérence, du fait que la notion de système y demeure en effet confinée à un sens strictement individuel, ce qui tend à en limiter la portée explicative (Le Moigne, 2006).

Sous une approche qualifiée de systémique[65], un système est décrit par Bernard Motulsky (1977a, p.54) en isolant un ensemble de parties sous l'angle de leur action commune et de leurs attributs de même nature. Une telle conception requiert l'existence d'une unité fonctionnelle appelée organe, qui assure les processus essentiels à la cohésion et au fonctionnement du tout. Selon Ervin Laszlo (1972, p. 51) « Un système n'est rien de plus que le

---

[64] « Ce qu'il est convenu d'appeler la théorie des systèmes donne naissance à une littérature abondante depuis quelques années. Il me semble que tous ces ouvrages ont un point commun : ils cherchent d'abord à convaincre le lecteur de l'intérêt d'un mode de pensée riche et séduisant mais qui, dans l'état actuel des choses, n'offre guère plus qu'un certain nombre de cadres d'intuitions et de métaphores » (Degenne, 1978, p. 300).

[65] L'approche systémique ne se réduit pas à l'analyse de système, qui n'en constitue qu'un outil parmi d'autres à la disposition du systémicien. Considérée isolément, cette analyse tend à fragmenter le système en ses composantes et interactions élémentaires, au risque d'en appauvrir la compréhension globale (Cambien, 2008, p19).

lieu de rencontre entre une organisation de bas niveau et une organisation de haut niveau, des sous-systèmes et un supra-système »[66].

En revanche, le relativisme inhérent à la pensée systémique implique qu'un système peut être simultanément considéré comme un supra-système, au regard de ses composants internes, et comme un sous-système, en fonction du rôle qu'il joue dans un ensemble plus vaste. Cette approche conduit à concevoir le réel comme une hiérarchie de niveaux d'organisation emboîtés. L'un des fondements épistémologiques majeurs de cette perspective consiste à reconnaître la nécessité d'analyser un système à son propre niveau, sans recourir à des explications réductrices fondées uniquement sur ses parties (réductionnisme), ni à des références abstraites à des niveaux supérieurs (transcendance).

La théorie générale des systèmes, notamment développée par Ludwig von Bertalanffy, repose ainsi sur l'idée que chaque niveau de complexité possède une cohérence propre, irréductible aux lois qui régissent les niveaux inférieurs, même si ces dernières ne sont pas contredites. L'approche systémique complète ainsi l'approche analytique en introduisant une lecture par niveaux d'organisation, marquée par une grande souplesse dans la définition des frontières du système, celles-ci étant déterminées par l'observateur selon ses intentions analytiques. Elle permet dès lors un balayage continu des niveaux de complexité, offrant un cadre d'analyse adaptable à la diversité et à la dynamique des systèmes étudiés (Le Moigne, 2006).

Comme le décrit Bernard Motulsky (1977b, p.218), Jean-Louis Le Moigne suit une démarche non linéaire qui lui permet de présenter les propriétés de ce qui est défini comme le système général[67] selon les trois

---

[66] Cité et traduit par Bernard Motulsky (1977a, p. 54).
«Lieu qui varie selon les besoins de l'observateur. Le système du sociologue sera, par exemple, le lieu de rencontre entre les sous-systèmes des individus et le supra-système de l'humanité»[66] (Motulsky, 1977a, p. 54).

[67] Bien que l'expression anglo-saxonne *General System(s) Theory* puisse se traduire en français aussi bien par « théorie générale des systèmes » que par « système général », Le Moigne opère une distinction importante, d'où son choix assumé du titre de son ouvrage. (Motulsky, 1977a, p.55)

dimensions qu'il reconnaît à cet objet : le système général est structuré, il agit et évolue dans un environnement guidé par ses finalités.

Peter Checkland (1981) introduit une distinction fondamentale entre deux types de systèmes : a) Systèmes « durs » (*hard)* : entités techniques, avec des objectifs clairs, optimisables (ex. : machines, réseaux) ; b) Systèmes « doux » (*soft*) : situations humaines complexes, aux buts ambigus, nécessitant une approche interprétative (ex. : organisations, conflits, gouvernance). Dans ce cadre de la *Soft Systems Methodology* (SSM), Peter Checkland redéfinit le système comme : « Une construction intellectuelle visant à organiser la réflexion sur des situations problématiques du monde réel ». Cette approche repose sur une réorientation méthodologique non ontologique, avec la reconnaissance de la pluralité des points de vue (acteurs, objectifs) et l'importance du dialogue, de l'apprentissage organisationnel et de la modélisation participative »[68]. Peter Checkland (1981) propose ainsi que le système devienne un outil de pensée, construit pour comprendre et améliorer les situations floues dans les organisations humaines.

Jean-Louis Le Moigne affirme, dans le cadre d'une réflexion critique sur l'héritage épistémologique de Claude Bernard (1865), que le système ne constitue pas une réalité objective, mais une construction intellectuelle visant à rendre intelligible la complexité du réel. Il conçoit ainsi le système comme une représentation finalisée d'un objet pensé comme un ensemble organisé d'éléments en interaction, insistant sur sa valeur heuristique en tant qu'outil de pensée structurant et opératoire, à la fois pour la compréhension et pour l'action (Le Moigne, 2006).

Ce positionnement s'oppose à l'approche réductionniste des sciences classiques et rejoint d'autres conceptions systémiques : celle

[68] Cette définition met en lumière l'existence d'un processus collaboratif, dans lequel divers acteurs, y compris les personnes concernées et pas seulement des experts (souvent des parties prenantes d'un projet : citoyens, chercheurs, décideurs, etc.), participent activement à la construction d'un modèle représentant une réalité complexe (sociale, environnementale, économique, etc.).

de Ludwig von Bertalanffy, pour qui le système est un ensemble dynamique orienté vers un but, et celle de Peter Checkland, qui le conçoit comme un outil conceptuel destiné à clarifier les situations floues dans les organisations humaines. Ainsi, la pensée systémique, telle que formulée par Jean-Louis Le Moigne, vise à constituer une théorie de la modélisation des phénomènes complexes, transdisciplinaire et orientée vers l'action.

« Une ville, une cellule, une entreprise, un être humain sont donc des systèmes ouverts qui fonctionnent dans un environnement avec lequel ils échangent en permanence énergie, matière, informations dans une dynamique d'interactions continues ; des boucles de rétroaction (ou *feed back*) maintiennent, comme un thermostat, l'équilibre, assurent la régulation, mais tout détraquement de ces boucles, toute atteinte à leur fonctionnement normal peut provoquer la destruction du système ou de l'environnement. » (Rosnay, 1977, cité par Longone, 1977, p. 1319).

Autrement dit, si la notion de système demeure difficile à définir de manière précise, elle constitue néanmoins un cadre analytique pertinent pour appréhender la complexité des organisations. C'est dans cette perspective que s'inscrit la section suivante, qui se propose de mettre en lumière les caractéristiques d'un système, afin d'en faciliter l'analyse appliquée à l'évaluation de la performance organisationnelle.

2. – L'apport de la pensée systémique à la compréhension des organisations

La pensée systémique désigne l'effort continu de l'esprit humain pour modéliser et comprendre l'organisation orientée vers un but et en constante évolution d'un phénomène complexe (Le Moigne, 1990). La systémique joue un rôle central dans la définition du système, en mettant en lumière ses finalités, ses interactions, sa complexité, son environnement et son évolution.

La systémique puise ses racines dans les travaux de Ludwig von Bertalanffy, qui élabore, à partir des années 1940, sa théorie générale des systèmes, synthétisée dans son ouvrage majeur *general system theory*, publié en 1968. Cette approche pose les bases d'une compréhension globale et interdisciplinaire des systèmes, en rupture avec le réductionnisme analytique dominant à l'époque. Elle inaugure ce que l'on appelle aujourd'hui la systémique de première génération, centrée sur l'analyse des structures, l'équilibre, et la modélisation des systèmes comme entités globales et cohérentes.

Cette approche sera ensuite structurée en tant que méthodologie scientifique appliquée par Jean-Louis Le Moigne, notamment à partir de ses travaux des années 1970, et plus systématiquement dans[69] « La théorie du système général » en 1977, puis « La modélisation des systèmes complexes » en 1990.

À partir de là, un nouveau courant émerge, qualifié de systémique de deuxième génération (ou cybernétique de deuxième génération)[70]. Cette approche, préconisée par Jean-Louis Le Moigne, met l'accent non plus uniquement sur les structures, mais sur les processus dynamiques, les flux, les boucles de rétroaction, l'auto-organisation et surtout la place centrale de l'observateur dans la construction du système. Contrairement à la systémique de première génération, qui traite le système comme un objet stable et observable de l'extérieur, la deuxième génération considère que le système est co-construit par l'observateur, selon ses finalités, ses valeurs et son contexte.

Ces différentes générations de la pensée systémique ne s'opposent pas mais se complètent : la première fournit des outils puissants de modélisation

---

[69] La pensée systémique s'est également largement diffusée auprès du grand public grâce à Joël de Rosnay, notamment à travers la publication en 1975 de son ouvrage de vulgarisation emblématique, *Le Macroscope*, qui rend accessibles des notions clés telles que la rétroaction, les boucles, la régulation et l'interdépendance.

[70] Cette approche s'appuie sur les travaux de Heinz von Foerster, pionnier de la cybernétique de second ordre, d'Anthony Stafford Beer dans le domaine des systèmes viables, ainsi que de Jean-Louis Le Moigne, promoteur de la modélisation systémique.

structurée, tandis que la seconde introduit une lecture plus souple, réflexive et contextualisée de la complexité.

Comme le souligne Frédéric Lasfargues et Christophe Dalin (2007), l'examen d'un système requiert alors une double approche, à la fois structurelle et fonctionnelle, conformément à une méthode couramment mobilisée dans l'analyse systémique. Selon Bernard Motulsky (1977a, p .53) sur le plan structurel, la configuration du système vise à répondre à ses besoins en assurant une activité de conservation régulée et bénéfique. Cette lecture, centrée sur les éléments constitutifs tel que la frontière, les réseaux de relations et les stocks (Lasfargues et Dalin, 2007 ; Turchany, 2008), s'inscrit dans la logique de la systémique de première génération, principalement orientée vers l'analyse des structures stables et formelles.

Sur le plan fonctionnel, l'analyse se focalise sur les phénomènes dynamiques tels que les flux d'énergie, de matière et d'information, ainsi que sur les mécanismes de contrôle, les délais et les boucles de rétroaction (Lasfargues et Dalin, 2007 ; Turchany, 2008). Cette lecture reflète une approche relevant de la systémique de deuxième génération, qui met l'accent sur les interactions complexes, l'adaptation, et la dimension temporelle des systèmes (Le Moigne, 1990).

« D'un côté, la systémique de première génération, en filiation directe de la cybernétique, s'appuie sur des méthodes quantitatives et sur l'outil informatique pour, au-delà de la seule compréhension du système, tenter de prévoir son comportement. La systémique de seconde génération, appelée *System Thinking*, s'inscrit dans une perspective un peu différente par rapport à la démarche prospectiviste de la systémique de première génération. Il s'agit dans cette conception, de mettre l'accent sur l'intelligibilité du comportement du système. Son but est de concevoir des modèles qualitatifs, de facture topologique par exemple, qui permettent d'entrer dans l'intelligence du phénomène et, éventuellement, d'en orienter l'action. » (Cambien, 2008, p.16).

Dans ce cadre systémique, il convient de distinguer les systèmes ouverts, caractérisés par des échanges continus avec leur environnement, des systèmes fermés, théoriquement autonomes mais en réalité toujours influencés par des interactions extérieures (Turchany, 2008).

Par ailleurs, l'extension du concept de système ouvert conduit à l'envisager comme dynamique, c'est-à-dire évolutif et en grande partie déterminé par ses propres interactions internes. Ce type de système est à la fois ouvert et intégré. L'ouverture constitue un facteur de longévité, à condition qu'elle s'accompagne d'une clôture formelle[71] qui en délimite les frontières du système. Comme l'affirme Bernard Motulsky (1977a, p. 53) : « Le système n'est pas en même temps le système et son environnement»[72]. Cette logique fonde la notion de sous-systèmes, qui permet l'intégration d'éléments extérieurs par un processus d'assimilation au système (Motulsky, 1977a).

Les systèmes, dans leur ensemble, se caractérisent par plusieurs traits distinctifs. Leur finalité détermine leur comportement de manière transcendante, à travers des mécanismes de régulation visant à préserver leur équilibre (Lasfargues et Dalin, 2007). L'équifinalité est une propriété caractéristique des systèmes ouverts, selon laquelle un même état final peut être atteint à partir de conditions initiales différentes, et par des trajectoires variées. Cette notion d'équifinalité, introduite par Ludwig von Bertalanffy (1968, p. 40) dans le cadre de la théorie générale des systèmes, met en évidence la souplesse et l'adaptabilité des systèmes ouverts, en opposition à la causalité linéaire propre aux systèmes fermés et aux approches mécanistes.

En effet, la variété est une propriété nécessaire à l'adaptation et à la survie des systèmes : elle leurs permet de faire face à la complexité, conformément au principe formulé par William Ashby[73] (1956, p. 207) « Seule

---

[71] « Système formel : Système composé d'un vocabulaire, d'un ensemble d'axiomes et d'un ensemble de règles de déductions » (Turchany, 2008, p. 12).

[72] « Hall et Fagen ont bien montré ce que la définition de l'environnement comprend d'arbitraire. « Lire *"Définition of System", in Modem Systems Research for the Behavioral Scientist, W. Buckley éd., Aldine*, 1968, pp. 83-84." (Motulsky, 1977a, p. 53).

[73] *'only variety can destroy variety'* (**Ashby, 1956, p. 207) : plus un système est confronté à de la complexité ou de l'incertitude dans son**

la variété peut compenser la variété ». Elle constitue une condition préalable à l'accomplissement de leurs finalités (Lasfargues et Dalin, 2007). Cependant, cette variété doit être maîtrisée pour éviter de dépasser les capacités de contrôle du système (Turchany, 2008). De ce fait, la frontière d'un système délimite ses interactions avec l'environnement. Il s'agit d'une notion fondamentale de la conceptualisation moderne des systèmes, développée dès les années 1940, et reposant sur les concepts d'interaction, de totalité, d'organisation et de complexité (Turchany, 2008).

L'interaction entre les éléments d'un système donne lieu à des causalités non linéaires (Abell, 1978), et la totalité du système dépasse la simple somme de ses parties (Bertalanffy, 1968), engendrant des propriétés émergentes (Ropohl, 1978) qui ne peuvent être déduites des propriétés individuelles des éléments (Turchany, 2008).

L'organisation d'un système est essentiellement définie par l'agencement hiérarchique de ses composants (Turchany, 2008), et peut se décliner en deux formes principales : l'organisation en modules ou en sous-systèmes, et l'organisation en niveaux hiérarchiques, chaque niveau introduisant de nouvelles propriétés. La décomposition hiérarchique, selon un principe d'arborescence, justifie la décomposition en sous-systèmes, permettant une compréhension modulaire du système (Lasfargues et Dalin, 2007). L'auto-organisation, quant à elle, repose sur l'équilibre entre boucles de rétroaction positives et négatives, assurant à la fois la cohérence et l'adaptabilité du système (Lasfargues et Dalin, 2007).

Il convient aussi de noter que la complexité des systèmes émerge de l'interaction de leurs éléments, de l'incertitude de leur environnement et de la difficulté à identifier de manière exhaustive les composantes et leurs relations (Turchany, 2008). De ces complexités résultent des problèmes qualifiés de « systémiques » (Senge, 1990 ; Sterman et Sweeney, 2000), nécessitant des approches interdisciplinaires dans la prise de décision. Les solutions apportées sont souvent contextuelles, spécifiques et incertaines[74]

---

environnement, plus il doit faire preuve de diversité dans ses réponses pour rester stable ou atteindre ses objectifs.

[74] La prévisibilité des résultats décisionnels est limitée en raison de l'incertitude entourant les évolutions futures du système, ainsi que de la complexité, qui rend

(Glouberman et Zimmerman, 2002), en raison des limites cognitives et structurelles (Rouwette, Grôfsler, et Vennix, 2004 ; Beers, Boshuizen, Kirschner, et al., 2006).

De manière synthétique, la notion de système constitue un concept à la fois riche et complexe, qui échappe à toute tentative de réduction univoque. Il convient davantage de le concevoir comme une famille de concepts (Sadovsky, 1971), permettant la coexistence de définitions formelles diverses, chacune éclairant un aspect particulier et circonscrivant un champ spécifique de recherche (Blauberg, Sadovsky, et Yudin, 1980).

Ces réflexions prennent alors tout leur sens dans le contexte de l'entreprise, considérée comme un système sociotechnique complexe, composé de ressources interdépendantes (humaines, informationnelles et technologiques) qui doivent interagir pour remplir une mission commune (Giachetti, 2010, p.3). L'entreprise est structurée autour d'une finalité, et en tant que système, elle est délimitée par une frontière organisationnelle, souvent juridique ou fonctionnelle, qui distingue ses composantes internes de son environnement externe (clients, fournisseurs, institutions, marché, etc.). Cette frontière régule les flux d'énergie, d'information et de matière qui la traversent.

En d'autre terme, de façon plus concrète, et comme le souligne Emmanuel Harlé et Jean-Daniel Jouanneault (1983), une entreprise peut être envisagée comme un système en raison de deux caractéristiques fondamentales. Premièrement, son organisation en tant qu'entité cohérente lui confère une dimension stratégique, lui permettant de planifier et de coordonner ses activités de manière globale. Deuxièmement, son ouverture sur son environnement favorise une interaction constante et des échanges dynamiques. Cette ouverture lui permet de s'adapter aux changements externes et de tirer parti des opportunités qui se présentent.

---

impossible le traitement intégral des informations pertinentes (Größler, 2004, p. 319).

L'équilibre entre ces deux caractéristiques (interne et externe) est essentiel à la survie et à la prospérité de l'entreprise. La vision systémique, fondée sur la complexité inhérente à l'entreprise en tant que système, constitue un cadre pertinent pour comprendre cet équilibre. Elle constitue aussi une ressource fondamentale pour identifier les actions nécessaires à son maintien. Toutefois, ce besoin de compréhension systémique, qui s'est manifesté de façon plus marqué à partir des années 1980, demeure encore souvent mal appréhendé (Harlé et Jouanneault, 1983).

Partant de ce constat, l'entreprise se compose de sous-systèmes interdépendants (production, finance, ressources humaines, marketing, logistique, etc.), chacun poursuivant des objectifs spécifiques tout en contribuant à la finalité globale de l'organisation. Cependant, d'après la vision d'Anthony Beer (1972), l'architecture organisationnelle combine autonomie opérationnelle et coordination hiérarchique. La viabilité de l'entreprise repose alors sur sa capacité à réguler la complexité tout en s'adaptant continuellement à son environnement. Anthony Beer identifie cinq sous-systèmes fonctionnels, allant des unités opérationnelles jusqu'au pilotage stratégique.

Ces sous-systèmes sont autonomes mais interconnectés par des boucles de rétroaction (*feedback*), ils assurent à la fois la stabilité et l'adaptabilité du système : a) Le sous-système opérationnel exécute les activités de base et interagit directement avec l'environnement externe ; b) Le sous-système de coordination assure la cohérence entre les unités opérationnelles, réduit les conflits et stabilise les processus ; c) Le sous-système de contrôle interne supervise l'efficacité globale, allouer les ressources et veille à la performance, en s'appuyant sur des mécanismes de vérification indépendants ; d) Le sous-système stratège exerce une fonction d'intelligence organisationnelle tournée vers l'environnement, il permet d'anticiper les changements et d'adapter l'entreprise sur le long terme ; e) Le sous-système de gouvernance incarne l'identité organisationnelle. Il arbitre entre les impératifs présents (contrôle interne) et futurs (stratégie) (Beer, 1972).

Le modèle d'Anthony Beer (1972) met donc en lumière une architecture organisationnelle intégrant à la fois autonomie opérationnelle et coordination hiérarchique, où la viabilité repose sur la capacité à absorber et réguler la complexité, tout en maintenant une adaptabilité continue à l'environnement. L'entreprise fonctionne ainsi selon une logique systémique, dans laquelle les éléments sont articulés par des relations multiples, tant hiérarchiques que fonctionnelles, souvent réversibles (rétroactions) ou non linéaires.

Cette approche systémique impose une vision globale de l'analyse et de la modélisation des organisations, prenant en compte leur dynamisme, leur interdépendance et leur capacité d'adaptation (Lasfargues et Dalin, 2007 ; Rouwette, Grôfsler, et Vennix, 2004). Elle invite à dépasser les logiques linéaires et causales, au profit de modèles transversaux, intégrateurs et contextualisés. Dans cette optique, la performance ne peut être conçue comme un état figé, mais bien comme un processus évolutif, inscrit dans une dynamique systémique, et soumis à des contraintes multiples, parfois contradictoires.

Les développements qui suivent visent à préciser les contours de la notion de performance au sein des organisations, en mobilisant une double lecture : d'une part, l'approche organisationnelle, centrée sur l'atteinte des objectifs et l'optimisation des ressources ; d'autre part, la perspective systémique, qui envisage la performance comme un processus complexe, émergent et contextuel, résultant des interactions dynamiques entre les différentes composantes du système organisationnel et son environnement.

3. – Vers une lecture systémique de la performance organisationnelle

La notion de performance occupe une place centrale dans les sciences de gestion, mais elle demeure difficile à saisir en raison de sa complexité et de sa nature évolutive. Loin d'être univoque, la performance est aujourd'hui considérée comme un construit théorique, dont la définition dépend des référentiels mobilisés et des finalités poursuivies.

Dans cette perspective, la première section vise à expliciter les fondements conceptuels de la performance, à partir de la synthèse fondatrice de Robert Quinn et John Rohrbaugh (1983). La seconde propose une lecture systémique de cette notion.

Hétérogénéité des approches de définition et de mesure de la performance organisationnelle

Le terme « performance » apparaît dès le XIIIe siècle, désignant initialement l'accomplissement d'une action. Sa signification s'est progressivement élargie : il renvoie désormais au résultat d'une action ou à la mesure d'un processus de réalisation[75] (Escaffre, 2000, p. 5)

L'évaluation de la performance organisationnelle a longtemps reposé sur des approches unidimensionnelles centrées sur les résultats financiers, telles que l'analyse des états financiers ou les ratios de rentabilité. Cependant, la complexité croissante de l'environnement économique et sociale auquel l'entreprise est confrontée a entraîné le développement d'approches alternatives, mettant en valeur divers facteurs organisationnels susceptibles d'influencer sa stabilité dans le temps.

Robert Quinn et John Rohrbaugh (1983) soulignent que la performance n'est pas une abstraction fondée sur des faits directement observables ou aisément mesurables. Cela fait de la performance un construit, et non un concept.

Pourquoi le terme performance n'est pas considéré comme étant un concept ? D'après la définition du concept[76] : « Idée générale ; représentation abstraite d'un objet ou d'un ensemble d'objets ayant des caractères communs ».

---

[75] Dans ce passage, Laurent Escaffre mobilise deux références lexicographiques majeures : *Le Trésor de la langue française* (Gallimard/CNRS, 1988) et le *Shorter Oxford English Dictionary* (Oxford, Clarendon Press, 1973).

[76] Le Robert, *Dictionnaire en ligne*. Disponible sur : https://dictionnaire.lerobert.com/definition/concept (consulté le 2 août 2025).

Selon une interprétation de l'approche épistémologique constructiviste (Le Moigne, 1995), la notion de concept cesse d'être considérée comme une vérité préexistante pour devenir une construction intellectuelle élaborée pour structurer une situation problématique.

Bien qu'il ne définisse pas explicitement le terme, Le Moigne considère que la connaissance est toujours modélisée dans un cadre de pensée donné, et que les instruments cognitifs (notamment les concepts) sont produits par l'activité du sujet.

Dans cette perspective, le concept constitue un outil opératoire, à la fois abstrait et contextuel, qui n'anticipe pas la pensée mais en émerge, en relation avec un problème à traiter. Il ne se confond ni avec le terme qui le désigne, ni avec les objets concrets qu'il regroupe.

En méthodologie des sciences sociales, le concept constitue une unité cognitive fondamentale, servant d'outil de structuration et d'interprétation de la réalité étudiée. Il permet d'identifier, de classer et de mettre en relation les phénomènes, tout en fournissant un cadre de référence pour la formulation d'hypothèses (Quivy et Van Campenhoudt, 1995, p. 149).

Par un processus d'opérationnalisation, il se traduit en indicateurs, modèles conceptuels, grilles d'analyse ou dispositifs d'enquête, assurant ainsi le passage du niveau théorique au niveau empirique. Ce double ancrage, à la fois théorique et opérationnel, confère au concept un rôle structurant dans la construction et la validation du savoir scientifique.

En effet, à partir du XXe siècle, sous l'influence des approches constructivistes et systémiques (Le Moigne, 1995), la conception du concept change profondément. Il n'est plus perçu comme une vérité figée à découvrir, mais comme une construction intellectuelle, conçue par le chercheur pour structurer une situation problématique.

En d'autres termes, un concept est une idée abstraite, construite et contextualisée, qui permet d'organiser la pensée, d'interroger le réel, et de produire du savoir dans une démarche scientifique.

Ainsi, un concept est une abstraction de faits observables, lesquels sont soit directement observables soit aisément mesurables. Toutefois, certains concepts sont difficiles à rattacher aux phénomènes qu'ils sont censés représenter. Ils sont inférés à un plus haut niveau d'abstraction à partir des évènements observés, et leur signification ne peut être facilement expliquée à partir de faits particuliers. De telles abstractions sont parfois appelées construits, ceux-ci étant construits à partir de concepts moins abstraits.

Concernant la performance, personne ne semble capable de citer les concepts (tels la productivité ou la croissance du capital) qui doivent être inclus dans le construit de performance » (Quinn et Rohrbaugh, 1983 ; cité par De La Villarmois, 2001, p. 2). Cependant, tel que présenté par Olivier De la Villarmois (2001), en s'appuyant sur les travaux de William Richard Scott (1977), Stanley Seashore (1979) et Kim Cameron (1978), Robert Quinn et John Rohrbaugh (1983) ont identifié trois dimensions fondamentales structurant les différentes conceptions de l'efficacité organisationnelle.

Ces dimensions permettent de structurer les différentes visions et perceptions de la performance organisationnelle : a) La première dimension met en contraste une orientation axée sur les dynamiques internes de l'organisation avec une orientation tournée vers son environnement externe ; b) La seconde dimension distingue les organisations valorisant la flexibilité et l'adaptabilité de celles privilégiant la stabilité et le contrôle ; c) La troisième dimension opère une distinction entre les approches focalisées sur les moyens mobilisés et celles orientées vers l'atteinte des objectifs (Quinn et Rohrbaugh, 1983 ; cité par De la Villarmois, 2001, pp. 2-3). Cette grille de lecture permet de comprendre les arbitrages auxquels les organisations sont confrontées en matière de performance, en fonction de leur culture, de leur environnement et de leurs finalités stratégiques.

Ces visions bien que divergentes, sont complémentaires (De La Villarmois, 2001). Elles ont conduit Robert Quinn et John Rohrbaugh (1983) à proposer un modèle regroupant quatre[77] grandes approches d'évaluation de la performance, connues sous le nom de *Competing Values Framework* (CVF) comme suit :

a) Le modèle des objectifs rationnels (*Rational Goal Model*)

Dans ce modèle, la performance organisationnelle est définie comme la capacité à atteindre des objectifs clairs et mesurables, en maximisant la productivité et l'efficience.

Cette définition correspond au modèle rationnel selon William Richard Scott (1977), qui conçoit la performance en termes de résultats produits dans un laps de temps donné, et de rapport optimal entre résultats et ressources mobilisées. Elle est également alignée avec le modèle des objectifs de Stanley Seashore (1979) et Kim Cameron (1978), qui se réfèrent à une vision finaliste et quantitative de l'efficacité (Quinn et Rohrbaugh, 1983 ; cité par De La Villarmois, 2001).

b) Le modèle des processus internes (*Internal Process Model*)

Ce modèle considère que la performance réside dans la maîtrise des processus internes, notamment à travers une gestion optimale de l'information et des procédures formalisées, garantes de stabilité et de continuité. Cette approche rejoint le modèle du processus de décision de Stanley Seashore (1979), pour qui l'organisation efficace est celle qui gère correctement les flux d'information (collecte, stockage, manipulation,

[77] Les quatre modèles résultent du croisement des première et deuxième dimensions. Chacun d'eux se décline ensuite en deux variantes, selon l'application de la troisième dimension - envisagée soit sous l'angle de l'objectif, soit sous celui du moyen -, ce qui conduit à un total de huit modèles.

destruction). Elle correspond aussi au modèle du processus interne identifié par Kim Cameron (1978), qui renvoie à une performance ancrée dans la formalisation, la structure et la régularité du fonctionnement organisationnel (Quinn et Rohrbaugh ,1983 ; De La Villarmois, 2001).

c) Le modèle des systèmes ouverts (*Open Systems Model*)

Ici, la performance est définie comme la capacité de l'organisation à s'adapter à son environnement et à acquérir les ressources nécessaires à sa survie et à son développement. Cette définition rejoint le modèle systémique de William Richard Scott (1977), qui met l'accent sur l'adaptabilité et l'acquisition de ressources dans un environnement en constante évolution. Cette perspective est aussi incluse dans le modèle naturel élargi de Stanley Seashore (1979), et correspond au modèle des ressources chez Kim Cameron (1978) (Quinn et Rohrbaugh, 1983 ; De La Villarmois, 2001).

d) Le modèle des relations humaines (*Human Relations Model*)

Dans ce modèle, la performance est comprise comme la satisfaction des besoins des membres de l'organisation, la cohésion interne, le moral des employés et le bon fonctionnement des activités de soutien. Cette vision s'aligne sur le modèle naturel de William Richard Scott (1977), qui accorde de l'importance aux aspects humains et sociaux de l'organisation, au-delà de la production. Stanley Seashore (1979) reconnait lui aussi l'importance de cette dimension dans son modèle naturel.

Kim Cameron (1978) développe cette idée dans son modèle de satisfaction des acteurs, où l'organisation performante est celle qui satisfait suffisamment chaque composante pour permettre la continuité des échanges internes (Quinn et Rohrbaugh, 1983 ; De La Villarmois, 2001).

Ces quatre modèles, qui résultent du croisement de la première et de la deuxième dimension, constituent aujourd'hui un repère clé de la performance, notamment au sein des entreprises en quête de pérennité.

Après avoir défini la performance et présenté les dimensions constitutives ainsi que les modèles d'évaluation de la performance organisationnelle proposés par Robert Quinn et John Rohrbaugh (1983), il convient désormais de situer ces éléments dans une perspective systémique. Cette approche permet de mieux comprendre les interactions complexes entre les différentes dimensions, ainsi que leur rôle dans la dynamique globale des organisations. C'est ce que nous examinerons dans le prochain titre.

Lecture systémique des fondements et des modèles de la performance organisationnelle dans le cadre théorique de Quinn et Rohrbaugh (1983)

La lecture systémique des trois dimensions constitutives de la performance organisationnelle de Robert Quinn et John Rohrbaugh (1983) permet de révéler la complexité et la richesse du modèle en tant qu'outil d'analyse des dynamiques organisationnelles.

La première dimension, qui oppose une orientation interne à une orientation externe, reflète la tension entre une conception fermée et autorégulée du système, centrée sur la cohérence fonctionnelle interne, et une conception ouverte et adaptative, fondée sur l'interaction avec l'environnement. Cette distinction s'inscrit clairement dans la tradition de la systémique générale, notamment à travers les travaux de Ludwig von Bertalanffy et de Jean-Louis Le Moigne, en opposant les systèmes homéostatiques[78] aux systèmes finalisés[79]. Dans une perspective systémique, ces deux orientations ne s'excluent pas, mais s'inscrivent dans un rapport dialectique. Un système exclusivement centré sur lui-même risque de devenir autoréférentiel au point de l'isolement, tandis qu'un système uniquement tourné vers l'extérieur peut perdre sa

[78] « Homéostasie: terme créé par le physiologiste américain Walter B. Cannon pour désigner la résistance au changement d'un système lorsque celui-ci réagit à une perturbation par une rétroaction de grandeur égale et de sens opposé. » (Cambien, 2008, p. 23).

[79] « La finalité qui détermine le comportement du système de manière transcendantale se manifeste par exemple par l'extraordinaire capacité des systèmes à maintenir leur équilibre par des phénomènes de régulation » (Cambien, 2008, p. 19).

cohérence interne, sa culture et son identité. La performance organisationnelle découle donc de la capacité du système à articuler durablement son fonctionnement interne avec les exigences de son environnement, en assurant une régulation à la fois stable et évolutive.

La deuxième dimension du modèle de Robert Quinn et John Rohrbaugh oppose deux orientations fondamentales : d'un côté, une organisation valorisant la flexibilité et l'adaptabilité ; de l'autre, une organisation axée sur la stabilité et le contrôle. Cette dichotomie peut être analysée, dans une perspective systémique, comme l'expression de deux modes distincts de régulation au sein d'un système organisationnel. Dans une lecture systémique, la stabilité renvoie à une logique de régulation homéostatique, caractéristique des systèmes cybernétiques de première génération. L'organisation cherche à maintenir un équilibre interne à travers des processus standardisés, des procédures formalisées et un encadrement rigide des comportements. Ce mode de fonctionnement privilégie la cohérence interne, la prévisibilité et le contrôle des écarts, en s'appuyant sur des normes relativement fixes et auto-référencées. À l'inverse, une organisation fondée sur la flexibilité mobilise une logique de régulation adaptative, davantage associée à une cybernétique de deuxième génération. Dans ce cas, le système est conçu comme capable de se transformer en fonction de son environnement. Il intègre les perturbations extérieures comme des informations utiles à son évolution. Ce type de régulation repose sur des boucles de rétroaction ouvertes, permettant à l'organisation de redéfinir ses objectifs, ses structures et ses modes de fonctionnement en réponse à la complexité et à l'instabilité de son contexte.

Ainsi, cette dimension met en lumière un paradoxe organisationnel central : la tension entre la nécessité de maintenir une cohérence interne (via le contrôle) et celle de garantir une capacité d'adaptation (via la flexibilité). L'approche systémique ne les conçoit pas comme des pôles mutuellement exclusifs, mais comme des logiques complémentaires dont l'équilibre conditionne la résilience et la performance du système.

En ce qui concerne la troisième dimension du modèle de Robert Quinn et John Rohrbaugh (celle qui distingue les approches focalisées sur les moyens mobilisés de celles orientées vers l'atteinte des objectifs), elle s'inscrit pleinement dans la systémique de Jean-Louis Le Moigne, qui permet de penser le développement progressif et interconnecté des objectifs et des moyens, dans une logique de système finalisé, auto-organisé et auto-évolutif. Elle mobilise aussi certains principes de la cybernétique de deuxième génération, en intégrant le rôle de l'observateur et l'adaptabilité du système.

Il en résulte que l'analyse systémique des trois dimensions de Robert Quinn et John Rohrbaugh (1983) met en évidence l'interdépendance des logiques de régulation, d'adaptation et de finalisation dans la structuration de la performance organisationnelle, et souligne la pertinence des modèles intégrateurs à vocation descriptive, analytique et stratégique. De même, une lecture systémique des modèles de performance résultant de ces dimensions s'avère éclairante pour en comprendre les logiques sous-jacentes, en particulier les interactions issues du croisement de la première et de la deuxième dimension, qui donnent lieu aux quatre modèles suivants :

Le modèle des objectifs rationnels, orienté vers l'atteinte de buts définis, l'efficacité et la productivité, s'inscrit dans une vision réductionniste et unidimensionnelle de la performance. Il repose sur une logique proche de la systémique de Ludwig von Bertalanffy, dans sa forme la plus fermée.

Le modèle des processus internes, centré sur la standardisation, la formalisation et la stabilité, adopte une approche cybernétique de première génération, avec une forte orientation interne. Il demeure réductionniste, dans la mesure où il conçoit la performance comme le résultat du respect des procédures établies, en excluant les dynamiques d'adaptation. Ce modèle repose essentiellement sur une logique du contrôle et de régulation interne. Il est pertinent dans des environnements normés et stables, mais limité pour traiter la complexité, l'évolution, ou l'humain. L'entreprise y est perçue comme un système fermé et déterministe, avec des frontières organisationnelles rigides[80]. C'est un système finalisé simple, mais ni complexe ni auto-évolutif, contrairement à ce que propose Jean-Louis Le Moigne.

Le modèle des systèmes ouverts, à l'inverse, repose sur une conception non réductionniste et profondément multidimensionnelle de la performance. Il valorise l'interaction avec l'environnement, ainsi que la capacité d'innovation et d'adaptation. Ce modèle correspond à une systémique ouverte et finalisée, telle que développée par Jean-Louis Le Moigne, où les finalités et l'intention stratégique sont constitutives du système. Ce modèle de performance conçoit l'organisation comme un acteur en interaction constante avec son environnement. Elle est capable de redéfinir ses objectifs, de transformer ses structures, et d'intégrer les perturbations comme sources d'évolution. Cette approche s'apparente à la cybernétique de deuxième génération, dans laquelle l'organisation apprend à apprendre. Ce modèle mobilise une pluralité de logiques organisationnelles et permet une compréhension dynamique, complexe et évolutive de la performance.

Le modèle des relations humaines reconnaît quant à lui les interactions sociales et les dynamiques internes comme facteurs déterminants de la performance. Il s'inscrit dans une systémique de constructivisme, centrée sur le sens de l'action. L'organisation, centrée sur la communication et la cohésion interne. Ce modèle conçoit

[80] Il est davantage appréhendé comme un système fermé et bureaucratique, fondé sur une logique de régulation interne, hérité des modèles classiques de l'organisation tels que ceux de Weber et Taylor.

l'organisation comme un système vivant et social, où la performance émerge de la cohésion, de la motivation et de la culture partagée. Ce modèle, fortement aligné avec la pensée de Jean-Louis Le Moigne, mobilise une approche multidimensionnelle intégrant les sphères psychologique, relationnelle et organisationnelle. Il se distingue des approches réductionnistes en adoptant une posture holistique et participative, axée sur le développement du potentiel humain et collectif. Il incarne une vision humaniste et complexe de l'organisation, particulièrement adaptée aux environnements où la qualité des relations constitue un facteur stratégique.

En ce sens, ces quatre modèles traduisent des visions systémiques différenciées de l'organisation : les deux premiers relèvent d'une logique de rationalisation structurante, tandis que les deux suivants s'inscrivent dans une lecture organique et adaptative des systèmes complexes. Cette lecture systémique des modèles de performance proposés par Robert Quinn et John Rohrbaugh est synthétisée dans le tableau 1.

Ces quatre modèles ne s'excluent nullement : ils traduisent plutôt les tensions structurelles inhérentes à toute organisation. L'appellation attribuée au cadre conceptuel élaboré par Robert Quinn et John Rohrbaugh — *le modèle des valeurs concurrentes* — illustre d'ailleurs clairement sa logique de fonctionnement (Quinn et Rohrbaugh, 1983). Ce modèle propose une approche multidimensionnelle et équilibrée de la performance, en articulant efficacité externe, cohésion interne, stabilité et capacité d'innovation. Ainsi, le modèle de Quinn et Rohrbaugh invite à une lecture systémique de la performance organisationnelle, particulièrement pertinente dans le contexte de complexité propre aux entreprises contemporaines.

Plus concrètement, l'expression de performance, tout comme celle de système, présente une complexité intrinsèque qui rend sa définition à la fois délicate et variable, selon les approches théoriques mobilisées. Ces deux termes sont polysémiques et évoluent selon les disciplines, les contextes d'analyse et les objectifs poursuivis. Ainsi, tenter d'évaluer la performance d'une organisation sans en comprendre la nature systémique équivaut à ignorer l'interdépendance de ses composantes, la diversité de ses finalités, ainsi que la pluralité des critères d'évaluation envisageables.

La performance s'inscrit donc dans une perspective systémique, au sein de laquelle les modèles précédemment présentés peuvent être envisagés comme des sous-systèmes articulés entre eux. Par la diversité de leurs angles d'approche et la complémentarité de leurs contributions, ces modèles permettent de construire une compréhension plus riche et multidimensionnelle de la performance.

Tableau 1. Récapitulatif de la lecture systémique des quatre modèles de la performance organisationnelle classés par Robert Quinn et John Rohrbaugh (1983)

Modèle	Vision systémique	Méthode	Résultat de la vision systémique
Objectifs rationnels	Fermée : centrée sur les finalités mesurables (Bertalanffy, systémique classique)	Réductionniste : unidimensionnelle	Fermée, finaliste
Processus internes	Fermée : autorégulée, normée (Bertalanffy, cybernétique première génération)	Réductionniste : unidimensionnelle	Fermée, normative
Systèmes ouverts	Ouverte : adaptative, finalisée (Bertalanffy :	Multidimensionnelle	Ouverte, adaptative

	vision ouverte, Le Moigne)		
Relations humaines	Ouverte : en interaction (Le Moigne, systémique finalisée)	Multidimensionnelle	Ouverte, participative

Source : Guehairia & Sifer.

Leur intégration dans un tableau de bord apparaît dès lors comme une démarche pertinente, dans la mesure où elle structure une évaluation globale fondée sur une logique systémique. Ce point fera l'objet du développement de la section suivante.

4. – Mesurer la performance : Au-delà d'une systémique de deuxième génération.

« La mesure de la performance suppose que l'on dispose d'indicateurs de moyens utilisés et d'indicateurs de résultats obtenus. Quel que soit le domaine de référence, les critères sont généralement nombreux pour apprécier la performance d'une organisation ou d'un pays, et ils évoluent au cours de l'histoire » (Silem, Gentier, Albertini, et al., 2024, p. 658).

Comme indiqué précédemment, la performance organisationnelle ne se réduit plus aux seuls indicateurs financiers[81]. Elle doit désormais intégrer de manière cohérente de multiples dimensions stratégiques.

Dans cette perspective, la construction d'un tableau de bord représente l'un des moyens d'évaluer la performance organisationnelle. Elle peut s'inscrire dans une démarche systémique, dans la mesure où elle prend en compte les interrelations entre les différentes composantes de l'organisation.

[81] « Les système de mesures traditionnels ne suffisent plus car ils sont le plus souvent passéistes car les indicateurs sont surtout financiers et reflètent une performance passée de l'organisation. Ils ne permettent pas d'apprécier les évolutions en cours, ou de mesurer l'avancement d'une stratégie » (Baaziz, Khelil, 2006, p.8).

Cela implique qu'un tableau de bord ne doit pas se limiter à une simple juxtaposition d'indicateurs, mais reflète les logiques de causalité entre les différentes dimensions de la performance (financière, humaine, organisationnelle, etc.).

Il fournit ainsi une vision globale du fonctionnement de l'organisation, en intégrant à la fois les performances internes et les influences externes. Par ailleurs, il favorise une prise de décision éclairée en mettant en évidence les effets systémiques : effets en cascade, rétroactions, et interdépendances. L'exemple le plus adapté à ces caractéristiques est le tableau équilibré, '*Balanced Score Card (BSC)*', développé par Robert Kaplan et David Norton. Il constitue un outil clé, offrant une approche systémique pour piloter la performance selon plusieurs axes complémentaires.

Le BSC propose une mesure intégrée et cohérente de la performance à travers quatre perspectives interdépendantes[82] (Kaplan, Norton, 1992 ; Baaziz, Khelil, 2006) : a) Perspective financière : elle vise à identifier les facteurs qui contribuent à la rentabilité de l'organisation, tout en mettant en lumière les éléments susceptibles de la freiner ou l'entraver ; b) Perspective client : elle évalue la satisfaction des clients, ainsi que les déterminants de leur fidélité et de la pérennité de la demande ; c) Perspective des processus internes : elle mesure l'impact des décisions relatives aux facteurs-clés de création de valeur, indispensables pour répondre aux attentes des clients ; pour satisfaire ses clients ; d) Apprentissage et innovation : elle renseigne sur les compétences internes, les capacités d'adaptation et le potentiel d'innovation, indispensables à la génération de valeur durable.

Dans cette optique, chaque entreprise peut concevoir un tableau de bord adapté à ses spécificités. Comme le soulignent Robert Kaplan et David Norton (1999), la mise en œuvre d'un tableau de bord prospectif est nécessairement contextualisée : elle dépend des caractéristiques propres à chaque organisation et de ses priorités stratégiques. Ce sont ces priorités qui

---

82 La citation attribuée à Henry Ford - « Une entreprise qui ne gagne que de l'argent est bien pauvre ! » - illustre parfaitement les principes fondamentaux du *Balanced Scorecard*, qui vise à élargir l'évaluation de la performance au-delà de la seule dimension financière (Baaziz et Khelil, 2006, p. 1).

guident la sélection des indicateurs intégrés au tableau. Cette capacité d'adaptation renforce l'idée selon laquelle la notion de performance est un construit[83] contextuel, propre à chaque organisation, ce qui constitue un argument central dans notre présente contribution.

Par ailleurs, plusieurs auteurs ont émis des critiques à l'égard du *Balanced Scorecard* (BSC), notamment en raison de sa prise en compte limitée des facteurs externes influençant la production et le fonctionnement de l'entreprise. Comme évoqué précédemment à propos des modèles de performance proposés par Robert Quinn et John Rohrbaugh (1983), et conformément aux observations d'autres chercheurs, les dimensions environnementales et contextuelles apparaissent comme des composantes essentielles de la performance (Atkinson, Waterhouse et Wells, 1997 ; Quinn et Rohrbaugh, 1983 ; Baaziz et Khelil, 2006).

En effet, l'un des reproches majeurs adressés au BSC concerne sa relative rigidité face à des environnements dynamiques et incertains. Conçu à l'origine pour améliorer l'alignement stratégique des grandes organisations, ce modèle peine à intégrer pleinement les logiques d'apprentissage organisationnel, d'innovation continue et d'agilité stratégique, pourtant devenues décisives dans les contextes économiques contemporains. De plus, le BSC tend à privilégier une vision interne et structurée de la performance, articulée autour de perspectives préétablies (financière, client, processus internes, apprentissage organisationnel), au détriment d'une approche ouverte tenant compte de la complexité systémique et des interactions avec les parties prenantes externes.

En matière de développement durable, plusieurs auteurs soulignent également l'insuffisance du BSC à intégrer les enjeux sociaux et environnementaux de manière transversale, ces derniers étant souvent relégués à des objectifs secondaires ou périphériques (Figge et al., 2002 ; Hubbard, 2009). Cela limite sa pertinence dans le cadre d'une performance globale, entendue comme la combinaison équilibrée des dimensions économique, sociale et environnementale.

---

[83] Proposé par Robert Quinn et John Rohrbaugh (1983).

Cette vision, qui s'inscrit dans la notion de performance globale, doit être appréhendée de manière méthodique à travers six critères fondamentaux[84], selon l'OCDE (2019) :

a) la pertinence *(relevance)* **:** elle désigne la mesure dans laquelle les objectifs, la conception et la mise en œuvre d'une intervention répondent aux besoins, priorités et attentes des parties prenantes, en particulier des bénéficiaires, ainsi qu'aux orientations stratégiques nationales et aux engagements internationaux. Elle évalue la capacité d'une intervention à s'adapter aux évolutions du contexte socio-économique, institutionnel et environnemental. Une action non pertinente, même si elle est bien exécutée, peut manquer de légitimité ou générer des effets non souhaités ;

b) la cohérence *(coherence)* : elle renvoie à la capacité d'une intervention à s'intégrer de manière articulée et synergique avec d'autres actions menées dans un même cadre politique, institutionnel ou géographique. Elle se décline en deux dimensions complémentaires : la cohérence interne, qui évalue l'alignement de l'intervention avec les orientations stratégiques et les dispositifs de l'entité porteuse ; et la cohérence externe, qui examine la complémentarité et la compatibilité avec les initiatives d'autres acteurs, y compris les cadres normatifs internationaux. En tant que vecteur d'intelligibilité systémique, la cohérence conditionne la contribution d'une intervention aux effets globaux et traduit son inscription dans une logique de gouvernance intégrée, cohérente et durable ;

c) l'efficacité (*Effectiveness*) : elle mesure le degré de réalisation des objectifs initiaux, elle se définit comme l'aptitude d'une intervention à atteindre, dans les délais impartis, les résultats attendus ainsi que les objectifs prédéfinis. Elle s'apprécie à travers le degré de réalisation des effets visés, tout en tenant compte des éventuelles disparités entre groupes sociaux bénéficiaires. L'évaluation de l'efficacité repose sur l'analyse de la contribution directe de l'intervention à la chaîne causale prévue, notamment dans le passage des *outputs* (produits) aux *outcomes* (effets ou résultats observables) ;

---

[84] Voir aussi le triangle de Patrick Gibert (1980) et Patrick **Gibert avec François Bernard** (1977, p.234).

d) l'efficience (*Efficiency*) : l'efficience se réfère à la capacité de mobiliser les ressources (financières, humaines, matérielles, etc.) de manière optimale afin de produire les résultats attendus dans les délais impartis. Elle inclut l'analyse des coûts relatifs, des alternatives possibles et de la gestion opérationnelle. L'efficience met en lumière la capacité à « faire plus avec moins » et questionne l'arbitrage entre économie de moyens et maximisation des effets. Elle est centrale dans les évaluations à visée budgétaire ou comparative ;

e) l'impact *(impact)* : l'impact désigne l'ensemble des effets à long terme, attendus ou non, positifs ou négatifs, générés par l'intervention sur les plans sociaux, économiques, environnementaux ou institutionnels. Il s'agit d'effets d'ordre systémique, qui dépassent les résultats immédiats et intermédiaires. C'est un critère essentiel pour évaluer la transformation réelle générée par une intervention et sa capacité à provoquer des mutations structurelles. Il permet aussi à nourrir la réflexion méthodologique sur la distinction entre attribution directe des effets à l'intervention et contribution à des changements résultant de multiples facteurs, dans le cadre des évaluations d'impact ;

f) la durabilité (*Sustainability*) : la durabilité désigne la probabilité que les bénéfices nets de l'intervention se maintiennent après la fin du financement ou de l'appui institutionnel. Elle évalue la solidité des conditions (financières, institutionnelles, environnementales, sociales) permettant la pérennisation des résultats : Ce critère permet d'analyser la dimension temporelle des effets et l'autonomisation des acteurs locaux. Il questionne la logique de dépendance à l'aide et encourage la responsabilisation des parties prenantes (OECD, 2019, pp. 6-12 ; Commission européenne, 2024, p. 49).

À la lumière de ces six critères fondamentaux d'évaluation (pertinence, cohérence, efficacité, efficience, impact et durabilité) il est désormais possible de les confronter à d'autres cadres d'analyse utilisés en sciences de gestion et en responsabilité sociétale. En effet, ces critères d'évaluation présentent une résonance théorique étroite avec les modèles organisationnels de la performance, notamment les quatre modèles d'efficacité organisationnelle développés par Robert Quinn et John Rohrbaugh (1983).

Le tableau 2 vise à mettre en évidence ces convergences conceptuelles, en soulignant la transversalité analytique de ces critères au sein de divers cadres théoriques mobilisés en stratégie, en gestion des organisations et en évaluation des politiques publiques.

Tableau 2. Convergences conceptuelles des critères d'analyses de la performance globale et des modèles de Robert Quinn et John Rohrbaugh (1983)

Question centrale par critère de performance globale	**Lien avec le modèle des valeurs concurrentes (CVF)**	**Points clés / dimensions intégrées**
1. Pertinence (*relevance*) : l'intervention répond-elle aux bons besoins ?	Modèle humain / ouvert : reflète l'adéquation aux besoins, attentes et contextes externes.	- analyse du contexte économique, Social, environnemental. - capacité d'adaptation - priorités des bénéficiaires.
2. Cohérence *(coherence)* : l'intervention est-elle compatible avec d'autres ?	Modèle interne / ouvert : concerne l'articulation des actions entre acteurs et systèmes.	- cohérence interne (même acteur) - cohérence externe (autres acteurs) - normes et engagements communs.
3. Efficacité *(effectiveness)* : l'intervention atteint-elle ses objectifs ?	Modèle rationnel : porte sur l'atteinte des objectifs définis de manière mesurable.	- résultats attendus/obtenus - chaîne de résultats (*outputs /outcomes*) - inégalités de résultats.
4. Efficience *(efficiency)* : les ressources sont-elles bien utilisées ?	Modèle rationnel / interne : vise l'optimisation des ressources dans les processus internes.	- coût-efficacité. - délai de mise en œuvre. - comparaison avec alternatives.
5. Impact *(impact)* : quelle différence significative l'intervention	Modèle ouvert : évalue les effets systémiques et les transformations à	- changement systémique. - effets indirects / secondaires. - bien-être, droits

produit-elle ?	moyen/long terme.	humains, environnement.
6. Durabilité *(sustainability)* : les bénéfices vont-ils perdurer dans le temps ?	Modèle humain / ouvert : intègre les dimensions socio-environnementales et la résilience systémique.	- résilience des systèmes. - analyse des risques. - capacité de continuité sans soutien externe.

Sources : Guehairia & Sifer.

La structuration conceptuelle du modèle de *Competing Values Framework* (CVF) proposé par Robert Quinn et John Rohrbaugh (1983) constitue un référentiel particulièrement pertinent pour appréhender la performance organisationnelle dans toute sa complexité.

En articulant trois axes majeurs — orientation interne/externe, stabilité/flexibilité, focalisation sur les moyens ou sur les finalités —, ce modèle met en évidence les tensions structurelles inhérentes à toute organisation et la nécessité de les gérer de manière équilibrée et contextualisée.

Cette grille de lecture peut être mobilisée pour enrichir l'évaluation des interventions à travers six critères largement reconnus : pertinence, cohérence, efficacité, efficience, impact et durabilité. Replacés dans le cadre du modèle de CVF, ces critères cessent d'être de simples indicateurs techniques pour devenir les vecteurs d'une lecture intégrée, systémique et stratégique de la performance.

Le tableau 2 illustre cette correspondance en identifiant, pour chaque critère, les dimensions du CVF qu'il active ainsi que les aspects essentiels à prendre en compte dans une évaluation pertinente.

Cette articulation entre les critères et leur contexte d'application permet non seulement de renforcer leur validité théorique, mais aussi de guider leur mise en œuvre opérationnelle au sein d'environnements organisationnels complexes et en constante évolution.

Il en ressort que dans le contexte de l'analyse de la performance des entreprises, une approche systémique s'avère particulièrement pertinente. Pour approfondir cette dynamique de lecture systémique, il convient de mobiliser le cadre théorique de la cybernétique avancée qui permet de rendre compte de la dynamique évolutive des organisations, de leurs interactions avec l'environnement, ainsi que des multiples leviers influençant leur performance globale.

L'approche systémique constitue dès lors un cadre conceptuel pour la modélisation, l'évaluation et la gouvernance des organisations dans une perspective durable et intégrée. La logique de la performance organisationnelle se construit ainsi de manière progressive et systématique, à travers un processus structuré à court, moyen et long terme.

Cette vision est renforcée par l'approche de la responsabilité sociétale des entreprises (RSE)[85], qui s'impose comme un paradigme incontournable en intégrant des critères environnementaux, sociaux et éthiques dans l'évaluation de la performance. Elle élargit ainsi le cadre d'analyse traditionnel pour promouvoir une performance durable, comme la capacité à créer de la valeur tout en préservant les ressources et en respectant les parties prenantes sur le long terme[86].

En effet, la responsabilité sociétale des entreprises (RSE) peut être envisagée comme une déclinaison appliquée de la systémique de

[85] Pour plus de détails, voir : Igalens et Gond (2005).

[86] Pour aller plus loin sur cette question, l'ouvrage de Rachid Boudjema (2023), *Capitalisme et écologie : un couple qui ne fait pas bon ménage*, propose un éclairage critique particulièrement pertinent.

troisième génération. Celle-ci marque une évolution majeure de la pensée systémique, en mettant l'accent sur les interactions dynamiques, la co-construction du sens et la coévolution des systèmes avec leur environnement. Dans le cadre de la RSE, cette approche permet de concevoir l'entreprise non plus comme un système fermé, orienté exclusivement vers des finalités économiques, mais comme un système vivant, ouvert, en interaction permanente avec ses parties prenantes.

Apparue en réponse aux limites des deux premières générations de la systémique – la première d'inspiration linéaire, la seconde à dominante mécaniste – la systémique de troisième génération s'est imposée comme un cadre pertinent pour l'analyse des contextes organisationnels complexes (Le Moigne, 1990 ; Morin, 1990 ; Weick, 1995). Elle reconnaît le rôle de l'observateur, la pluralité des rationalités (économique, sociale et environnementale), ainsi que la nécessité d'agir dans l'incertitude, en mobilisant des formes d'intelligence collective, adaptative et réflexive (Ison & Straw, 2020).

Ainsi pensée, la RSE ne se limite pas à un dispositif normatif fondé sur des indicateurs, mais s'inscrit dans un processus d'apprentissage organisationnel continu, de co-construction du sens et de transformation durable[87]. En effet, le terme de la performance globale, bien qu'omniprésente dans les discours managériaux contemporains, demeure porteur d'ambiguïtés et de tensions.

Souvent mobilisé de manière normative, il reste insuffisamment stabilisé sur les plans conceptuel et méthodologique, y compris dans le cadre d'outils de pilotage tels que le tableau de bord prospectif *(Balanced Scorecard)*. De même, le modèle de *Competing Values Framework* (CVF), proposé par Robert Quinn et John Rohrbaugh

[87] Voir également le triangle interactif de la RSE proposé par Igalens et Gond (2005), ainsi que par Bracquemond et De Person (2005, p. 210).

(1983) s'inscrit pleinement dans la systémique de deuxième génération, il considère l'organisation comme un système ouvert, complexe, soumis à des tensions internes, avec des fonctions régulatrices, et une multiplicité de logiques de performance. Le CVF ne relève de la troisième génération que s'il est utilisé dans une démarche dialogique, ce qui est contextuel[88].

C'est dans ce cadre qu'il représente une base pertinente pour repenser les instruments d'évaluation, tels que le tableau de bord prospectif, dans une perspective plus globale, durable et stratégique. En effet, s'il ne constitue pas une rupture avec les travaux antérieurs de William Richard Scott (1977), Stanley Seashore (1979) et Kim Cameron (1978), le modèle présenté par Robert Quinn et John Rohrbaugh en propose une synthèse cohérente, et demeure aujourd'hui une référence incontournable pour l'évaluation multidimensionnelle de la performance organisationnelle. Ce constat conduit à reconnaître qu'une entreprise se limitant à une performance unidimensionnelle ne garantit pas sa pérennité à long terme.

Dans cette perspective, Angèle Renaud et Nicolas Berland (2010) proposent une approche hybride, combinant instruments de gestion, indicateurs qualitatifs et quantitatifs, ainsi qu'une logique dialogique intégrant les parties prenantes. Leur démarche s'inscrit dans une lecture critique de la performance, en soulignant les risques de dérive instrumentale et de dilution de ses finalités éthiques et sociétales initiales, notamment dans le contexte du développement durable (Renaud et Berland, 2010).

[88] Le modèle de Robert Quinn et John Rohrbaugh (1983), désigné sous le nom de *Competing Values Framework* (CVF) ou modèle des valeurs concurrentes, s'ancre dans une logique relevant de la systémique de deuxième génération, mais certains usages contemporains tendent à le rapprocher des principes émergents de la systémique de troisième génération.

De manière générale, les travaux consacrés à la conceptualisation de la performance organisationnelle convergent vers un constat partagé : il s'agit d'une définition intrinsèquement complexe, multidimensionnel, et difficile à appréhender de manière univoque. Kim Cameron et David Allred Whetten (1983) soulignent qu'il est illusoire de rechercher une définition universelle de la performance, en raison de plusieurs facteurs.

D'une part, les disciplines et champs de recherche mobilisent des attributs et des processus hétérogènes, conduisant à une pluralité de critères d'évaluation de l'efficacité. D'autre part, le champ de la performance organisationnelle demeure, dans une large mesure, encore fragmenté et partiellement exploré. Enfin, les critères d'évaluation les plus pertinents sont fréquemment déterminés de manière contextuelle et subjective, en fonction des enjeux propres à chaque organisation et à son environnement (Cameron et Whetten, 1983 ; De La Villarmois, 2001).

Or, en dépit de l'absence de consensus sur la définition de la performance, un accord relatif semble émerger quant à la démarche méthodologique à privilégier pour en proposer une formulation opérationnelle (Cameron et Whetten, 1983, cités par De La Villarmois, 2001). Dans cette optique, Mark Spriggs (1994) propose une méthode structurée, adaptée à la diversité des problématiques organisationnelles. Selon cette approche, la définition de la performance doit impérativement être contextualisée, c'est-à-dire élaborée en fonction des spécificités de la situation étudiée.

La démarche s'articule autour de cinq étapes principales : a) la description de la nature générale de la performance ; b) la délimitation précise du champ d'évaluation ; c) l'identification du point de vue retenu pour l'analyse (externe, interne, stratégique, opérationnel, etc.) ; d) la détermination des types de données nécessaires ; e) la construction d'indicateurs spécifiques adaptés à l'échelle d'analyse retenue (Spriggs, 1994 ; De La Villarmois, 2001).

Cette analyse comparée des définitions, des modèles et des instruments de mesure de la performance organisationnelle met en évidence un constat central : la performance ne saurait se réduire à une lecture unidimensionnelle, linéaire ou purement quantitative. Elle doit être pensée comme un construit[89] stratégique et systémique, dépendant des finalités poursuivies, du contexte organisationnel et des valeurs managériales mobilisées. Il devient dès lors impératif d'intégrer des dimensions sociales, environnementales et opérationnelles pour en appréhender toute la complexité. Ce cadre d'analyse, que nous développons dans la section suivante, repose sur cette reconnaissance de la performance comme un *construit systémique.*

5. – Résultats : La performance organisationnelle un processus évolutif résultant d'un *construit systémique*

Les développements précédents ont mis en lumière les limites des approches fragmentées et strictement quantitatives de la performance, ainsi que l'intérêt d'une lecture systémique pour en saisir la complexité intrinsèque.

Dans cette continuité, la présente section propose une synthèse des résultats de l'étude en croisant les apports de la pensée systémique avec les exigences contemporaines de la performance globale. Soulignant ainsi l'importance d'envisager la performance comme un *construit systémique*, évolutif et contextuel, notamment dans le cadre de l'entreprise. Ces résultats s'appuient également sur les apports d'auteurs qui plaident pour une vision élargie et universaliste, intégrant de manière cohérente les dimensions économique, sociale et environnementale de la performance.

[89] Robert Quinn et John Rohrbaugh (1983).

L'approche systémique de la performance trouve un écho dans plusieurs travaux fondateurs qui, dès les années 1980, ont contribué à redéfinir ses contours. Elle permet de dépasser la logique du « triptyque classique » - rentabilité, productivité, compétitivité - pour intégrer des dimensions structurelles, sociétales et écologiques. La performance devient ainsi non seulement un instrument stratégique, mais aussi une finalité collective orientée vers la résilience et la durabilité organisationnelles.

La performance globale de l'entreprise se définit comme la « Capacité de la firme à atteindre ses différents objectifs dans les différents domaines : satisfaction des clients (performance marketing), création de valeur pour les actionnaires (performance financière), respect des normes environnementales et prise en compte des motivations des parties prenantes (performance sociétale) » (Silem, Gontier, Albertini, et al., 2024, p. 658).

Comme indiqué précédemment, dans de nombreuses approches traditionnelles, la performance économique a souvent été recherchée au détriment de la dimension sociale, cette dernière étant réduite à une logique de coût à optimiser, voire à minimiser (Baayoud, 2005, p.54). Or, une telle approche fragmentée tend à ignorer les interdépendances fondamentales entre les différentes dimensions de la performance organisationnelle. En réalité, l'efficience économique et la performance sociale doivent être envisagées comme complémentaires et non opposées. L'une ne peut pleinement se déployer sans l'autre. Comme le rappellent Ida Bracquemond et Jean De Person (2005, p.211) : « Pas d'efficience économique, sans le sentiment d'appartenance à une même organisation ; pas de performance sociale ni d'efficience économique ».

Angèle Renaud et Nicolas Berland (2010, p. 6) observent que ce n'est qu'au cours du XXe siècle que la notion de performance s'est élargie, intégrant progressivement la responsabilité sociale de l'entreprise à l'égard de ses parties prenantes[90]. En complément, Ida Bracquemond et Jean De Person (2005, p. 211) soulignent que cette perspective introduit de manière croissante la responsabilité environnementale, désormais considérée comme un levier structurant de la performance globale.

Sans un engagement écologique crédible, il ne saurait y avoir ni attractivité sociale durable, ni efficience économique pérenne. La relation entre ces trois dimensions est de nature systémique : elles doivent être atteintes de manière conjointe, en articulant un environnement viable, une performance économique efficiente et une performance sociale inclusive.

Parmi les contributions fondatrices, il convient de mentionner celle d'Edward Freeman qui, dès 1984, introduit la théorie des parties prenantes (*Stakeholder Theory*). Cette approche rompt avec la conception strictement actionnariale de la performance et affirme que l'entreprise crée de la valeur à travers un réseau complexe d'acteurs concernés par ses activités : salariés, clients, fournisseurs, collectivités, et société civile. Selon Edward Freeman, la prise en compte de ces parties prenantes est indispensable pour assurer la légitimité et la pérennité de l'organisation (Freeman, 1984).

Dans une vision complémentaire, Robert Kaplan et David Norton proposent en 1992 le *Balanced Scorecard* (tableau de bord prospectif), un instrument stratégique d'évaluation de la performance fondé sur une approche multidimensionnelle. Leur modèle identifie quatre axes interdépendants : la performance financière, la satisfaction des clients, l'efficacité des processus internes, et la capacité

[90] « La performance financière ne suffit plus pour apprécier la performance d'une entreprise. C'est au cours du 20ème siècle que la performance s'élargit pour prendre en compte la 'responsabilité sociale' ou responsabilité sociétale de l'entreprise vis-à-vis de ses parties prenantes » (Renaud et Berland, 2010, p.6).

d'apprentissage organisationnel. Cette innovation méthodologique contribue à décloisonner la vision économique traditionnelle, en mettant en évidence la complexité des leviers de performance à long terme (Kaplan et Norton, 1992).

S'inscrivant dans cette dynamique d'élargissement de la performance, John Elkington (1994) introduit le concept de la *Triple Bottom Line*[91]. Selon lui, la performance organisationnelle doit être évaluée à travers trois piliers interdépendants : a) *Profit* **:** la performance économique et financière ; b) *People* : la performance sociale, relative aux conditions de travail, au respect des droits fondamentaux et à l'impact sur les parties prenantes internes et externes ; c) *Planet* **:** la performance environnementale, portant sur les effets des activités de l'entreprise sur les écosystèmes naturels.

Ce cadre conceptuel marque une rupture avec l'évaluation exclusivement financière de la performance et constitue un fondement théorique majeur des approches contemporaines de la responsabilité sociétale des entreprises (RSE) et du développement durable appliqué à la gestion.

Dans une vision systémique, l'évolution des enjeux liés au développement durable a favorisé l'émergence d'approches intégratives de la performance. Plusieurs auteurs ont ainsi mobilisé une lecture systémique pour concevoir l'entreprise non plus comme une entité isolée, mais comme un système ouvert, en interaction permanente avec son environnement économique, social et écologique.

Autrement dit, les travaux sur la *Triple Bottom Line* (Elkington, 1997) et le *Balanced Scorecard* (Kaplan et Norton, 1992) s'inscrivent dans une logique systémique. Ces approches reposent sur des principes

[91] **John Elkington** (1997) approfondit sa réflexion dans son ouvrage intitulé : *Cannibals with Forks: The Triple Bottom Line of 21st Century Business.*

de complexité, d'interdépendance et de rétroaction, considérant que les différentes dimensions de la performance (économique, sociale, environnementale) ne peuvent être appréhendées indépendamment les unes des autres.

Dans cette même dynamique, Peter Senge a marqué un tournant avec son ouvrage fondateur *The Fifth Discipline* (1990), qui a popularisé le concept d'« organisation apprenante » dans une perspective systémique. Il identifie la pensée systémique comme une discipline clé pour comprendre les relations causales non linéaires, les retards dans les effets, ainsi que les boucles de rétroaction qui influencent les comportements organisationnels.

Cette approche met en évidence les liens entre performance économique, bien-être humain et impact environnemental. Selon Peter Senge, toute décision stratégique engendre des effets complexes au sein du système élargi dans lequel évolue l'organisation, notamment l'entreprise (Senge, 1990).

Cette vision est prolongée par les travaux de Fritjof Capra et Pier Luigi Luisi dans *The Systems View of Life* (2014), où ils développent une approche globale et écologique des systèmes vivants et sociaux. En transposant les principes de l'écologie systémique au monde de l'entreprise, les auteurs affirment que la durabilité véritable ne peut être atteinte qu'à travers une compréhension fine des interconnexions entre les sous-systèmes économiques, sociaux et environnementaux. Fritjof Capra et Pier Luigi Luisi appellent à une gouvernance organisationnelle capable de reconnaître les limites systémiques de la biosphère et de valoriser l'interdépendance entre les acteurs.

À partir d'une conception épistémologique fondée sur la complexité, Edgar Morin[92] propose, dans son ouvrage, une critique des

---

[92] Morin, E. 2005. *Introduction à la pensée complexe*. Paris: Seuil.

approches analytiques fragmentées qui dominent encore largement les sciences de gestion. Il met en avant la nécessité de penser l'entreprise comme un système complexe, composé d'éléments hétérogènes en interaction, et invite à dépasser les logiques réductionnistes qui dissocient artificiellement les dimensions économique, sociale et environnementale de la performance. La complexité « morinienne » propose ainsi un cadre théorique pour concevoir une performance organisationnelle véritablement intégrée, capable de prendre en compte les incertitudes, les paradoxes et les tensions propres aux systèmes sociaux contemporains (Morin, 2005).

Cette conception multidimensionnelle de la performance est enrichie et appuyée par des résultats issus d'études de cas pratique. Ainsi, Andrew Savitz et Karl Weber (2006) montrent, à travers de nombreuses expériences de terrain[93], que les entreprises les plus performantes sont celles qui parviennent à articuler les trois dimensions : efficacité économique, justice sociale et durabilité environnementale.

Par leurs travaux, ces auteurs apportent une double contribution : d'une part, en confirmant empiriquement la validité du modèle de la triple performance ; d'autre part, en proposant des outils opérationnels (indicateurs, méthodes de *reporting*, démarches stratégiques) permettant aux organisations d'intégrer concrètement cette vision dans leur pilotage. Leur ouvrage démontre que la durabilité ne constitue pas un frein à la performance, mais qu'elle

[93] Andrew Savitz et Karl Weber (2006) présentent, dans leur ouvrage *The Triple Bottom Line: How Today's Best-Run Companies Are Achieving Economic, Social and Environmental Success*, plusieurs études de cas illustrant les pratiques de General Electric, Nike et Shell en matière de performance économique, sociale et environnementale.

représente au contraire un levier stratégique de création de valeur globale pour l'entreprise[94] (Savitz et Weber, 2006).

Ces analyses, tant théoriques qu'empiriques, viennent consolider les apports de la systémique et de la cybernétique des organisations. Notamment, les travaux d'Anthony Beer (1972) suggèrent une théorisation du fonctionnement systémique de l'entreprise, en mettant l'accent sur les mécanismes de régulation, d'autorégulation et de viabilité des systèmes. Ces approches soulignent le rôle central de l'information, des flux et de la coordination dans la construction d'une performance globale, pérenne et adaptative.

Il apparaît dès lors que l'intégration de l'approche systémique dans l'analyse de la performance organisationnelle constitue un prolongement théorique pertinent pour appréhender les logiques de la triple performance (économique, sociale, environnementale) dans un monde marqué par la complexité, l'interconnexion croissante des enjeux et la nécessité d'un pilotage responsable. Cette approche préconise un cadre heuristique puissant pour repenser les finalités de l'entreprise dans une perspective de durabilité à long terme.

De ce point de vue, les entreprises, en tant que structures organisées, finalisées et ouvertes, sont constituées de multiples sous-systèmes (fonctionnels, humains, technologiques, financiers) en interaction permanente entre eux et avec leur environnement. La pensée systémique permet ainsi de dépasser les approches linéaires ou fragmentées de la performance, en mettant en lumière les interdépendances, les rétroactions et les dynamiques émergentes qui façonnent les résultats globaux.

De ce fait, les résultats présentés dans cette section confirment la nécessité de repenser la performance organisationnelle à travers une

[94] Une telle performance renforce à la fois la réputation de l'entreprise, sa capacité de résilience et l'engagement durable de ses parties prenantes.

lecture systémique, capable d'intégrer la pluralité des dimensions économiques, sociales et environnementales. Loin d'être un agrégat d'indicateurs isolés, la performance apparaît comme une dynamique émergente, tributaire des interactions entre les sous-systèmes internes de l'entreprise et son environnement.

Elle se construit dans la capacité de l'entreprise à articuler ses ressources, ses processus et ses finalités, tout en s'adaptant aux contraintes et opportunités de son environnement. Une pareille performance renforce à la fois la réputation de l'entreprise, sa capacité de résilience et l'engagement durable de ses parties prenantes.

Une telle lecture conduit à repenser les outils d'évaluation et de pilotage, en vue d'intégrer pleinement la complexité des organisations contemporaines et d'ancrer les décisions stratégiques dans des critères à la fois multidimensionnels et évolutifs. La performance apparaît dès lors comme un *construit systémique*.

6. – Discussion

Face à la complexité croissante des environnements organisationnels, la performance ne peut plus être pensée dans le cadre réducteur d'indicateurs traditionnels, souvent limités à l'efficience ou à la rentabilité. Cette section mobilise un ensemble de cadres théoriques – pensée systémique, théorie des parties prenantes, responsabilité sociétale des entreprises (RSE), cycles de vie organisationnels, modèles complexes de gestion et critique des approches fragmentées –, illustrant ainsi une compréhension renouvelée de la performance, fondée sur sa nature systémique, évolutive et contextuelle.

La pensée systémique, perçue ici comme fondement épistémologique, constitue le socle de cette relecture. Inspirée des travaux de Le Moigne, et de Morin, elle envisage l'organisation comme un système ouvert, finalisé, en interaction constante avec son environnement. Cette approche dépasse les visions réductionnistes en intégrant la complexité des interrelations internes et externes. Pour Le Moigne, tout système est un construit cognitif : il reflète une représentation de la complexité, conditionnant ainsi notre manière de penser et d'évaluer la performance.

En ce sens, les approches classiques de la performance – centrées sur des critères économiques – apparaissent limitées. Elles peinent à rendre compte des dynamiques d'interdépendance et des rétroactions propres aux organisations contemporaines. Cette critique, formulée par Whetten, Cameron et Renaud (1983), met en lumière le caractère subjectif et multidimensionnel de la performance, dépendant des objectifs poursuivis, des parties prenantes impliquées et du contexte stratégique. La pensée systémique permet ainsi d'intégrer les tensions, les paradoxes et les logiques multiples qui coexistent dans toute organisation.

Dans cette perspective, la question des parties prenantes, de la RSE et de la construction collective de la performance prolonge et enrichit l'approche systémique. La théorie des parties prenantes (Freeman, 1984) complète cette vision en soulignant que la performance résulte d'un processus de négociation entre des acteurs aux intérêts parfois divergents. Elle devient alors une construction collective, à la fois sociale, éthique et politique. La RSE s'inscrit dans cette logique élargie : elle incarne une traduction appliquée de la systémique de troisième génération. En reconsidérant l'entreprise comme un système vivant, co-évolutif et ouvert, la RSE met l'accent sur la durabilité, l'inclusivité et l'apprentissage organisationnel continu.

Cette approche permet de dépasser les modèles normatifs fondés sur des indicateurs fixes, en intégrant les processus de co-construction du sens, l'intelligence collective et l'adaptation constante aux évolutions de l'environnement (Ison & Straw, 2020). Elle marque une rupture avec les systémismes mécanistes et linéaires des générations précédentes, en introduisant la réflexivité, la pluralité des rationalités (économique, sociale, environnementale) et l'importance du rôle de l'observateur, ce qui fait référence à une systémique avancée.

Dans cette dynamique, la temporalité, les cycles de vie et la contingence stratégique apparaissent comme des dimensions indissociables de l'analyse de la performance. Les travaux de Spriggs, Cameron et Whetten sur les cycles de vie organisationnels montrent que les logiques de performance évoluent avec la maturité des organisations. Aux phases de création et de croissance, la flexibilité, la créativité et l'ouverture à l'environnement priment. En revanche, les phases de formalisation et de consolidation mettent l'accent sur le contrôle, la structuration et l'efficience.

Cette évolution est illustrée par le modèle de performance de Quinn et Rohrbaugh (1983), qui identifie des logiques parfois concurrentes selon les configurations organisationnelles. Une vision systémique permet alors de comprendre ces basculements comme des arbitrages structurels, nécessaires mais souvent générateurs de tensions. Elle rejoint ainsi la perspective de la théorie de la contingence, tout en en dépassant les limites en proposant une lecture intégrée des ajustements organisationnels.

Par ailleurs, le *sensemaking*, en tant que vecteur de dynamique adaptative, apporte une dimension essentielle à cette lecture systémique. Karl Weick (1995) conçoit l'organisation comme un système en construction permanente, façonné par les interprétations collectives des acteurs. En intégrant ces processus cognitifs dans l'analyse systémique, on rend compte des dynamiques adaptatives, de la gestion de l'incertitude et des rationalités multiples qui sous-tendent les décisions organisationnelles. La performance devient dès lors un processus interprétatif, orienté par les représentations, les interactions et les apprentissages partagés.

Dans cette optique, l'évolution vers une gouvernance systémique de la performance s'impose comme une réponse à la complexité croissante des environnements organisationnels. Elle exige une gouvernance adaptée, capable d'articuler flexibilité et stabilité, exigences internes et contraintes externes. Le *competing values framework* (Quinn & Rohrbaugh, 1983), ou encore les travaux de Berland et Renaud sur l'hybridation des instruments de gestion, proposent des modèles intégrateurs, fondés sur la reconnaissance des tensions structurelles inhérentes à toute organisation. Ces outils permettent d'opérationnaliser la pensée systémique à travers des indicateurs composites, des logiques dialogiques et des approches contextualisées. Spriggs (1994) propose ainsi une méthode structurée pour définir la performance de manière contextuelle : en identifiant les finalités visées, les points de vue d'analyse, les données nécessaires et les indicateurs spécifiques à chaque échelle. Cette démarche permet d'échapper à l'illusion d'universalité des critères d'évaluation, en tenant compte des dynamiques propres à chaque organisation.

Au terme de cette analyse, émerge une conception renouvelée de la performance, conçue non plus comme une simple agrégation d'indicateurs ou une lecture exclusivement économique, mais comme un processus complexe, évolutif et contextuel. Elle résulte des interactions entre les sous-systèmes internes, l'environnement externe, les temporalités organisationnelles, les finalités multiples et les logiques d'acteurs. Elle est à la fois processus, finalité, outil stratégique et construction collective.

Il ressort clairement de cette analyse que la performance - conçue comme un *construit systémique* - constitue le résultat d'un processus dynamique, évolutif et multidimensionnel, façonné par les interactions entre les sous-systèmes organisationnels et leur environnement. Cette conception rompt avec les approches fragmentées et linéaires qui dominent encore nombre d'outils de gestion et d'évaluation.

Cette expression - *construit systémique* - ne fait pas l'objet d'une définition consensuelle dans la littérature existante, mais constitue une proposition formulée dans le cadre de cette étude, à partir de l'analyse croisée des principaux apports théoriques mobilisés. Elle vise à désigner une performance pensée comme un processus interactif, contextualisé, émergent et multidimensionnel, révélateur de la complexité organisationnelle contemporaine. Par cette formulation, cette discussion entend apporter une contribution conceptuelle originale au débat sur la redéfinition des modèles de performance à l'ère de la durabilité et de l'interdépendance systémique.

La pensée systémique permet ainsi de redonner du sens aux démarches d'évaluation en proposant une lecture intégrée de la performance, alignée sur les enjeux contemporains de durabilité, de responsabilité et d'adaptation stratégique. C'est donc en tant que *construit systémique* que la performance peut aujourd'hui être pensée, pilotée et transformée.

Conclusion

Ce chapitre a mis en évidence la nécessité de repenser la performance d'entreprise au prisme d'une approche systémique, en rupture avec les conceptions traditionnelles fondées sur une lecture strictement économique ou sectorielle. L'analyse a montré que la performance ne saurait être comprise comme une donnée unique, mesurable de manière objective et universelle, mais bien comme un construit évolutif, ancré dans un système d'interactions complexes entre sous-systèmes internes et environnements externes.

En mobilisant les apports théoriques de la pensée systémique avancée (notamment ceux est de Jean-Louis Le Moigne, Edgar Morin ,Karl Weick) , ainsi que les contributions de Robert Quinn et John Rohrbaugh (1983), Kim Cameron et David Allred Whetten (1983), et Mark Spriggs (1994), le chapitre a permis d'explorer des cadres analytiques alternatifs qui intègrent la complexité, l'incertitude et la pluralité des rationalités en jeu dans la performance organisationnelle. Ces perspectives contribuent à dépasser les logiques d'évaluation linéaires ou purement instrumentales, en insistant sur la nécessité de prendre en compte les tensions entre efficacité interne, adaptation externe, exigences de court terme et durabilité à long terme.

L'un des apports centraux de cette réflexion réside dans la reconnaissance du caractère nécessairement contextuel, multidimensionnel et dialogique de la performance. Il ne s'agit plus d'identifier un indicateur unique de performance optimale, mais de comprendre comment une organisation parvient à articuler de manière cohérente des dimensions parfois contradictoires : performance économique, cohérence structurelle, responsabilité sociale et environnementale, capacité d'innovation, gouvernance participative, etc. Cette vision systémique rejoint les préoccupations contemporaines liées à la soutenabilité, à la résilience organisationnelle et à l'émergence de nouveaux modèles de gestion.

Toutefois, cette posture critique et intégrative soulève également des défis. L'absence de consensus sur les définitions, la difficulté à construire des indicateurs véritablement adaptés aux spécificités organisationnelles, et le risque de dilution des finalités de la performance dans des dispositifs trop technicisés, sont autant d'obstacles qui invitent à poursuivre la recherche.

Dès lors, la présente contribution propose de concevoir la performance non plus comme un construit managérial universel, mais comme un *construit systémique*, caractérisé par sa multidimensionnalité, son évolution dans le temps et son ancrage contextuel au sein de chaque organisation. Cette approche permet de dégager un cadre d'analyse renouvelé, susceptible de mieux rendre compte de la complexité des dynamiques organisationnelles contemporaines, et d'alimenter la construction de dispositifs d'évaluation plus globaux, durables et stratégiquement pertinents.

Une telle conception permet non seulement d'éclairer les pratiques managériales contemporaines, mais aussi de réinterroger les fondements mêmes de l'évaluation dans un monde organisationnel en profonde mutation.

L'expression *construit systémique*, mobilisée dans la présente étude pour qualifier la performance organisationnelle, ne renvoie pas à une notion théorique directement issue de la littérature existante. Elle constitue une formulation interprétative originale, proposée à partir de la lecture croisée d'un ensemble de travaux issus de la pensée systémique (Le Moigne, Morin, Capra), de la théorie des organisations (Cameron, Whetten, Scott), des approches évolutives de la gouvernance (Senge, Spriggs), et des logiques de responsabilité élargie (RSE, Triple Bottom Line, Stakeholder Theory, etc.).

Cette expression vise à dépasser les dichotomies classiques entre performance économique, sociale et environnementale, et à mettre en lumière la nature relationnelle, évolutive et contextualisée de la performance. L'idée de *construit* renvoie ici à une construction intellectuelle et dynamique, produite par les interactions entre les acteurs, les dispositifs d'évaluation, les temporalités organisationnelles et les contraintes environnementales. Le qualificatif *systémique* souligne quant à lui l'ancrage dans une vision holistique, reconnaissant l'organisation comme un système ouvert, finalisé, apprenant et en constante coévolution avec son écosystème.

En proposant de penser la performance comme un *construit systémique*, cette étude cherche à offrir une grille de lecture intégrative, capable d'articuler les dimensions techniques, humaines, stratégiques et environnementales de l'action collective, tout en tenant compte des tensions et arbitrages structurels qui traversent les systèmes organisationnels. Cette perspective s'inscrit dans une démarche transdisciplinaire, réflexive et critique, propre à interroger les limites des approches fragmentées encore dominantes dans la littérature managériale.

Bibliographie

Abell, Marcelle A. 1978. «Théorie Générale des Systèmes de von Bertalanffy : Une contribution majeure à la pensée moderne», *Revue de Métaphysique et de Morale.* 83(3) : 308-332.

Ashby, William Ross. 1956. *An Introduction to Cybernetics.* London : Chapman et Hall.

Atkinson, Anthony A., John H. Waterhouse, et Robert B. Wells. 1997. « Une approche des parties prenantes pour la mesure du rendement stratégique » *Sloan Management Review.* 38 : 25-37.

Baayoud, Mohammed. 2005. « La redéfinition d'articulation entre l'économie et le social dans le contexte d'ouverture du Maroc à l'économie internationale ». *Performances économiques et performances sociales à l'heure de la RSE*, J.-M. Peretti, et J.-L. Cerdin, Éds. Univ. of Audit social Maroc.

Baaziz, Abdelkader, et Mustapha Khelil. 2006. « Balanced Scorecard et pilotage de la performance : Cas de la Division Forage – Sonatrach Oran. » *Journées Scientifiques et Techniques de Sonatrach – JST'7.* HAL archives ouvertes, hal-00824497.

Beer, Anthony Stafford. 1972. *Brain of the Firm*. London : Allen Lane / The Penguin Press. 2e éd., Wiley, 1981, pp. 163–204.

Beers, Peter, Henny Boshuizen, Paul Kirschner, et Wim Gijselaers. 2006. « Common Ground, Complex Problems and Decision Making. » *Group Decision and Negotiation.* 15 (6) : 529–556. https://doi.org/10.1007/s10726-006-9030-1.

Bertalanffy, Ludwig von. 1968. *General System Theory: Foundations, Development*. New York : George Braziller.

Blauberg, Igor Viktorovich, Vadim Nikolayevitch Sadovsky, et Erik Grigorevich Yudin. 1980. « The Systemic Approach: Prerequisites, Problems and Difficulties. » *General Systems* 25 : 1–34.

Boudjema, Rachid. 2023. *Capitalisme et écologie : un couple qui ne fait pas bon ménage.* Alger : Dar El Khaldounia.

Bracquemond, Ida, et Jean De Person. 2005. « Le principe de la subsidiarité appliqué au management de l'organisation : un levier pour conjuguer les performances sociales et économiques. » In *Performances économiques et performances sociales à l'heure de la RSE*, édité par J.-M. Peretti et J.-L. Cerdin, 209. Marrakech : Université de l'Audit Social du Maroc.

Cambien, Aurore. 2008. *Une introduction à l'approche systémique : appréhender la complexité.* Rapport de recherche. Lyon : Centre d'études sur les réseaux, les transports, l'urbanisme et les constructions publiques (CERTU).

Cameron, Kim S. 1978. « Measuring Organization Effectiveness in Institutions of Higher Education. » *Administrative Science Quarterly* 23 : 604–632.

Cameron, Kim S., et David Allred Whetten. 1983. « Some Conclusions About Organizational Effectiveness. » In *Organizational Effectiveness: A Comparison of Multiple Models*, édité par Kim S. Cameron et David A. Whetten, 261–277. New York : Academic Press.

Capra, Fritjof, et Pier Luigi Luisi. 2014. *The Systems View of Life: A Unifying Vision.* Cambridge : Cambridge University Press.

Champagne, François, André Pierre Contandriopoulos, Julie Picot-Touché, François Béland, et Hung Nguyen. 2005. « Un cadre d'évaluation globale de la performance des systèmes de services de santé : Le modèle EGIPSS. » Montréal : Université de Montréal, Conseil de la santé et du bien-être. https://doi.org/2-550-45870-2.

Checkland, Peter. 1981. *Systems Thinking, Systems Practice*. New York : John Wiley & Sons.

Commission européenne. 2024. *Méthode de l'aide : lignes directrices. Gestion du cycle de projet.* Bruxelles. Office de coopération Europe Aid.

De La Villarmois, Olivier. 2001. « Le concept de performance et sa mesure : un état de l'art. » *Les Cahiers de la Recherche – CLAREE*, UPRESA CNRS 8020, Centre Lillois d'Analyse et de Recherche sur l'Évolution des Entreprises. http://odlv.free.fr/documents/recherche/crperf.PDF.

Degenne, Alain. 1978. « Le Moigne Jean-Louis, *La théorie du système général. Théorie de la modélisation.* » *Revue française de sociologie* 19 (2) : 300–301.

Donnadieu, Gérard, Daniel Durand, Danièle Neel, Emmanuel Nunez, et Lionel Saint-Paul. 2003. « L'approche systémique : de quoi s'agit-il ? Synthèse des travaux du Groupe AFSCET – Diffusion de la pensée systémique. »

Le Robert, *Dictionnaire en ligne*. https://dictionnaire.lerobert.com/definition/concept.

Elkington, John. 1994. « Towards the Sustainable Corporation: Win-Win-Win Business Strategies for Sustainable Development. » *California Management Review* 36 (2) : 90–100. https://doi.org/10.2307/41165746.

Elkington, John. 1997. *Cannibals with Forks: The Triple Bottom Line of 21st Century Business*. Oxford : Capstone Publishing.

Escaffre, Lionel. 2000. « Les informations sur la performance contenues dans les rapports de gestion : étude exploratoire. » *21e Congrès de l'AFC*, France, CD-ROM. https://halshs.archives-ouvertes.fr/halshs-00587453.

Figge, Frank, Hahn Tobias, Stefan Schaltegger, et Marcus Wagner. 2002. "The Sustainability Balanced Scorecard – linking sustainability management to business strategy". *Business Strategy and the Environment*, vol. 11(5), pp. 269–284. DOI : 10.1002/bse.339.
Freeman, R. Edward. 1984. *Strategic Management: A Stakeholder Approach*. Boston : Pitman.
Forrester, Jay W. 1968. *Principles of Systems*. Productivity Press, Cambridge, MA.
Galdemar, Virginie, Léopold Gilles, et Marie-Odile Simon. 2012. *Performance, efficacité, efficience : les critères d'évaluation des politiques sociales sont-ils pertinents ?* Paris : CREDOC, Cahier n° 299.
Gallimard, Éditions. 1988. *Trésor de la langue française*. Paris : CNRS.
Giachetti, Ronald E. 2010. *Design of Enterprise Systems: Theory, Architecture, and Methods*. Boca Raton, Florida ; CRC Press.
Gibert, Patrick. 1980. *Le contrôle de gestion dans les organisations publiques*. Indiana University : Les Éditions d'Organisation.
Gibert, Patrick, et François Bernard. 1977. « Contrôle de gestion et organisations publiques. » *Revue française d'administration publique* 2 : 7–23. https://doi.org/10.3406/rfap.1977.957.
Glouberman, Sholom, et Brenda Zimmerman. 2002. *Complicated and Complex Systems: What Would Successful Reform of Medicare Look Like ?* 8e éd. Ottawa : Commission on the Future of Health Care in Canada.
Größler, Andreas. 2004. « A Content and Process View on Bounded Rationality in System Dynamics. » *Systems Research and Behavioral Science* 21 : 319–330.
Harlé, Emmanuel, et Jean-Daniel Jouanneault. 1983. *L'Entreprise en tant que système*. Collection Science des systèmes. France : Presses Universitaires de Lyon.
Hubbard, Graham. 2009. "Measuring Organizational Performance: Beyond the Triple Bottom Line". *Business Strategy and the Environment*, 18(3), 177–191. https://doi.org/10.1002/bse.564

Igalens, Jacques, et Jean-Pascal Gond. 2005. « La responsabilité sociale de l'entreprise : une définition multidimensionnelle. » *Revue de l'Organisation Responsable.*

Ison, Ray, et Ed Straw. 2020. *The hidden power of systems thinking: governance in a climate emergency*. London : Routledge.

Kaplan, Robert, et David Norton. 1992. « The Balanced Scorecard: Measures That Drive Performance. » *Harvard Business Review* 70 (1) : 71–79.

Kaplan, Robert, et David Norton. 1999. « Le tableau de bord prospectif : un système de pilotage de la performance. » *Les systèmes de mesure de la performance, Harvard Business Review.* Paris : Éditions d'Organisation.

Lasfargues, Frédéric, et Christian Dalin. 2007. *Une introduction à l'approche systémique : appréhender la complexité.* Lyon : Centre d'études sur les réseaux, les transports, l'urbanisme et les constructions publiques (CERTU). https://hal.archives-ouvertes.fr/hal-02150426.

Laszlo, Ervin. 1972. *Introduction to Systems Philosophy.* 1re éd. New York : Gordon and Breach.

Le Moigne, Jean-Louis. 1990. *La modélisation des systèmes complexes.* Paris : Dunod.

Le Moigne, Jean-Louis. 1995. *Les épistémologies constructivistes.* Paris, P.U.F., Que Sais-je ? N- 2969.

Le Moigne, Jean-Louis. 1977. *Théorie du système général. Théorie de la modélisation.* Paris : Presses Universitaires de France.

Le Moigne, Jean-Louis. 2006. *La théorie du système général. Théorie de la modélisation.* Collection Les Classiques du Réseau Intelligence de la Complexité. France.

Longone, Paul. 1977. « Rosnay Joël de — *Le Macroscope. Vers une vision globale* [compte-rendu]. » *Population* 32 (6) : 1319. https://www.persee.fr/doc/pop_0032-4663_1977_num_32_6_16685.

Morin, Edgar. 1990. *Introduction à la pensée complexe.* Paris : Seuil.

Morin, Edgar. 2005. *Introduction à la pensée complexe.* Paris : Seuil.

Motulsky, B. 1977a. « Théorie générale des systèmes et science de la communication. » *Communication Information* 2 (1) : 50–56.

Motulsky, Bernard. 1977b. « Jean-Louis Le Moigne. *La théorie du système général (théorie de la modélisation).* » *Communication Information* 2 (3, automne 1978) : 217–218. https://www.persee.fr/doc/comin_0382-7798_1978_num_2_3_1078.

Odum, Eugene. 1976. *Écologie : un lien entre les sciences naturelles et les sciences humaines*. Montréal : HRW.

OECD (Organisation for Economic Co-operation and Development). 2019. *Better criteria for better evaluation: revised evaluation criteria. Definitions and principles for use.* OECD DAC Network on Development Evaluation. www.oecd.org/dac/evaluation.

Quinn, Robert E., et John Rohrbaugh. 1983. « A Spatial Model of Effectiveness Criteria. » *Management Science* 29 : 363–377.

Renaud, Angèle, et Nicolas Berland. 2010. « Mesure de la performance globale des entreprises » Communication au colloque de Poitiers, France. HAL Id : halshs-00544875. https://halshs.archives-ouvertes.fr/halshs-00544875.

Ropohl, Günter. 1978. « Einführung in die allgemeinen Systemtheorie. » *Systemtheorie als Wissenschaftsprogramm*, édité par Hans Lenk, 9–49. Königstein/Ts : Athenäum Verlag.

Rosnay, Joël de. 1975. *Le Macroscope : vers une vision globale*. Paris : Seuil.

Sadovsky, Vadim Nikolayevitch. 1970. « Aspects méthodologiques d'une théorie générale des systèmes. » *Revue internationale de philosophie* 25 : 547–564.

Savitz, Andrew W., et Karl Weber. 2006. *The Triple Bottom Line: How Today's Best-Run Companies Are Achieving Economic, Social and Environmental Success*. San Francisco : Jossey-Bass.

Scott, W. Richard. 1977. « Effectiveness of Organizational Effectiveness Studies. » *New Perspectives on Organizational Effectiveness*, édité par Paul S. Goodman et Johannes M. Pennings, 63–95. San Francisco : Jossey-Bass.

Seashore, Stanley E. 1979. « Assessing Organizational Effectiveness with Reference to Member Needs. » Communication présentée au *Meeting of the Academy of Management*, États-Unis.
Senge, Peter M. 1990. *The Fifth Discipline: The Art and Practice of the Learning Organization.* New York : Doubleday/Currency.
Silem, Ahmed, Antoine Gentier, et Jean-Marie Albertini. 2024. *Lexique d'économie.* 16e éd. Paris : Dalloz.
Spriggs, Mark T. 1994. « A Framework for More Valid Measures of Channel Member Performance. » *Journal of Retailing* 70 (4) : 327–343.
Rouwette, Etiënne, Andreas Größler, et Jac Vennix. 2004. « Exploring Influencing Factors on Rationality : A Literature Review of Dynamic Decision-Making Studies in System Dynamics. » *Systems Research and Behavioral Science* 21 (4) : 351–370. https://doi.org/10.1002/sres.647.
Sterman, John, et Linda Booth Sweeney. 2000. " Bathtub dynamics: initial results of a systems thinking inventory." *System Dynamics Review.* 16 (4) : 249-286.
Thom, René. 1974. *Modèles mathématiques de la morphogenèse.* Paris : UGE.
Turchany, Guy. 2008. «La théorie des systèmes et systémiques. Vue d'ensemble et définitions». *Agir ensemble pour Eduquer au Développement durable,* Bordeaux : H – 4069 EGYEK, CH – 1213 Onex/Genève.
Voyer, Pierre. 2009. *Tableaux de bord de gestion et indicateurs de performance.* 2e éd. Québec : Presses de l'Université du Québec.
Weick, Karl. E. 1995. *Sensemaking in organizations.* Thousand oaks, CA : Sage.

3) DÉPENSES PUBLIQUES ET CROISSANCE ÉCONOMIQUE EN ALGÉRIE : APPROCHE PAR UN MODÈLE DE CONTRÔLE OPTIMAL

Said KACI
Docteur en sciences économiques.
Faculté des sciences économiques,
Commerciales et des sciences de gestions.
Laboratoire d'Économie et développement.
Université de Bejaia, Algérie

said.kaci@univ-bejaia.dz

Résumé :

Dans cet article, on utilise un modèle de contrôle optimal pour mesurer l'effet structurel des dépenses publiques sur le revenu national et ses composantes en Algérie. Les trajectoires optimales, que forment les séquences des variables étudiées, sont établies via une simulation sur un modèle à base d'un algorithme élaboré par Kendrick (1982, 2005). Les principaux résultats caractérisent une dynamique de long terme qui n'est soutenable qu'avec des efforts affirmés en termes de dépenses publiques ; i.e une soutenabilité qui doit s'inscrire dans l'ambition de renforcer le tissu de l'offre en vue d'une dynamique de croissance endogène.

Mots clés : dépenses publiques, croissance économique, modèle de contrôle optimal, Algérie.
Classification JEL : C61, E21, H50, O40.

Abstract

In this paper, an optimal control model is used to analyze the stucturel effect of public expenditure on national income and its components in Algeria. Optimal paths of these variables are designed by using the algorithm developed by Kendrick (1982, 2005). The dynamics of long-run outcome of the simulations require generally an effort of sustainability by public spending; i.e a sustainability that should strengthen the supply for establishes an endogenous growth dynamic.
Key words: public expenditures, economic growth, optimal control model, Algeria.
JEL Classification : C61, E21, H50, O40.

Introduction

L'histoire des faits économique en Algérie révèle, en générale, l'existence d'une dynamique interventionniste publique dans l'activité économique du pays, sous formes distinctes, durant les différentes phases d'évolution de son économie (Benissad 2004). Plusieurs raisons justifient l'implantation de l'État dans l'activité économique ; la forte capacité de financement de l'État, grâce au monopole qu'il exerce sur les ressources naturelles, lui attribue la place d'acteur principal dans la formation du capital mais aussi dans la dynamique économique en générale en raison de la faiblesse du stock du capital du secteur privé et de l'instabilité politique et sociale à côté d'une marquante vulnérabilité économique ([95]).

En revanche, la question de l'efficacité des stratégies publiques forgées pour prendre en charge le développement du pays est fondamentalement posée

Les discours s'arrangent souvent au côté de l'inefficacité des politiques publiques à former les prémisses d'une économie productive, solide et insensible aux chocs exogènes. Mais sans pouvoir écarter formellement l'apport significatif de ces politiques publiques en termes d'accumulation des décisifs de la croissance.

D'un point de vue empirique, plusieurs études ont examiné l'impact des dépenses publiques sur la croissance en Algérie. Par exemple, Zakane (2004) a constaté une faible élasticité de la production par rapport aux infrastructures (0,07), attribuée à un manque d'investissement dans les infrastructures, en particulier celles à vocation économique.

---

95) L'auteur (Kaci Said) s'était déjà préoccupé du thème Dépenses publiques et croissance économique en Algérie. Le présent article en constitue un complément et un approfondissement (Revue d'économie et de statistique appliquée, Volume 18, Numéro 1, Pages 189-204, 2021-06-29).

De manière similaire, Benabdallah (2008) a également observé une insuffisance dans le stock d'infrastructures et a relevé son impact négatif sur la croissance. Néanmoins, le rapport du FMI (2006) a identifié une corrélation positive et significative entre les dépenses publiques d'investissement et la croissance économique, notamment en ce qui concerne la croissance du PIB hors hydrocarbures.

Cependant, ce rapport a également souligné l'absence de lien de causalité entre cette croissance et les dépenses publiques courantes (Mwase 2006, PP 57-65)

Dans ce papier, un modèle de contrôle optimal est utilisé pour évaluer l'effet permanant des dépenses publiques sur le revenu national. Les trajectoires optimales, que forment les séquences des variables étudiées, sont établies via une simulation sur un modèle à base d'un algorithme élaboré par Kendrick (1982, 2005).

Le modèle vise à révéler la force du guidage des dépenses publiques sur la trajectoire du revenu national, sous certaines conditions d'optimalités. Cette étude est structurée de la manière suivante : la première section présente une revue de littérature théorique et empirique sur l'effet des dépenses publiques sur la croissance. La deuxième section présente quelques généralités sur l'évolution des dépenses publiques en Algérie.

La troisième section est consacrée à la formalisation du modèle de contrôle optimal. La dernière section dresse un bilan des principaux résultats construits et prolonge la réflexion pour annoncer quelques recommandations.

Section 1 : Revue de littérature théorique et empirique sur l'effet des dépenses publiques sur la croissance

Le rapport économique entre l'évolution du revenu et l'État a suscité la formation d'un corpus théorique diversifié dans sa méthodologie et ses conclusions. L'impact positif des dépenses publiques sur l'activité économique à fait l'objet de la démonstration keynésienne, puis prolonger par les travaux de Nurkse (1952), Hirchman (1958) et Roseinsten and Rodan (1964) aboutissant à des conclusions ayant érigé l'efficacité de la politique économique comme une réponse contra-cyclique.

Alors que la pensée classique et néoclassique a présenté une forte hostilité à toute forme de l'Etat économique (B Blancheton 2009, pp 22-47). Ce dernier, est considéré par le courant libéral comme une source de déséquilibre qui détache l'évolution de l'activité économique de sa trajectoire optimale et naturelle.

Le débat sur la question de l'intervention publique ne s'est pas centré uniquement sur l'existence d'un lien significatif ou positif entre les dépenses publiques et le revenu national, mais il s'est étendu aussi à la détermination du sens de ce lien.

Dans ce contexte, deux thèses se contrastent. La première vision est traduite par la loi de Wagner où les dépenses du gouvernement s'ajuste à la demande sociale. Henrekson explique que le déclenchement d'une phase de croissances s'accompagne d'une certaine complexité de l'activité économique suscitant un accroissement dans les dépenses de régulations d'un côté et une hausse des dépenses sur les biens et services collectifs, principalement, en formation du capital humain et en réalisation d'infrastructure d'un autre côté (M Henrekson 1993, pp 406-407). De ce fait, l'augmentation des dépenses publiques n'est que la conséquence de la croissance économique.

La seconde vision héritée de la tradition keynésienne indique que les dépenses du gouvernement forment un instrument d'ajustement exogène de l'activité économique, les dépenses publiques sont déterminées à partir des objectifs économiques fixés par l'Etat (C Delaplace et C La viallen 2008, pp 111-118). En effet, le sens de causalité est unidirectionnel, il va des dépenses publiques vers la croissance économique.

Par ailleurs, l'apparition de la théorie de la croissance endogène réclame le rôle central que peut jouer l'Etat dans le façonnage d'un environnement favorable à la croissance de long terme. La prise en compte du progrès technique dans ces schémas théoriques, s'est érigée sur une dynamique économique endogène et soutenable.

L'intégration de quelques facteurs dans l'analyse de la croissance, tels que la diffusion de la connaissance, l'innovation, la formation du capital humain et les externalités des infrastructures a propulsé l'économie sur un équilibre de croissance autoentretenu (R Barro et X Sala-i-Martin 1995, pp 140-157).

La littérature empirique est très opulente. Le test empirique de Barro (1991) qui s'est porté sur 98 pays développés et en voies de développement sur la période (1960-1985) n'a pas pu valider les conclusions théoriques de son modèle. Néanmoins T Rajhi (1993), et en construisant un modèle sur la base des contestations empiriques vis-à-vis du modèle de Barro, a montré que la croissance est influencée par les externalités dégagées par le stock du capital public indépendamment de la taille de l'Etat, l'étude s'est portée sur un échantillon de 63 pays pour la période (1970-1979).

Aschauer (1989) a montré une corrélation positive entre le stock du captal public et la croissance économique aux États-Unis, ce résultat a été confirmé par les tests de Munnel (1996). Easterrly et Robelo (1993) ont suggéré l'impact positif des dépenses publiques principalement les dépenses en transport et en communication sur la croissance économique. A l'aide d'un modèle à correction d'erreur appliqué aux données annuelles pour la période (1929-1996), Islam (2001) a confirmé l'hypothèse de Wagner pour les États-Unis.

L'analyse de Cheng et Wei (1997) sur la période (1954-1996) a débouché sur le résultat de l'existence d'une relation bidirectionnelle entre les dépenses publiques et la croissance en Corée de sud. Tanzi et Zee (1997) ont soulevé la capacité des dépenses publiques à affecter la croissance, soit directement à travers l'augmentation du stock du capital physique ou indirectement par l'amélioration de la productivité marginale des facteurs de production. Dogan et Tang (2006) ont soutenu l'hypothèse d'une causalité des dépenses publiques vers le revenu national pour le Philippine alors que cette hypothèse a été rejetée pour l'Indonésie, la Malaisie, Singapour et la Thaïlande. Safa (1999) a soulevé l'impact significatif des dépenses publiques sur la croissance à court terme pour la Turquie.

L'hypothèse keynésienne a été validée également par les calculs de Kacou (2004) sur la Côte d'Ivoire. Morly et Perdikis (2000) ont confirmé sur la base d'un modèle à correction d'erreur l'existence d'un impact accélérateur des dépenses publiques sur la croissance à long terme pour l'Egypte sans qu'il y ait un impact à court terme. Le même résultat a été démontré par Nubukpo (2003) et Ouattara (2007) pour chacun des pays de l'UEMOA.

L'effet des dépenses publiques sur la croissance économique en Algérie a fait l'objet de plusieurs investigations. Zakane (2004) établit une faible élasticité de la production par rapport aux infrastructures (0,07), qu'il explique par l'insuffisance de l'effort d'investissement consacré aux infrastructures notamment aux infrastructures économiques. Dans le même sens, Benabdallah (2008) relève aussi une faiblesse du stock d'infrastructures et note son effet négatif sur la croissance. Cependant, le rapport du FMI (2006) a établi une relation positive et significative de l'effet des dépenses publiques d'investissement sur la croissance économique, notamment la croissance du PIB hors hydrocarbure. L'étude a montré aussi l'absence de causalité entre ce dernier et les dépenses publiques courantes (N Mwase 2006, pp 57-65). L'étude de Elyas S et Yagoub M (2013) montre l'existence de retombées positives des programmes d'investissement publics « 1998-2013 » sur le niveau de la croissance réalisé dans cette période. De memé l'étude de Kharbachi H et Touati K (2014) a montré à base d'un modèle des multiplicateurs de la MCS l'effet positif de l'investissement public sur l'ensemble des secteurs de l'activité économique.

Section 2 : L'évolution des dépenses publiques en Algérie

L'évolution des dépenses publiques, durant ces cinquante dernières années, enregistre en générale une tendance croissante. Leur valeur est passée de 5,87 milliards de DA en 1970 à plus de 7355 milliards de DA en 2018 (ONS 2019). Le long de l'échantillon, le ratio des dépenses publiques ramené au PIB présente une évolution croissante, mais qui n'est pas monotone, avec une moyenne de 32,41%.

Une telle tendance illustre l'existence d'une dynamique interventionniste publique dans l'activité économique en Algérie. Une telle tendance illustre l'aptitude interventionniste de l'Etat algérien dans la formation du paysage économique du pays.

Le tableau ci-dessous fournit une comparaison internationale de la taille de l'Etat, et situe le cas de l'Algérie dans un groupe de pays développés et en voie de développement.

Tableau 2.1 : Part des dépenses publiques dans le revenu national : comparaison internationale :

	Algérie	Tunisie	Maroc	France	Canada	Japon
1970-1979	27,44	-	-	42,9	37,3	25,4
1980-1989	32,89	37,2	30,2	49,8	47,7	31,8
1990-1999	32,35	25,8	28,1	52,9	44,25	33,2
2000-2010	34,01	25,93	29,39	53,5	40,35	36,1
2010-2019	38,15	26,3	30,1	55,5	40,2	34,3

Source : IMF, Word Economic Outlook Database 2019 pour la Tunisie, le Maroc, la France, le Canada et le Japon. L'ONS (2019) pour l'Algérie.

La part des dépenses publiques dans le revenu national en Algérie était, en générale, légèrement en deçà de la moyenne réalisée par la Tunisie et le Maroc durant ces quarante dernières années. Cependant, une comparaison nette avec quelques pays industrialisés ressort un ratio inférieur à celui du Canada et supérieur à celui du Japon pendant les années 70 et 80.

Mais à partir du début des années 90 les dépenses publiques du Japon ont augmenté, plaçant ce ratio légèrement au-dessus de celui de l'Algérie. Au moment où la France a enregistré le ratio le plus élevé entre ces pays.

Graphe (2.1) : taux d'évolution des dépenses publiques à prix constant et du PIB réel.

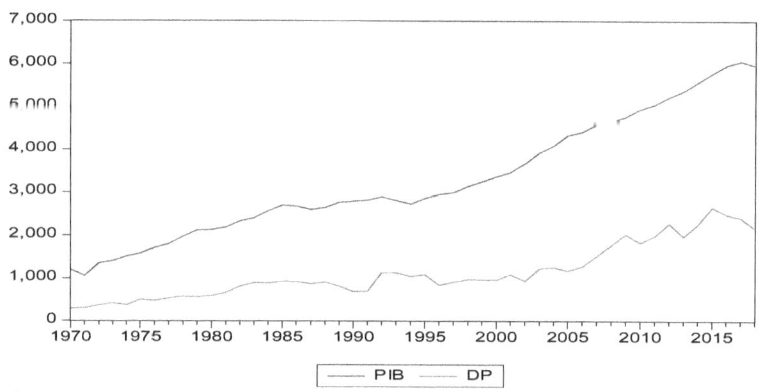

Source : établi à partir des données de l'ONS (2019).

Le graphe (2.1) présente l'évolution à prix constant des dépenses publiques et du produit intérieur brut. La visualisation du graphique ne permet pas de dégager avec précision la nature du lien entre les deux grandeurs. En effet, la tendance générale des deux courbes présente des phases d'évolution concomitantes.

Cependant, le graphe montre des sous périodes ou les deux courbes présentent une évolution différentes voir même opposées. En effet, afin de saisir la portée des dépenses publiques sur la croissance, il sera nécessaire de passer au traitement empirique.

Tableau 2.2 : Caractéristiques des séries PIB et dépenses publiques ainsi que ses composantes :

	PIB	DP	DPF	DPI
Moyenne	3287,78	1127,33	691,73	399,61
Ecart-type	1408,25	635,37	251,48	387,2
Coefficient de variation	2,33	1,77	2,75	1,03

Source : construit à partir des séries du PIB et des dépenses publiques.

Les séries PIB et dépenses publiques ont des variétés très similaires du fait qu'ils disposent des coefficients de variation très proches. Autrement dit que ses deux variables subissent presque de la même ampleur les fluctuations cycliques. Au moment où la série des dépenses publiques de fonctionnement a un écart sensible par rapport à sa valeur centrale plus important que celui des dépenses d'investissement.

Ce qui signifie que les dépenses courante sont plus affectées par les chocs exogènes que le sont les dépenses publiques en capital. En effet, l'impact d'un choc sur le budget d'équipement n'ai pas immédiat dans le sens ou la réalisation des projets publiques d'infrastructures s'effectue dans le cadre des programmes quinquennaux ou des programmes de relances s'étale entre 3 et 5 ans.

Section 3 : dépenses publiques et croissance : formalisation du modèle de contrôle optimal

Ponsad (1969) dénote que depuis la reconnaissance du caractère séquentiel de la décision économique dans les années 60, et la définition de la nature d'évolution des agrégats macroéconomique (la mesure du PIB, du capital physique, de la consommation finale…etc.) où le temps est perçu comme une variable continue, la présentation des problèmes économiques sous forme de programme dynamique optimal constitue un outil d'analyse robuste.

En effet, l'auteur souligne que la nature des choix économique dépend de l'état du système dont elle fait partie. Dans ce sens, Duharcourt (1969) indique qu'il ne s'agit pas de prendre une décision isolée concernant un problème ou une stratégie quelconque mais plutôt de situer cette décision dans une dynamique qui contient les contraintes et les atouts accumulés par les stratégies adoptés aux passés.

Une telle vision conduit à une formalisation plus rigoureuse du problème, où la prise en compte de la cohérence temporelle des décisions et la tenue en considération de l'interdépendance des grandeurs composantes les choix économiques définissent un schéma de résolution plus adapté à la nature complexe et évolutif de quelques problèmes économiques, essentiellement ceux de la croissance, d'accumulation du capital physique ou humain et l'évaluation de l'effet des politiques économiques.

En effet, Les travaux de Abel (1975) et de Kendrick (1974, 1976, 1981, 1982, 1998, 2005) ont soutenu la compatibilité de cette forme de modélisation à l'analyse de l'impact de quelques agrégats choisis sur l'évolution d'un système macroéconomique.

Trelat (2005) souligne que l'essence de ce type de modélisation consiste à construire un schéma d'évolution d'un état initial $S = S(t_0)$ vers un état final $\dot{S} = x(\dot{t})$, censé représenter une situation d'équilibre optimal en respectant certains critères d'optimisation. Abel (1975) et Kendrick (1982, 2002, 2005) définissent trois étapes essentielles pour la formalisation d'un problème de contrôle optimal à horizon fini; en premier lieu l'estimation d'un système d'équations, à travers lequel l'évolution de l'économie est décrite (contrainte dynamique).

Ensuite, la définition de la fonction d'objectif qui représente le critère inter-temporel à maximiser (ou à minimiser) et enfin la fixation des conditions initiales. Cette démarche sera adoptée pour axiomatiser notre problème de contrôle optimal.

3.1 La contrainte dynamique

La contrainte dynamique de notre modèle s'écrit sous forme d'une équation d'accumulation montrant l'évolution des paramètres du modèle :

$$\dot{S}_{t+1} = f_s(S_t, C_t) \qquad (1)$$

$$\dot{S}(t) = f(S(t), C(t), t) \qquad (2)$$

La contrainte dynamique est formalisée comme suit : un vecteur d'état (S) constitué de deux variables endogène : la consommation (c) et l'investissement (I), et un vecteur de contrôle (C) qui représente l'outil de la politique économique « dépenses publiques ».

Cette dernière est décortiquée en dépenses publiques de fonctionnement (DPF) et en dépenses publiques d'investissement (DPI). L'effet des variables de contrôle sur l'évolution des variables d'état est appréhendé par l'estimation sous forme réduite des deux équations linéaires (3) et (4).

Dans une économie fermée, le revenu est réparti entre la consommation et l'épargne, avec l'hypothèse que toute l'épargne soit investie, le revenu s'écrit: $Y = C + I$. Dans ces conditions, Abel (1975) considère que la consommation ciblée est une fonction linéaire du revenu et que la période réalisée de la période d'ajustement de la consommation est soumise à un facteur d'ajustement partial. D'autre part, la structure des dépenses publique en Algérie montre que les dépenses publiques de fonctionnement sont dominées par les dépenses en salaires et en transferts sociaux (ONS 2019). Un constat qui nous suggère d'envisager l'existence d'un éventuel lien significatif entre DPF et la consommation. D'où l'équation de consommation est écrite comme suit :

$$C_t = \alpha C_{t-1} + \beta I_t + \gamma DPF_t + \varepsilon \qquad (3)$$

Telle qu'elle est présentée par Abel (1975) l'équation d'investissement de notre modèle est basée sur le concept modifié de l'accélérateur de consommation privé de Samuelson. Abel postule que le niveau du capital ciblé est une fonction linéaire de la consommation et que l'ajustement réalisé du stock du capital est soumis à un facteur d'ajustement partial.

Nous supposons également l'existence d'un lien significatif entre les dépenses publiques d'investissement et la formation du capital conformément au modèle de Barro (1990). D'où l'équation d'investissement est formulée comme suit :

$$I_t = aC_t + bC_{t-1} + cI_{t-1} + dDPI_t + \varepsilon \qquad (4)$$

Pour notre investigation empirique, les séries sont générées à partir des données de la comptabilité nationale fournies par l'office national des statistiques. Les données de la banque mondiale ont été également utilisées. Les variables sont prises en valeur réelles96. A cause de l'indisponibilité des données mensuelles et trimestrielles nous avons utilisé des données annuelles de la période (1970-2018).

La série de consommation est construite à partir du compte de la consommation finale figuré dans les bilans des ressources et emplois de la nation en biens et services, publié dans les comptes économiques de l'ONS (2020).

La série de stock du capital fixe fournie par les données de la banque mondiale (2020) est utilisée comme proxy pour définir la série de l'investissement.

Les séries des dépenses publiques de fonctionnement et d'investissement sont générées à partir des données de l'ONS (2020).

Les résultats des estimations peuvent être présentés sous-forme d'un système d'équations log-linéaire, qui représente la contrainte dynamique de notre modèle de contrôle optimal :

$$\log(C) = 3{,}8503 + 0{,}3666 \log(C_{t-1}) - 0{,}0886 \log(I_{t-1}) +$$

[96] Nous avons présenté les séries à prix constant de 2011.

$0{,}2508\log(DPF) + 0{,}0199\log(DPI)$ (5)

(13,4493)* (2,3772)* (0,9871)* (1,5847)* (0,3199)*

(0,0000)** (0,0220)** (0,3291)** (0,1204)** (0,7505)**

R^2= 0,90 DW= 1,05.

$\log(I) = 0{,}7132 - 0{,}4285\log(C_{t-1}) + 0{,}7326\log(I_{t-1}) + 0{,}4816\log(DPF) + 0{,}1402\log(DPI)$ (6)

(1,8403)* (2,0500)* (6,0191)* (2,2445)* (1,6577)*

(0,0726)** (0,0465)** (0,0000)** (0,0300)** (0,1046)**

R^2=0,90 DW=0,80.

(*) Les valeurs entre parenthèses indiquent la statistique du Student en valeur absolue associée aux paramètres estimés.

(**) Les valeurs entre parenthèses indiquent la probabilité associée aux paramètres du modèle dont la significativité est comparée au seuil de 5%.

Source : Réalisé sous Eviews 10.0.

La qualité d'ajustement du modèle est bonne du fait que la valeur de R^2 est égale à 90% pour les deux équations. La statistique de Jarque-Berra révèle que les résidus suivent une distribution gaussienne.

Les signes des paramètres (élasticités) estimés sont, en général, adéquates aux enseignements théoriques. Ainsi, la consommation est explicable à hauteur de 37% par une dynamique autorégressive ; alors que les dépenses de fonctionnement contribuent avec 25% à l'explication de la consommation. Les paramètres des dépenses publiques d'équipement et l'investissement décalé d'une période ne sont pas significatifs statistiquement.

La portée autorégressive du modèle (6) explique à l'ordre de 73% de l'évolution de l'investissement. Cependant, la consommation décalée d'une période y exerce un effet négatif. Les dépenses publiques de fonctionnement contribuent positivement à l'explication de l'investissement. Le coefficient associé aux dépenses publiques d'investissement n'est pas significatif statistiquement.

Le modèle type du contrôle optimal tel qu'il est défini par Abel (1975) et Kendrick (1982) est présenté comme suit :

$$S_{t+1} = K + AS_t + BC_t + \delta \qquad (7)$$

$S = n * 1$ représente le vecteur des variables d'état. Dans notre cas : $S = \begin{bmatrix} C \\ I \end{bmatrix}$

$C = m * 1$ représente le vecteur des variables de contrôle. Dans notre cas : $C = \begin{bmatrix} DPF \\ DPI \end{bmatrix}$

$A, B = n * 1 \; et \; m * 1$ représentent les paramètres des matrices.

$K = n * 1$ représente le vecteur des constantes.

$\delta = n * 1$ représente le vecteur des résidus.

Le terme du résidu (δ) est supposé suivre une distribution normale centrée, réduite.

Les coefficients des matrices correspondants à nos estimations sont :

$$K = \begin{bmatrix} 3{,}8503 \\ 0{,}7132 \end{bmatrix}, \qquad A = \begin{bmatrix} 0{,}3666 & -0{,}0886 \\ -0{,}4285 & 0{,}7326 \end{bmatrix}, \qquad B = \begin{bmatrix} 0{,}2508 & 0{,}0199 \\ 0{,}4816 & 0{,}1402 \end{bmatrix}$$

3.2 Définition de la fonction d'objectif

L'objectif de l'agent économique est de maximiser sa fonction d'utilité inter-temporelle. Cette dernière est soumise à des critères décisionnels de sa part, où les choix portants sur les valeurs des variables de contrôle sont faits d'une manière à optimiser la trajectoire des variables d'état. Dans notre cas, il s'agit de trouver la solution optimale du système dans chaque point dans le temps (de $t = 0$ jusqu'à T).

La fonction d'objectif s'écrit sous forme d'une équation différentielle du premier ordre :

$$MAX\ U = \int_{t_0}^{T} U[S(t), C(t), t]dt \qquad (8)$$

Kendrick (1982) a montré que si les équations de la contrainte dynamique sont estimées avec une forme linéaire, la fonction d'objectif peut s'écrire sous la forme d'un modèle linéaire quadratique à condition qu'elle soit un intégral dans le temps. En effet, et comme dans la plupart des modèles économiques avec une application linéaire quadratique, notre fonction est présentée sous forme de tracking function.

Une telle forme fonctionnelle permet de contourner le problème de contrôlabilité souligné par Kalman (1960), où l'état final n'est pas toujours atteignable. Kendrick (1982, 2005) montre que l'écart entre la trajectoire ciblée et la trajectoire réalisée est considéré comme un coût quadratique fonctionnel à minimiser, cet écart est généré entre la valeur de la période terminale (T) et la valeur des autres périodes sur cette trajectoire (t).

$$U = M\{\tfrac{1}{2}(S_T - \tilde{S}_T)' L_T (S_T - \tilde{S}_T) + \tfrac{1}{2}\textstyle\sum_{t=0}^{T-1}[(S_t - \tilde{S}_t)' L_t (S_t - \tilde{S}_t) + (C_t - \tilde{C}_t)' V_t (C_t - \tilde{C}_t)]\} \qquad (9)$$

Les paramètres ($\tilde{S}$ et $\tilde{C}$) représentent les valeurs ciblées des vecteurs d'état et de contrôle.

L : représente le vecteur symétrique de la matrice des pénalités des variables d'état.

V : représente le vecteur symétrique de la matrice des pénalités des variables de contrôle.

M : est un indicateur de résidu, supposé suivre une loi normale centrée réduite.

Kendrick (1982) définit les matrices de pénalités comme suit ; en premier lieu, il propose un modèle de normalisation pour ajuster l'écart entre la trajectoire des variables d'état et de contrôle et leurs sentiers souhaités d'une manière à ce qu'ils disposent de la même ampleur de pénalité. En second lieu, il montre la différence entre les perturbations de la période terminale et les autres périodes.

En se référant à la démarche de Kendrick, le calibrage des grandeurs pour notre modèle est formalisé comme suit : la consommation représente le double de l'investissement. Cette dernière à son tour constitue le double des dépenses publiques d'investissement. La taille des dépenses publiques de fonctionnement est, approximativement, la même que l'investissement.

$$U = (c/2 - C/2)^2 + (i - I)^2 + (dpf - DPF)^2 + (2dpi - 2DPI)^2 \quad (10)$$

$$= 0{,}25(c - C)^2 + (i - I)^2 + (dpf - DPF)^2 + 4(dpi - DPI)^2 \quad (11)$$

Où les majuscules représentent les valeurs ciblées des variables.

Les matrices de pénalités sont :

$$H = \begin{bmatrix} 0{,}25 & 0 \\ 0 & 1 \end{bmatrix} \qquad V = \begin{bmatrix} 1 & 0 \\ 0 & 4 \end{bmatrix} \qquad t = 1, \ldots T - 1 \quad (12)$$

Les deux équations (13) et (14) sont définies afin d'observer l'impact des changements en termes de pénalités sur la trajectoire optimale des variables d'état et de contrôle.

$$H_n = \theta H \quad (13)$$

$$V_n = \theta V \quad (14)$$

θ est un facteur de pondération qui permet de varier la taille de la matrice des pénalités, nous avons varié sa valeur de 10 à 100 puis à 1000 pour chacune des séries des variables d'état et de contrôle. Les changements en termes de pénalité sont supposés induire des modifications structurelles du rapport liant les composantes du revenu national de ce modèle aux variables de contrôles.

Donc, le comportement des variables d'état suite aux variations de l'argument de pénalité est supposé être le résultat de l'effet des variables de contrôle du modèle. De plus, ce même paramètre de pénalité est supposé représenter l'ampleur de l'effort des pouvoirs publics en matière de dépenses publiques. Autrement dit, l'augmentation du paramètre de pénalité correspond à un l'amplification de l'effort en termes de contrôle et vice versa.

H_n et V_n sont des paramètres posés pour recevoir la valeur des matrices de pénalité, des variables d'état et de contrôle respectivement, après pondération.

3.3 Définition et fixation des conditions initiales

Les conditions initiales du système correspondent aux valeurs en t_0 de l'équation (7). Les données qui correspondent à l'année 1970 qui constitue le point de départ chronologique de l'horizon temporel que donne la dynamique empirique considérée, constitueront les valeurs initiales de notre application de contrôle optimal.

La valeur initiale du vecteur des variables d'état est donnée comme suit :

$$S_0 = \begin{bmatrix} 2,92 \\ 2,6 \end{bmatrix} \qquad (15)$$

La valeur initiale du vecteur des variables de contrôle correspond à :

$$C_0 = \begin{bmatrix} 2,32 \\ 1,9 \end{bmatrix} \qquad (16)$$

Le taux de croissance réel moyen des économies des pays émergeants sur la période étudiée (Banque mondiale 2019). Ce taux permet à l'économie de l'Algérie de doubler sa richesse crée tous les 15 ans. Calculé selon la règle de Lucas, ce taux a été choisi d'une façon hypothétique comme un taux véhicule des valeurs ciblé des vecteurs d'état et de contrôle. (Le taux de croissance du PIB est de 4,5%).

Section 4 : résolution du modèle et discussion des résultats

Pour la résolution de notre modèle de contrôle optimal, nous avons utilisé le programme conçu par Kendrick (1982) au prix de quelques légers ajustements. Le logiciel GAMS version 24.1.3 a servi d'outil de compilation pour simuler les sentiers ciblés et ceux qui minimisent le coût quadratique définis par l'équation (9) pour chacune des variables d'état et de contrôle du modèle. Le programme est donné en annexe.

Dans le cadre de cette analyse, l'interprétation des résultats passe par une résolution séquentielle du problème. De ce fait, les résultats de simulations sur les paramètres du modèle seront interprétés comme des sentiers d'évolution.

4.1 Résultats des simulations

La présente manipulation, nous a permis de tracer deux sentiers d'évolution pour chacune des variables du modèle ; un sentier cible et un sentier optimal issu de la solution de l'équation (9). Ces résultats seront comparés avec l'évolution réelle des données de l'économie en Algérie.

La trajectoire des variables d'état

Graphe 4.1: sentier de consommation

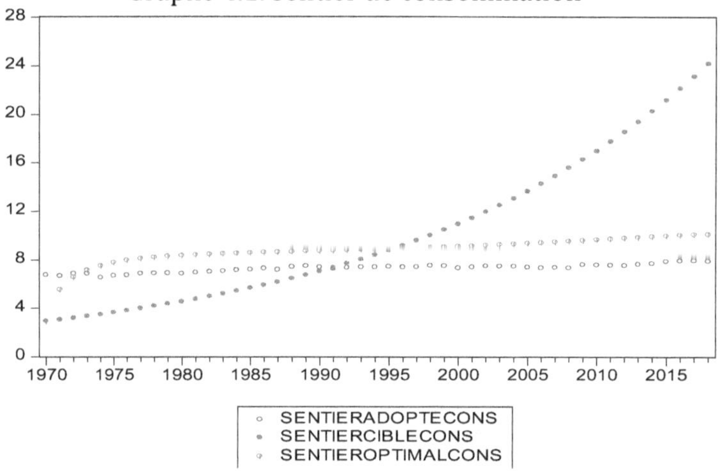

Source : construit à partir des données de l'ONS et des résultats de simulation sur GAMS 24.1.3.

La courbe du sentier adopté se situe au-dessous du sentier optimal tout au long de la période observé. En effet, le rythme de la consommation est sous optimal. Placée dans le contexte de la structure globale de l'économie, la trajectoire de la consommation adoptée n'est pas congruente avec sa trajectoire optimale.

Il ressort du graphe aussi que le sentier ciblé se situe au-dessus du sentier optimal tout au long de l'échantillon. Un constat qui indique que structurellement l'atteinte du sentier ciblé n'est pas possible même dans le cas où le système fonctionne dans son meilleur état, reste à déterminer si un effort en termes de contrôle permet de converger le système vers sa trajectoire souhaitée.

Graphe 4.2 : simulation à l'horizon 2030 du sentier optimal et de sentier ciblé de la consommation

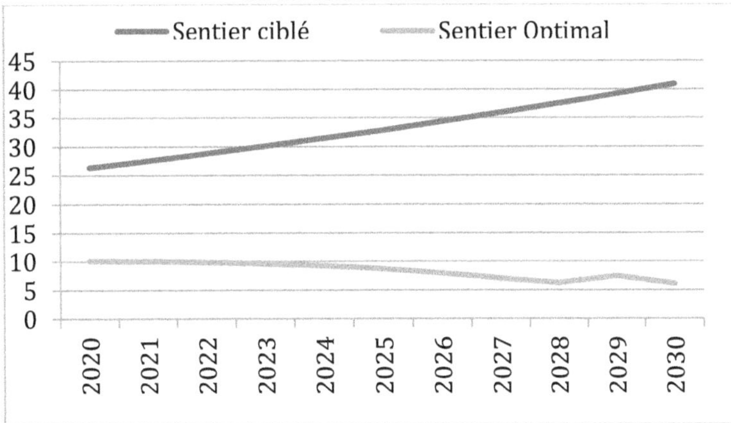

Source : réalisé après simulation sous GAMS 24.1.3.

Des projections à long terme montrent une évolution explosive du système. L'écart par rapport au sentier ciblé parait se creusé d'avantage. En effet, un effort en termes de contrôle est recommandé pour ramener le niveau de consommation à sa cible.

Graphe 4.3 : simulation sur sentier de consommation suite aux changements du coefficient de pénalité

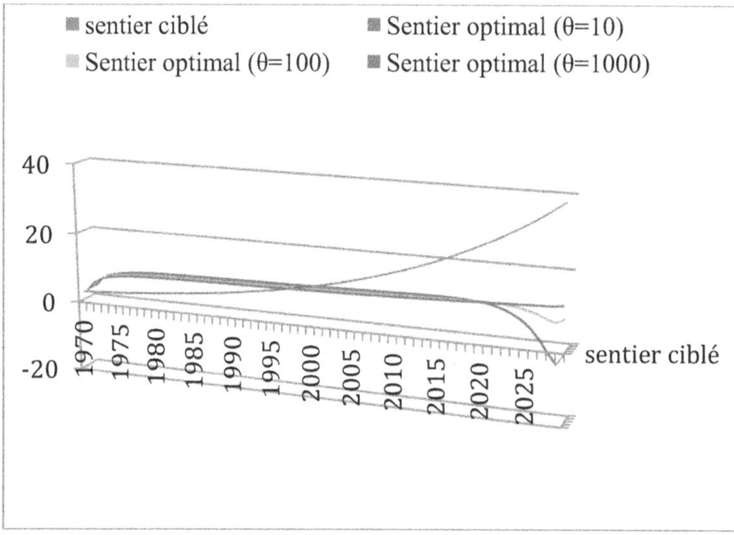

Source : réalisé à partir des résultats de simulation sur GAMS 24.1.3.

L'accentuation du coefficient de pénalité engendre une divergence à long terme entre la trajectoire optimale et la trajectoire ciblée. En d'autres termes, l'impact structurel de la politique économique sur la dynamique de la consommation à horizon temporel étendu se révèle modéré.

Graphe 4.4 : sentier d'investissement

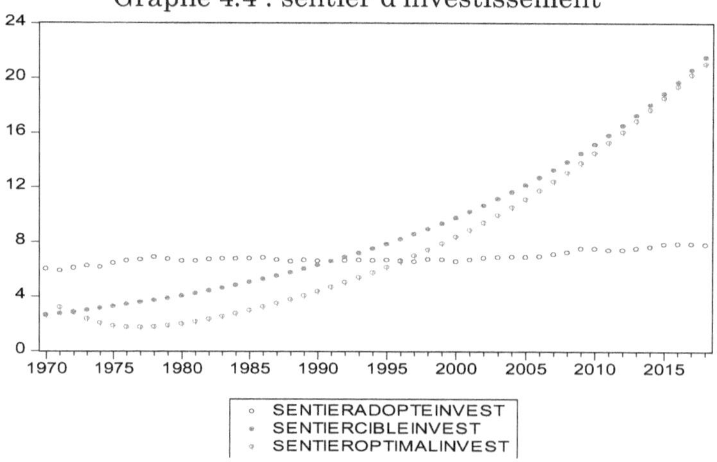

Source : établi à partir des données de l'ONS et des résultats de simulation sous GAMS 24.1.3.

La période qui s'étale des années 70 jusqu'à la veille du contre choc pétrolier présente un taux d'investissement réalisé par l'économie supérieur à celui du sentier optimal et même supérieur à celui du sentier ciblé. Une telle dynamique s'explique par la présence d'un mécanisme de régulation, qu'a formé la planification durant la dite période, qui consiste à soutenir le capital à travers la hausse de la demande publique sur les biens d'investissement, ce qui a débouché sur une accélération marquante de l'effort de formation du capital par rapport à sa trajectoire globale.

Puis avec la libéralisation, le mécanisme de régulation est abandonné, ce qui a ralenti le rythme d'accumulation du capital. La simulation présente un sentier optimal au-dessous du sentier ciblé, ce qui exige, au même titre que la consommation, un effort en termes de contrôle pour faire converger le sentier optimal d'investissement vers le sentier ciblé.

Graphe 4.5 : Simulation à l'horizon 2023 du sentier optimal et du sentier ciblé de l'investissement

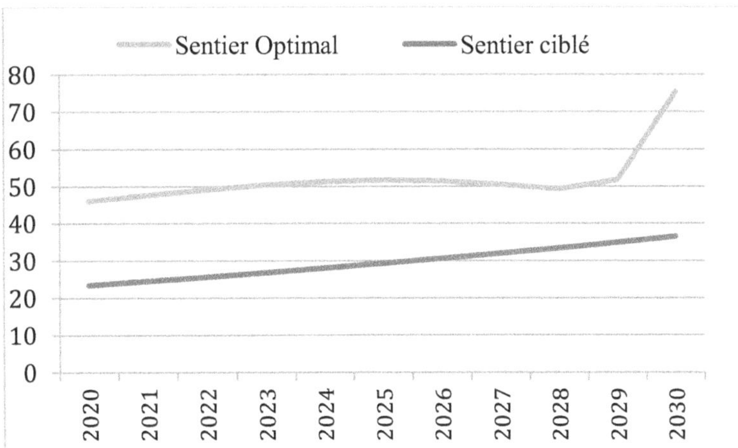

Source : établi à partir de simulation sous GAMS 24.1.3.

Des projections à long terme montrent l'éloignement du sentier d'investissement optimal par rapport à son sentier ciblé. Un constat qui évoque la nécessité d'un effort en termes de politique économique pour faire correspondre le niveau du capital accumulé à sa trajectoire souhaitée.

Graphe 4.6 : Simulation du sentier d'investissement avec changement du coefficient de pénalité

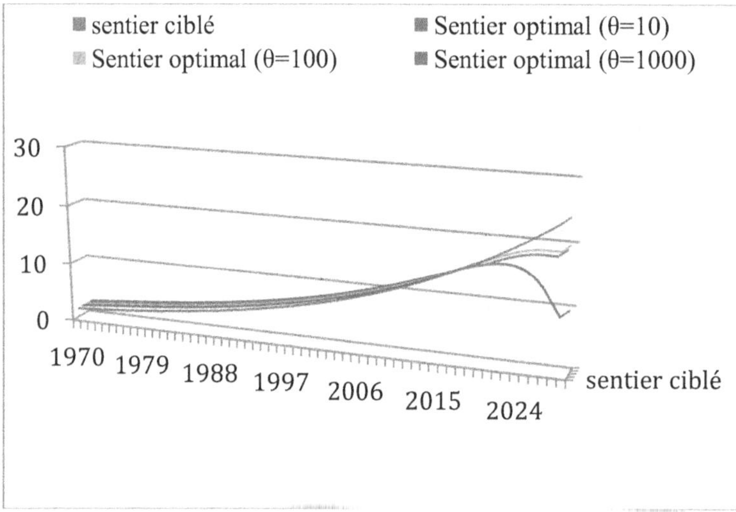

Source : établi à partir des résultats de simulation sur GAMS 24.1.3.

Le sentier optimal d'investissement montre une relative convergence, à long terme, vers le sentier ciblé à travers l'augmentation de la valeur de θ. Cependant, cette convergence est moins souple que celle présentée par la dynamique de consommation, nécessitant ainsi une importante pondération, ce qui révèle son coût très élevé en termes de politique économique. Cette simulation montre la faible habileté de l'économie du pays à absorber les projets d'investissement publics.

Donc, d'après les simulations présentées dans les graphes (4.1) et (4.4), cette analyse montre que la dynamique de la croissance à long terme ne peut atteindre ses objectifs en termes de croissance de long terme qu'avec des efforts affirmés en termes de politiques économique, notamment des dépenses publiques.

Cependant, les simulations présentées dans les graphes (4.3) et (4.6) montre que l'effet structurel des dépenses publiques sur la croissance est faible et une modification des sentiers d'évolution des composantes de revenu national à long terme nécessite un effort important en termes de dépenses publiques, vue la valeur élevée du facteur de pénalité généré par les présentes simulations, ce qui montre le cout important de la mise en place d'une politique économique en vue de propulser le sentier de croissance du pays.

Conclusion

La dynamique de longue période, pour une trajectoire optimale, exige, en général, une intervention publique exogène en matière de dépenses publiques d'investissement et de fonctionnement. La convergence de la consommation vers son sentier ciblé, suite à une impulsion en termes de politique économique, est plus souple que celle de l'investissement, ce qui se reflète d'une structure plus sensible de côté de la demande globale.

En se référant à la réalité de la structure de l'économie en Algérie, le fait établi par le modèle, qui souligne la posture du système à converger vers sa trajectoire ciblé via une stimulation de la demande globale, s'explique par l'architecture du modèle qui ne tient pas en compte de l'origine de l'offre.

Tandis que la difficulté de convergence du sentier optimal d'investissement vers sa trajectoire ciblé via la politique économique, établi par le modèle, s'explique par l'existence des disparités de rentabilité entre l'offre domestique et l'offre extérieur, dans ce cas la faible capacité de l'offre domestique à satisfaire la hausse de demande en biens d'équipement entraine une importation massive de ces biens.

La faible implication de l'offre nationale dans cette dynamique abrège graduellement sa compétitivité et renforce d'avantage l'avantage concurrentiel que dispose l'importation, cette dernière parait exercée vraisemblablement un effet d'éviction sur l'offre domestique, causant par la suite la désindustrialisation de l'économie nationale.

Ce mécanisme explique l'amplification des importations et la réduction de la part de la valeur ajouté en provenance du secteur manufacturier en présence d'un important flux de dépenses publiques d'investissement et de fonctionnement durant ces dernières années.

Dans ce cadre, l'effort de l'État doit porter d'abord sur le renforcement de l'offre, ce qui exige, comme une mesure d'urgence, la mise en place d'un outil de régulation qui permet de juguler l'effort de demande et de l'orienter vers l'offre. Puis, sur le long terme, une restructuration de l'économie nationale en faveur d'une consolidation du secteur productif est nécessaire pour instaurer les prémisses d'une croissance soutenable.

Ainsi, pour une efficacité plus consistante des dépenses publiques, il est captivant d'inscrire l'effort de l'État dans une stratégie de développement globale qui tient en compte de la structure de l'économie nationale, de sa compétitivité et de ses défis à accomplir pour propulser une croissance auto-entretenue.

Bibliographie

ABEL A. B. (1975), "A comparison of three control algorithms as applied to the monetarist fiscalist debate", Annals of Economic and Social Measurement, Vol 4 n°2, pp. 239-252.

ASCHAUER D A. (1989). Is Public Expenditure Productive? Journal of Monetary Economics, Volume 23. PP 177-200.

AMMAM H. and KENDRICK, E. (1999), "The Duali/Dualpc Software for Optimal Control Models: User's Guide", Center for Applied Research in Economics, The University of Texas.

BARRO, J. R (1990), "Government spending in a simple model of endogeneous growth" The Journal of Political Economy. Volume 98, n°5, pp. 103-125.

BARRO. J R and SALA-i-MARTIN X. (1995). "Economic growth". MacGraw-Hill. New York.
BENABDALLAH Y. (2008), "Le développement des infrastructures en Algérie : quels effets sur la croissance économique et l'environnement de l'investissement ? ", Actes du colloque international « Ouverture et émergence en Méditerranée ». Maroc.
BENISSAD H. (2004), "Algérie : de la planification socialiste à l'économie de marché", ENAG Editions, Alger.
BLANCHETON B. (2009), "Sciences économiques", Edition Dunod, Paris.
BOUYACOUB A. 2012. Investissements massifs pendant cinquante ans, pour quelle croissance ? Les Cahiers du CREAD, n°100.
DELEPLACE C et LAVIALLE C. (2008). « Histoire de la pensée économique ». Edition Dunod. Paris.
DUHARCOURT P. (1969), "Introduction à la programmation dynamique", Revue Economique, Volume 20, n°2, pp. 182-234.
HENREKSON, M. (1993). Wagner's law – A spurious relationship. Public Finance, 48. PP 406–415.
HIRSCHMAN A. (1958). "The Strategy of Economic Developpement". Yale University Press.
IMF. (2019), "Word Economic Outlook Database", Washington.
Kaci Said, La Contribution Structurelle De La Politique économique Sur Le Sentier De Croissance économique En Algérie: Approche Par Un Modèle De Contrôle Optimal Revue d'économie et de statistique appliquée Volume 18, Numéro 1, Pages 189-204, 2021-06-29
KALMAN R. (1960), "Contributions to the theory of optimal control". Boletin Sociedad Matematica Mexicana, Volume 5, pp. 102-119.
KHARBACHI H et TOUATI M. (2014). Etude d'impact des programmes d'investissements publics sur la croissance économique en Algérie par le modèle des multiplicateurs de la matrice de comptabilité sociale. Revue des sciences économique et de gestion, n°14. Sétif.
KENDRICK D. (2005), "Stochastic control for economic models: past, present and the paths ahead", Journal of Economic Dynamic and Control, n°29, pp. 3-30.

KENDRICK D. (1982) "Caution and probing in a macroeconomic model" Journal of Economic Dynamics and Control, Volume 4 n°2, pp. 149-170.

MWASE N. (2006), "Relation entre les dépenses publiques et la croissance", Rapport du FMI: Algérie questions choisies, pp. 57-65.

NURKSE R. (1952), "Growth in Underdeveloped Countries: Some International Aspects of the Problem of Economic Development", The American Economic Review, Volume 42, n°2, pp. 571-583.

Office national des statistiques. (2019), "Rétrospective statistique1962-2011", Alger.

Office national des statistiques. (2019), "Rétrospective des comptes économiques 1963-2010", ONS Collections Statistiques, série E : statistiques économiques, n°166. Alger.

PONSARD C. (1969), "Programmation dynamique et analyse économique", Revue économique, Volume 1, n°2, pp. 177-181.

RAJIII T. (1993). Croissance endogène et externalités des dépenses publiques. In Revue économique, Volume 44 n°2. PP 335-368.

ROSENTHAL E. R. (2012), "GAMS a user's guide", GAMS Development Corporation, Washington D C, USA.

ROSEINSTEN and RODAN. (1964). "Capital formation and economic development". The MIT Press Cambridge.

SOLOW R. (1956), "A contribution in the theory of economic growth", Quarterly Journal of Economics Vol 1 n°70, pp. 65-94.

TRELAT E. (2005), "Contrôle optimal : Théorie et applications", Edition Vuibert, Collection Mathématiques concrètes. France.

WORD BANK. (2012), "World Tables, Socioeconomic Time Series Access and Retrieval System", Washington D.C.

ZEKANE A. (2004), "Le rôle des infrastructures dans la croissance de l'économie algérienne : essai d'analyse économétrique", Revue des sciences commerciales et de gestion, n°3. Alger.

ZAKANE A et SAMI L. (2008). Effet d'un choc budgétaire sur les variables macroéconomique : approche économétrique par utilisation des modèles VECM appliquée au cas de l'Algérie. Cahiers du CREAD, N° 83-84. PP 47-68.

4) POUR UNE DÉFINITION DYNAMIQUE DE LA CESSATION DES PAIEMENTS

Kouassi Efrahime N'GUESSAN
Docteur en droit privé et sciences criminelles
Chercheur au CRDP, Université de Lille
Enseignant-chercheur contractuel,
Université de Tours

Résumé : Notion centrale du droit des entreprises en difficulté la cessation des paiements est le point de départ de la mise en œuvre des procédures collectives. Conceptualisée à l'origine par la jurisprudence, elle est aujourd'hui définie par le Code de commerce comme étant l'impossibilité pour le débiteur de faire avec son actif disponible face à son passif exigible. Apparemment simple, cette définition présente encore des contours incertains qui laissent une large place à l'interprétation du juge.

Ainsi, la jurisprudence rejette la définition comptable de l'état de cessation des paiements car il s'agit d'une vision trop figée mais elle ne propose pas, à mon sens, une réelle vision dynamique de la santé financière d'une entreprise. Certes, il y a eu des améliorations (prise en compte de créances à court terme, maintien des réserves de crédit...) mais il me semble qu'on pourrait aller plus loin et proposer une définition financière. En effet, certains auteurs estiment, par exemple, qu'il y a état de cessation des paiements lorsqu'il n'y a plus adéquation durable entre les fonds de roulement et les besoins en fonds de roulement.

Ainsi, il paraît nécessaire d'intégrer à la définition de la cessation des paiements donnée par l'article L.631-1 du Code de commerce des éléments permettant un diagnostic financier de l'état réel de l'entreprise. Ces éléments devraient faciliter l'analyse financière de l'entreprise dont le but est de mesurer la rentabilité économique de l'entreprise et la rentabilité financière des capitaux, d'apprécier les équilibres de la structure financière, de constater son évolution et de formuler un diagnostic.

Cette réécriture de l'article L.631-1 du Code de commerce devra être complétée par l'élaboration d'un critérium de détermination de la cessation des paiements à partir d'une analyse financière statique de la structure financière ou dynamique de la situation de l'entreprise.

Abstract :

Central notion of the law of companies in difficulty the cessation of payments is the starting point for the implementation of collective procedures. Originally conceptualized by case law, it is now defined by the commercial code as being the impossibility for the debtor to make do with his available assets in the face his payable liabilities. Apparently simple, this definition still presents uncertain contours that leave a judge's discretion. Thus, the case law rejects the accounting definition of the state of cessation of payments because it is too rigid a vision, but it does not, in my opinion, offer a real dynamic vision of the financial health of a company. Admittedly, there have been improvements (taking short-terms receivables into account, maintaining credit reserves, etc.), but it seems to me tha we could go further and propose a financial definition.

Indeed, some authors believe, for example, that there is a state of cessation of payments when there is no longer a lasting match between working capital and working capital requirements.

Thus, it is necessary to include in the definition of cessation of payments given by article L.631-1 of the commercial code elements allowing a financial diagnosis of the real state of the company. These elements should facilitate the financial analysis of the company, the aim of which is to measure the economic profitability of the company and the financial profitability of the capital, to assess the balances of the financial structure, to note its evolution, and to formulate a diagnostic.

This rewriting of article L.631-1 of the commercial code will have to be supplemented by the development of a criterion for determining the cessation of payments based on a static financial analysis of the financial structure or dynamic of the situation of the company.

Mots clés : Cessation de paiement, faillite, liquidation, passif, actif, exigible, bilan, compte de résultats

Introduction

En droit français, une entreprise qui ne peut plus faire face à ses dettes est placée par ses dirigeants en procédure collective[97] en constatant sa cessation des paiements. En effet, la cessation de paiement est une notion spécifique au droit des entreprises en difficulté, lesquelles difficultés baisse d'activité, résultats négatifs, délais de paiement, notamment, sans être la cessation des paiements sont des indicateurs de l'état de santé de l'entreprise.

La définition aujourd'hui légale de la cessation des paiements est empruntée à la jurisprudence de la Cour de Cassation qui remonte à 1978[98]. Conceptualisée à l'origine par la jurisprudence cette définition fondée sur une approche comptable laisse une large place de manœuvre à l'appréciation subjective du juge parfois en décalage avec la réalité économique.

A. – Définition imprécise de l'état de cessation des paiements

La **cessation des paiements** constitue une **notion clé des procédures collectives** : son constat et sa déclaration en déclenchent l'ouverture. La cessation des paiements correspond à un état d'illiquidité (impossibilité momentanée de faire face au passif exigible avec l'actif disponible), alors que la faillite correspond à un état d'insolvabilité (impossibilité permanente) de faire face à tout le passif (échu et non échu) avec tout l'actif (disponible et illiquide).

La cessation des paiements est donc le statut juridique d'une entité (personne morale) qui ne peut pas rembourser ses dettes parvenues à échéances (passif exigible) avec ses liquidités (actif disponible).

---

[97] Françoise AUDRIEUX, présentation des procédures collectives 16-11-2020 ; https://www.uihj.com/wp-content/uploads/2020/12/PRESENTATION-Fran%C3%A7oise-Andrieux-16-11-2020.pdf

[98] Cass. Com., 14 février 1978

1. – Le passif exigible

En effet, le passif exigible correspond au passif échu et rendu exigible du fait de la rupture du concours bancaire ou du raccourcissement du délai consenti par le fournisseur. Il renvoie dès lors aux dettes de l'entreprise dont le paiement doit intervenir immédiatement[99].

Aussi, le montant d'un prêt bancaire dont le terme n'est pas parvenu à échéance n'est pas inclus dans le passif exigible. En clair, il s'agit de dettes que le débiteur est tenu de payer au jour où sa situation est examinée.

La jurisprudence a pu alors déterminer les caractères des dettes échues. Celles-ci doivent donc être certaines, liquides et exigibles.

Les dettes doivent être certaines c'est-à-dire que leur existence est incontestable, donc définitivement fixée par la justice[100]. Par exemple, une créance litigieuse ne doit pas être prise en compte dans le passif exigible de l'entreprise débitrice pour caractériser son état de cessation des paiements[101]. Il en résulte que la créance doit être déterminée dans son principe et dans son montant.

Ainsi, une créance fixée par une décision de justice même assortie d'exécution provisoire dont l'appel reste pendant au jour d'appréciation de l'état de cessation des paiements ne peut relever du passif exigible puisqu'incertaine[102].

---

[99] Y. Chaput, Règlement amiable et cessation des paiements, Les innovations de la loi sur le redressement judiciaire : RTD com., n° spéc. 1986, p. 24. – M. Menjucq, B. Saintourens et B. Soinne (dir.), Traité des procédures collectives : LexisNexis, 3e éd., 2021, n° 275 ;

[100] Cass. com., 22 févr. 1994 : Bull. civ. IV, n° 75 ; JCP E 1994, I 394, obs. Pétel P. ; CA Paris, 17 sept. 1996 : Rev. proc. coll. 1997, comm. 14, obs. Calendini J.-M. – CA Rennes, 30 sept. 1998, et CA Paris, 2 juill. 1999 : Rev. proc. coll. 2000, comm. 10, obs. Deleneuville J.-M.

[101] Cass. com., 25 nov. 2008, n° 07-20972 : BRDA 1/09, n° 9 ; D. 2008, AJ, p. 17 ; Gaz. Pal. proc. coll. 2009, p. 15, obs. Lebel C., censure de l'arrêt de la cour d'appel, pour atteinte aux dispositions de l'article L 631-1 du Code de commerce.

[102] Cass. Com. 2 mars 2022 n° 20-22. 021, inédit.

Afin d'entrer dans la sphère du passif exigible, les créances doivent également être liquides, c'est-à-dire dont la valeur est déterminée ou déterminable[103].

La dette liquide est donc celle qui peut, soit être évaluée en argent, soit résulter d'un titre qui contient tous les éléments permettant son évaluation. À défaut, le débiteur ne saurait se voir reprocher de ne pas s'être acquitté de la dette du fait qu'il ne sait pas de combien il se trouve redevable.

Enfin, le terme des créances doit être échu et cela même si les tiers créanciers n'ont fait aucune réclamation. La jurisprudence est venue préciser qu'une créance fiscale, ayant fait l'objet d'un titre exécutoire, entre dans le passif exigible de l'entreprise afin de vérifier si elle se trouve en état de cessation des paiements[104].

Mais le créancier qui assigne son débiteur en redressement judiciaire n'a pas à justifier d'un titre exécutoire, dès lors que sa créance est certaine, liquide et exigible[105].

Toutefois, si le débiteur a bénéficié d'un report d'échéance, notamment à l'occasion d'une conciliation, sa dette cesse d'être exigible[106].

2. – L'actif disponible

La notion d'« *actif disponible* » représente l'actif réalisable à bref délai, c'est-à-dire les sommes dont l'entreprise peut disposer sans délai, les sommes immédiatement mobilisables telles que les espèces détenues en caisse, les dépôts sur compte bancaire, les effets de commerce à vue et la réserve de crédit bancaire[107].

En revanche, les immobilisations corporelles ou incorporelles, telles que les stocks et les créances détenues sur les clients de l'entreprise

---

[103] L. n° 91-650, 9 juill. 1991, art. 4.

[104] Cass. Com. 11 avril 2018 n° 16-23. 019.

[105] Cass. Com. 28 juin 2017 n° 16-10.025, publié au Bulletin.

[106] Cass. com., 14 mai 2002, n° 952 FS-P, Banque nationale de Paris (BNP) c/ Sté Icolo France : RJDA 10/02, n° 1046.

[107] Cass. Com. 7 février 2018 n°16-26.404, inédit.

ne font pas partie de l'actif disponible[108]. L'actif disponible est ainsi constitué de la trésorerie actuelle et potentielle (réserve de crédit) de l'entreprise. De même, le montant d'une créance à recouvrer constitue un actif disponible si la créance est certaine et si elle peut être encaissée rapidement[109].

Par contre, l'article L. 631-1 du Code de commerce précise que le capital social non libéré est une créance de la société contre ses associés, qui ne peut être assimilé à un actif disponible ou à une réserve.[110]

Enfin, il ne faut surtout pas confondre l'actif disponible et l'actif circulant qui contient également les stocks et les créances sur la clientèle[111]. Mais lorsque la provision est garantie un chèque est pris en compte au titre de l'actif disponible[112]ainsi que le prix de vente d'un immeuble séquestré chez un notaire[113].

La perception de la cessation des paiements au regard de l'actif disponible présente donc un caractère restrictif puisqu'elle ne permet pas de prendre en considération les perspectives financières de l'entreprise en difficulté. La Cour de cassation a ainsi décidé que l'existence d'une garantie à première demande consentie au profit

---

[108] Cass. com., 12 mai 2009, n° 08-1741 : BRDA 11/09, n° 10 ; RJDA 10/09, n° 867 ; Gaz. Pal. proc. coll. 2009, n° 3, p. 12, obs. Lebel C. ;Rev. proc. coll. 2009, comm. 104, obs. Saintourens B. – en ce sens, Cass. com., 16 nov. 2010, n° 09-71278 : Lettre omnidroit 2010,p. 6 ; D. 2010, p. 2830, obs. Lienhard A. ; D. 2010, p. 2073, obs. Le Corre P.-M. et Lucas F.-X. ; BJS mars 2011, n° 112, p. 207, note Mouial-Bassilana E., avance de trésorerie qui n'est pas bloquée ou dont le remboursement n'a pas été demandé.

[109] Cass. com., 7 févr. 2012, n° 11-11347 : Lexbase hebdo 2012, éd. affaires n° 290, note Gibirila D. ; JCP E 2012, n° 26, 1214, note Lebel C.

[110] Cass. com., 23 avr. 2013, n° 12-18453 : BRDA 9/2013, n° 10 ; Lexbase hebdo 2013, éd. affaires n°341, note Lebel C. ; BJS juin 2013,n° 193, p. 414, note Mouial-Bassilana E.

[111] CA Riom, ch. com., 4 févr. 2004, n° 03-436, SARL Le Donjon distribution c/ SAS Distribution Casino France, BRDA 2/05, n° 9 ; Rev.proc. coll. 2004, obs. Lebel C.

[112] Cass. Com. 17 novembre 2021 n° 20-17.547, inédit.

[113] Cass. Com. 5 décembre 2018 n° 17-20.065, publié au Bulletin.

du créancier poursuivant ne pouvait influer sur la caractérisation de l'état de cessation des paiements du débiteur[114].

3. – L'impossibilité de faire face

L'expression « *l'impossibilité de faire face* » ne semble pas avoir de signification technique précise : la cessation des paiements résulte du simple fait pour le débiteur de ne pas s'acquitter de ses dettes. Il n'y a donc pas lieu de s'interroger sur le caractère intentionnel ou non de cette attitude du débiteur[115].

Ainsi, la cessation des paiements résulte de la comparaison entre le « *passif exigible* » et l'« *actif disponible* », la comparaison des éléments du bilan n'étant pas de nature à établir l'existence de cette défaillance financière. La jurisprudence retient que la cessation des paiements est caractérisée par l'absence de trésorerie nécessaire à l'apurement de la dette[116]; elle n'est pas établie par une simple insuffisance d'actif. Il en découle pour le juge du fond la responsabilité de caractériser l'impossibilité pour l'entreprise de faire face à son passif exigible avec l'actif disponible. Ainsi, même une très légère supériorité du passif exigible peut suffire à caractériser la cessation des paiements[117]. De même, la

---

[114] Cass. com., 26 juin 1990, n° 89-10373 : Bull. civ. IV, n° 194 ; RJ com. 1990, p. 3, note Calendini J.-M. ; D. 1991, p. 574, note Morvan P. ;D. 1994, Somm., p. 2, obs. Derrida F. ; JCP E 1991, I 44, obs. Petel P.

[115] Cass. com., 25 févr. 1997, n° 95-18607 : RJDA 97, n° 835 ; LPA 11 mai 1998, p. 11, obs. Gibirila D. – CA Dijon, 19 févr. 2009 : Rev. proc.coll. 2009, comm. 3, obs. Lebel C., selon lequel le refus de payer des cotisations sociales en raison d'un mot d'ordre syndical est distinct de la cessation des paiements ; v. aussi, CA Angers, 17 mars 2009 : RD rur. 2009, comm. 161, obs. Lebel C., à propos d'exploitants agricoles.

[116] Cass. com., 20 janv. 1998, Procédures 1988, comm. 88 ; Cass. com., 25 nov. 2008, n° 07-20.972, préc., note 31, pour qui la cessation des paiements se trouve caractérisée quand la cour d'appel relève l'existence d'une créance exigible et constate l'absence d'actif disponible du débiteur.

[117] Passif exigible de 264 304,82 F – actif disponible de 224 526,65 F *: Cass. com., 30 nov. 1993, n° 90-11.958 , cité par M. Menjucq, B. Saintourens et B. Soinne (dir.),* in *Traité des procédures collectives : LexisNexis, 3e éd., 2021, n° 278, note81*

jurisprudence admet que l'impossibilité de faire face ne peut être palliée par des offres de paiement partiel ; la cessation des paiements est caractérisée dès lors que le passif exigible ne peut être payé quels que soient les efforts du débiteur, dès lors qu'il ne peut y faire face complètement[118].

Enfin, l'impossibilité pour le débiteur de faire face à ses engagements n'est pas considérée comme exclusive de l'obtention de délais de paiement ou d'un moratoire de ses créanciers.

B. – Critique de l'appréciation jurisprudentielle de l'état de cessation des paiements

L'imprécision de la définition a favorisé une foisonnante production jurisprudentielle d'indications permettant d'apprécier l'état de cessation des paiements d'une entreprise (1). Dans ses différentes sollicitations le juge remet en cause la définition comptable de la cessation des paiements jugée moins dynamique car le compte de résultats est imprécis et moins fiable d'une part et d'autre part, parce que le bilan ne permet pas aussi d'appréhender les délais de la cessation des paiements (2).

1. – La foisonnante production jurisprudentielle

La jurisprudence a pu retenir en ce sens que plusieurs absences de paiement d'une seule créance[119], ou de l'absence de plusieurs paiements de différentes créances quel que soit son montant, est donc susceptible de provoquer un redressement judiciaire. La cessation des paiements est caractérisée au jour où le premier défaut de paiement intervient. Dans ce cas, la jurisprudence

---

[118] CA Pau, 7 févr.1989 : Rev. proc. coll. 1990, p. 139 , obs. J.-M. Calendini : JurisData n° 1989-040894

[119] Cass. com., 8 mars 1994 : Bull. civ. IV, n° 102, qui retient l'état de cessation des paiements en présence d'une seule dette – CA Riom,12 juill. 2006 : Gaz. Pal. proc. coll. 2007, n° 1, p. 21, obs. Lebel C., selon lequel la cessation des paiements est le critère d'ouverture d'un redressement judiciaire et le montant des revenus mensuels du professionnel est indifférent.

reconnaît la cessation des paiements d'une entreprise dès lors qu'une seule créance fait l'objet d'un défaut de paiement.

Par un arrêt du 28 avril 1998, la Cour de cassation rejette le pourvoi formé par le liquidateur. Au soutien de sa décision elle affirme que « *le passif à prendre en considération pour caractériser l'état de cessation des paiements est le passif exigible et exigé, dès lors que le créancier est libre de faire crédit au débiteur* ».

Ainsi, pour la Cour de cassation, dès lors que la dette n'est pas réclamée par le créancier au débiteur, quand bien même elle serait exigible, elle ne permet pas de faire constater l'état de cessation des paiements alors même que l'article L.631-1 ne prévoit pas cette autre condition.

Mais ce critère « *passif exigé* » vient d'être abandonné par la Chambre commerciale. Dans cette décision la Cour de cassation décide que « *lorsque le débiteur n'allègue pas devant la cour d'appel qu'il bénéficie d'un moratoire de la part de ses créanciers et ne fait valoir aucune contestation relative au montant ou aux caractéristiques de son passif, la cour d'appel peut décider que le passif est exigible, même s'il n'est pas exigé* »[120].

2. – L'intervention du législateur

Face à l'imprécision de la définition jurisprudentielle de la cessation des paiements, le législateur a opté pour une conception de la cessation des paiements fondée sur le bilan. Ainsi, la cessation des paiements est constatée lorsque le débiteur est dans « *l'impossibilité de faire face au passif exigible avec son actif disponible* »[121].

En effet, le bilan est un document comptable qui recense les éléments du patrimoine du débiteur dans ses composantes d'actifs (les biens et les créances du débiteur) et de passifs (les dettes du débiteur). Le

---

[120] Cass. Com., 27 février 2007 n° 06-10.170 (n° 382 F-P+B+R) ; Recueil Dalloz 2007 p. 872.

[121] CA Bourges, 1re ch., 8 avr. 1991 : JurisData n° 1991-045719. – CA Orléans, ch. civ., sect. 1, 11 sept. 1991 : JurisData n° 1991-045632.

bilan permet de récapituler l'ensemble de l'actif et du passif alors que le compte de résultat n'appréciait que des variations.

Le débiteur qui constate qu'il se trouve en état de cessation de paiement doit effectuer une déclaration de cessation de paiement auprès du tribunal de commerce ou du tribunal judiciaire[122], afin de déclencher une procédure de redressement ou de liquidation judiciaire.

Dans la plupart des juridictions, la cessation de paiements est imposée par une ordonnance du tribunal, souvent à la diligence du débiteur lorsque l'état de cessation de paiement est caractérisé depuis moins de 45 jours[123]et lorsque le débiteur n'a pas opté pour une procédure de conciliation dans ce délai.

Lorsque le débiteur est défaillant, la loi permet au créancier diligent qui rapporte la preuve de la cessation des paiements ou au parquet d'initier la procédure[124]. Saisis, d'une demande de cessation des paiements c'est donc aux juges du fond qu'il revient d'apprécier l'état de cessation des paiements, sous le contrôle de la cour de cassation[125].

Dès lors, la notion de cessation des paiements reste la pierre angulaire du droit des entreprises en difficulté. Si au fil des réformes le législateur s'est efforcé de mieux définir l'état de cessation des paiements[126], force est de constater que le résultat reste encore perfectible à bien des égards.

Cette situation laisse une large part de manœuvre à la jurisprudence qui s'efforce de combler les lacunes des textes. Dans cette entreprise souvent empreinte de subjectivité la jurisprudence rejette la définition comptable de l'état de cessation des paiements

---

[122] Avant le 1er janvier 2020 la procédure relevait en matière civile de la compétence du TGI.

[123] Article L.611-4 du Code de commerce.

[124] Cass. Com. 23 septembre 2020 n° 18-26.143 inédit.

[125] Cour de cassation, civile, Chambre commerciale, 24 mars 2021, 19-23.254, Inédit.

[126] Particulièrement la loi n° 2005-845 du 26 juillet 2005, l'ordonnance n° 2008-1345 du 18 décembre 2008.

car il s'agit d'une vision trop figée mais elle ne propose pas, à mon sens, une réelle vision dynamique de la santé financière d'une entreprise.

Mais cela n'aboutit guère qu'à semer la confusion dans l'esprit des chefs d'entreprises et à complexifier la tâche des juges ordonnant l'ouverture des procédures[127]. Dans ce sens, certains auteurs estiment, par exemple, qu'il y a état de cessation des paiements lorsqu'il n'y a plus adéquation durable entre les fonds de roulement et les besoins en fonds de roulement.

Il y a donc nécessité de réécrire la loi en y intégrant une réelle vision dynamique de la santé financière de l'entreprise afin de circonscrire réellement la situation de l'entreprise traversant des difficultés.

Face à ce constat, il nous paraît alors judicieux dans un premier temps de proposer une définition légale dynamique de la santé financière d'une entreprise **(I)** tout en précisant son utilité pratique **(II)**.

I. – Proposition de définition dynamique

L'analyse de la définition de la cessation de paiements définie par la loi de 1985 et la pratique jurisprudentielle ont permis de mettre en évidence deux caractéristiques : une apparente objectivité de la définition et une appréciation subjective et relative de celle-ci.

A travers cet exercice, nous essayerons de proposer une définition plus dynamique en considération de la situation financière du débiteur (A) qui sera complétée par un criterium de détermination objective de cette situation (B) afin de bien distinguer l'état de cessation des paiements de biens de situations avec lesquelles on peut facilement la confondre.

---

[127] Romain FEYDEL : « La cessation des paiements, une complexité à combattre par la loi », 26/12/2019 ; https://www.actu-juridique.fr/affaires/entreprises-en-difficulte/la-cessation-des-paiements-une-complexite-a-combattre-par-la-loi/#:~:text=La%20cessation%20des%20paiements%2C%20une%20complexit%C3%A9%20%C3%A0%20combattre%20par%20la%20loi,-Publi%C3%A9%20le%2026&text=1.&text=M%C3%AAme%20si%20cela%20fait%20moins,pratique%20puisque%20l'article%20L.

A. – Réécriture de l'article L631-1 du Code de commerce

De notre point de vue, une réécriture de l'article L.631-1 du Code de commerce est plus que jamais nécessaire. La proposition suggère d'intégrer à la définition de la cessation des paiements des éléments permettant un diagnostic financier de l'état réel de l'entreprise. Ces éléments devraient faciliter l'analyse financière de l'entreprise dont le but est de mesurer la rentabilité économique de l'entreprise et la rentabilité financière des capitaux, d'apprécier les équilibres de la structure financière, de constater son évolution et de formuler un diagnostic.

C'est en suivant cette démarche que les États-Unis ont défini les conditions de réalisation d'une cessation de paiements. Ainsi, il y a cessation des paiements lorsque la valeur marchande des actifs, après avoir déduit le coût de la faillite et de la liquidation est inférieure à la valeur des engagements totaux dus aux clients[128].

Une étude de la Chambre de commerce et d'industrie de Paris du 4 février 1999 sur la réforme du droit des entreprises en difficulté, élaborée au nom de la commission juridique par M. Jean Courtière propose également d'assouplir la notion d'« actif » pris en compte pour la caractérisation de la cessation des paiements.

Elle estime que « *la notion d'actif disponible, aujourd'hui visée par la loi, est trop restrictive : elle occulte le reste des actifs circulants qui pourraient néanmoins être mobilisés rapidement par le débiteur pour faire face au passif (exemple, stocks et créances clients). La cessation des paiements devrait donc être caractérisée lorsque l'entreprise ne peut, avec son actif circulant, faire face à son passif exigible et exigé* ».

Au regard de ces observations, le texte ne peut plus se limiter à cette considération que la cessation des paiements consiste à ne pas

---

128 Daniel VALENTIN, Le particularisme de la cessation des paiements dans les établissements de crédits, Mémoire DEA droit des affaires, URS de Strasbourg, 2001-2002, P 32.

pouvoir payer le passif exigible avec l'actif disponible. Il ne peut pas non plus exclure la cessation des paiements dans une seule situation donnée comme c'est le cas lorsqu'il précise que « *le débiteur qui établit que les réserves de crédit ou les moratoires dont il bénéficie de la part de ses créanciers lui permettent de faire face au passif exigible avec son actif disponible n'est pas en cessation des paiements* »[129].

Le premier alinéa de cet article devrait être réécrit en définissant précisément les notions d'actif disponible et de passif exigible. On énoncerait alors les différents éléments de l'actif disponible en deux groupes : l'actif liquide et l'actif circulant et mobilisable, ainsi que leur contenu précis.

L'actif liquide serait donc les éléments définis par la jurisprudence prenant en compte (les disponibilités en banque utilisables immédiatement, les sommes en caisse, les effets de commerce à vue, les concours bancaires utilisables eux aussi dans l'immédiat ainsi que les moratoires accordés par les créanciers).

Quant à l'actif circulant-mobilisable, il se rapporterait aux effets de commerce escomptables, les valeurs mobilières cotées réalisables immédiatement. Il serait précisé que le caractère immédiat des éléments d'actifs disponibles (liquide et circulant-mobilisable) s'entendrait également comme disponible à très court terme, c'est-à-dire sous 7 jours.

En effet, c'est dans ce sens que certains économistes précisent que la liquidité de l'entreprise traduit sa capacité à payer ses dettes à court terme devenues exigibles. De plus, les ratios traduisant la liquidité de l'entreprise (ratio de liquidité générale, ratio de liquidité immédiate, etc.) reposent sur l'idée selon laquelle les actifs courants de l'entreprise produisent le *cash* qui lui permet de payer ses passifs courants[130].

---

[129] Aticle L.631-1 du Code de commerce.

[130] HENSHER, D A., Jones S., William H. Greene W H. (2007), *An Error Component Logit Analysis of Corporate Bankruptcy and Insolvency Risk in Australia*, The Economic Record, 83, 86-103.

Dans le même sens, il devrait être précisé aussi dans ce même premier alinéa de l'article L. 631-1 que le passif exigible est le « *passif exigé* »[131] et que celui-ci se compose des différentes dettes de l'entreprise dont le paiement doit intervenir à très court terme (sous 7 jours).

Il serait précisé en outre que celles-ci doivent être certaines, c'est-à-dire dont l'existence est incontestable et non contestée. Également, il serait inscrit que les créances doivent être liquides, c'est-à-dire dont la valeur est déterminée ou déterminable ; que leur terme doit être échu et réclamées.

Finalement, comme le suggère Daniel Valentin, il faudrait préciser que la comparaison actif disponible/passif exigible « exigé » ne sera réalisée qu'au jour de l'audience. Avec de telles dispositions, la définition de la notion de cessation des paiements serait régie précisément par la loi[132]. Mais la réécriture de l'article ne se suffira pas à lui-même…

B. – Critère d'appréciation de la situation financière

La réécriture suggérée ci-dessus n'élude pas la nécessité de définir un critérium de l'état de cessation des paiements dans les textes. Ainsi, un nouveau second alinéa de l'article L. 631-1 du Code de commerce pourrait fournir des critères financiers précis d'un état actuel de cessation des paiements pour une entreprise. L'actuel deuxième alinéa deviendrait donc le troisième et resterait inchangé.

Ce critérium permettrait de procéder à une réelle appréciation de la situation financière et dynamique de l'état de cessation des paiements fondée à la fois sur une analyse statique de la structure du bilan et une analyse dynamique.

---

131 La législation applicable en matière de prévention et de traitement des difficultés des entreprises (senat.fr) ; https://www.senat.fr/rap/r01-120/r01-120.html.- Cass. Com. 28 avril 1998 n° 95-21.969, inédit.

132 Daniel VALENTIN, Le particularisme de la cessation des paiements dans les établissements de crédits, Mémoire DEA droit des affaires, URS de Strasbourg, 2001-2002, P.31.

L'appréciation de la cessation des paiements par le juge doit alors se fonder sur des analyses financières portant notamment, sur la rentabilité ou les pertes, le poids des frais financiers, la capacité de remboursement, la composition du passif de l'entreprise.

Mais elle repose aussi sur le refus des créanciers actuels ou susceptibles de le devenir, de contribuer à un nouveau financement, voire simplement d'accorder un moratoire révélant ainsi que l'entreprise n'est plus considérée, dans sa forme présente et par son environnement économique, comme une activité viable[133].

Deux types d'analyses permettent de rendre compte de la situation financière réelle de l'entreprise. Il peut s'agir d'une analyse statique de la structure du bilan, d'une part, comme d'une analyse dynamique de la structure financière de l'entreprise, d'autre part.

Le premier type d'analyse c'est-à-dire l'analyse statique de la structure du bilan permet de réaliser un examen du bilan comptable de l'entreprise. En fonction de l'objectif poursuivi, cette analyse peut porter soit sur le bilan financier soit sur le bilan fonctionnel.

Ainsi, lorsque le ***bilan financier est patrimonial ou porte sur l'état de liquidité,*** il permet d'analyser les fonds de roulement financier, fonds de roulement propre, fonds de roulement étranger, endettement, liquidité, exigibilité, solvabilité, appréciation du risque. Ce bilan est une photographie de la situation financière de l'entreprise à l'instant "T".

En effet, centré sur la solvabilité de l'entreprise le bilan va permettre de comparer l'actif en fonction des éléments de liquidité avec le passif en fonction du degré d'exigibilité avec pour objectif d'évaluer la situation financière, de faire le bilan patrimonial de l'entreprise afin d'évaluer les risques.

---

133 Jean-François MALECOT, Analyses théoriques des défaillances d'entreprises : une revue de la littérature, In: Revue d'économie financière, n°19, 1991.p. 207. doi : 10.3406/ecofi.1991.1746
http://www.persee.fr/doc/ecofi_0987-3368_1991_num_19_4_1746

Il s'agit d'apprécier la solvabilité au regard de la situation de trésorerie immédiate dont le déséquilibre peut faire craindre l'état de cessation des paiements. C'est ce premier bilan qui va permettre d'élaborer le bilan fonctionnel de l'entreprise dans la perspective de sa sauvegarde.

Comme son nom l'indique, le bilan fonctionnel a vocation à décrire le fonctionnement d'une entreprise. C'est une approche dynamique. Centré sur l'activité de la société, le bilan fonctionnel classe les différents postes du bilan comptable en trois grandes catégories. La première catégorie renvoie aux **investissements**, qui comprennent notamment les actifs immobilisés.

La deuxième catégorie est l'**exploitation**, qui inclut entre autres les stocks et les créances et enfin la troisième catégorie, le **financement,** qui intègre les capitaux propres, les dettes financières, etc.

Plus concrètement, les dettes et obligations de l'entreprise, **le passif**, sont appelés "Ressources" et les avoirs et les créances, **l'actif**, sont appelés "Emplois".

On parle de ressources durables (capitaux propres...) et d'emplois durables pour les immobilisations (fonds de commerce, immeubles...). Pour le reste, on parle plutôt d'**actif circulant** : créances, trésorerie, stock de marchandises... et de **passif circulant** : dettes à court terme, dettes fournisseurs, etc.

Ainsi, le ***bilan fonctionnel*** avec mise en évidence du fonds de roulement net global, du besoin en fonds de roulement, de la trésorerie nette permet de se rendre compte de la situation de l'entreprise. Car quand la trésorerie manque et que le besoin en fonds de roulement est nettement supérieur au fonds de roulement réel, il se pose ainsi un sérieux indicateur de l'état de cessation des paiements qui est également une notion fonctionnelle[134].

[134] V. MARTINEAU-BOURGNINAUD « la cessation des paiements, notion fonctionnelle », *R.T.D Com* 2002. 245.

Les résultats de plusieurs ratios, notamment, les ratios de liquidité et de fonds de roulement permettent de comparer la structure financière de l'entreprise à des références sectorielles.

D'autre part, l'analyse dynamique rend bien compte de la situation financière réelle de l'entreprise.

En effet, conformément à l'enseignement de l'analyse financière, la rentabilité de l'entreprise (économique ou financière), la structure de son bilan et sa capacité de remboursement sont les trois éléments les plus corrélés à la défaillance de l'entreprise.

Certains tableaux permettent d'effectuer une analyse de l'évolution de la structure financière et de ses composantes.

Le premier d'entre eux est le ***Tableau de financement*** qui permet de réaliser une analyse de la politique d'investissement et de financement de l'entreprise. Ce tableau donne une vision synthétique de l'ensemble des flux financiers qui ont eu lieu pendant une période donnée, le plus souvent un exercice comptable. Il est utilisé pour s'assurer que l'entreprise disposera des ressources financières (la trésorerie) nécessaires pour payer les emplois (les dépenses) de son activité.

Tout comme le bilan, le tableau de financement va distinguer les flux financiers de long terme présents dans le haut de bilan et les flux de court terme ou actif circulant présent dans le bas de bilan. Pour simplifier le document, les éléments de l'actif circulant sont présentés sous la forme de variation (augmentation ou baisse sur la période étudiée).

Il permet ainsi, d'étudier la solidité financière de l'entreprise, d'évaluer la capacité financière de l'entreprise à créer de la richesse et contribuer à sa valorisation ; de déceler et comprendre les raisons des éventuels déséquilibres financiers et de faire des projections.

Au total, le tableau de financement offre une vision claire sur la capacité de l'entreprise à financer son activité et les investissements qui lui permettront de se développer[135].

Le second tableau est le ***Tableaux des flux de trésorerie dont le*** but est d'expliquer la variation de la trésorerie entre deux dates de bilan. La trésorerie en effet, comprend les fonds en caisse et les dépôts à vue ainsi que les équivalents de trésorerie. Si les deux premiers éléments ne soulèvent pas de difficultés d'interprétation, il n'en va pas de même pour les équivalents de trésorerie dont la qualification relève de quatre critères cumulatifs.

Ainsi, constitue un équivalent de trésorerie le placement réalisé à court terme, le placement très liquide, le placement facilement convertible en un montant connu de trésorerie et le placement soumis à un risque négligeable de changement de valeur destiné à faire face aux engagements à court terme de l'entreprise. Son utilité est de permettre notamment, d'évaluer la solvabilité et la liquidité de l'entreprise, de comprendre la situation de trésorerie ainsi que l'origine du solde[136].

En outre l'analyse dynamique de la situation de l'entreprise peut se fonder sur le Tableau de bord. Le tableau de bord est un outil de pilotage d'une entreprise constitué de plusieurs indicateurs de performance et qui a pour principales vocations d'anticiper les évolutions prévisibles et d'inciter le chef d'entreprise à prendre des décisions.

Il présente synthétiquement les activités et les résultats de l'entreprise par processus, sous forme d'indicateurs qui permettent de contrôler la réalisation des objectifs fixés et de prendre des décisions

---

[135] Pierre PAUCHER et al, Dans Guide de la gestion financière des établissements sociaux et médico-sociaux (2020), pages 429 à 438. https://www.cairn.info/guide-de-la-gestion-financiere-des-etablissements--9782100788101-page-429.htm?contenu=auteurs.

[136] Pascale REVAULT, Focus sur le tableau des flux de trésorerie, juin 2012 – CREG, P 4 à 6. https://creg.ac-versailles.fr/IMG/pdf/tableau_flux_tresorerie.pdf.

nécessaires, selon une périodicité appropriée et dans un délai limité.

Son utilité est de permettre aux décideurs d'identifier les écarts le plus rapidement possible et d'effectuer des actions correctives, d'être un outil de communication en interne, d'être également un outil de motivation au sein de l'entreprise, en mettant en lumière les objectifs de l'entreprise et sa stratégie et de favoriser l'apprentissage continu en recherchant constamment à améliorer la performance de l'entreprise[137].

Le diagnostic financier formulé après les analyses doit permettre précisément de caractériser l'existence ou non de la cessation des paiements. Ainsi, le rapport entre les dettes et les capitaux propres associé à l'analyse de la trésorerie fournit une première indication sur la structure financière de l'entreprise.

Si à l'issue de la confrontation par exemple (Endettement général=Dette/passif total ou Autonomie financière=Dettes/Capitaux propres), les dettes représentent plus de la moitié du bilan (ratio endettement général supérieur à 0,5 ou ratio autonomie financière supérieur à 1, il y a risque de financement de l'entreprise[138].

Ces critères proposés bien que non exhaustifs, permettront sommes toutes de fournir une définition légale précise de l'état de cessation des paiements. Son utilité pratique permettra de ne plus confondre la cessation des paiements avec d'autres notions juridiques.

II. – Utilité pratique de la proposition de définition

La conception financière de la cessation des paiements fondée sur une évaluation dynamique de la liquidité permet d'apprécier la

137 Robert. S. KAPLAN, David. P. NORTON, « Comment utiliser le tableau de bord prospectif ? Pour créer une organisation orientée stratégie », Éditions d'organisation, 2001.

138 Jean-Claude JUHEL, "Les fondements de l'analyse financière," Post-Print cel-01527971, HAL 2012. P.212.

situation financière réelle de l'entreprise puisque, si elle s'avère insuffisante, elle génère au fil du temps, l'incapacité de l'entreprise à régler ses créanciers, ce qui provoque une baisse évidente de sa rentabilité.

A. – Précision des contours de la notion de cessation des paiements

En effet, lorsqu'une entreprise rencontre de simples difficultés de liquidité, sa trésorerie devient temporairement négative sans que cela mette en péril son existence. En ce qui concerne les entreprises défaillantes, au contraire, leur trésorerie est négative en permanence, leurs difficultés s'apparentent davantage à un cas d'insolvabilité.

Cette situation résulte généralement de la mauvaise structure de financement, qui se caractérise par un déficit marqué de ressources do long terme[139]

La perte de valeur de la trésorerie qui contraste avec l'amélioration observée parmi les entreprises non défaillantes, provient en partie du financement d'immobilisations avec des ressources à court terme. La diminution du fonds de roulement est généralement significative un an avant la défaillance, ce qui peut résulter du choix d'un programme d'investissement trop ambitieux ou mal financé. Cette diminution de fonds est justement mise en évidence par l'appréciation de la liquidité.

De même, une conception du bilan qui privilégie les notions d'exigibilité et de liquidité, la comparaison des actifs circulants et des dettes à court terme, permet de construire un indicateur du risque de faillite représenté par le fonds de roulement.

---

139 Sami Ben JABEUR, Statut de la faillite en théorie financière : approches théoriques et validations empiriques dans le contexte français ; HAL Id: tel-00759632 ; https://tel.archives-ouvertes.fr/tel-00759632, Submitted on 2 Dec 2012

Le concept du fonds de roulement constitue un outil d'analyse de l'équilibre financier de l'entreprise. Il est considéré comme étant la marge de sécurité à la disposition de l'entreprise, lui permettant de conserver une certaine autonomie vis-à-vis de ses créanciers[140]. Cette marge se justifie par l'existence d'un avenir incertain et assure à l'entreprise un équilibre financier stable.

Ainsi, l'entreprise est appelée à ajuster sa marge de sécurité d'une façon continue et en fonction de la conjoncture économique. La gestion du fonds de roulement apparaît alors, comme un élément majeur de la gestion de l'entreprise. Son niveau et son mode de financement influent sur la rentabilité et le risque[141].

On en déduit que le niveau du fonds de roulement permet d'être situé sur la santé financière de l'entreprise. Car « *Plus le besoin en fonds de roulement est important, plus la dégradation de la situation financière des entreprises est élevée* ».

Ainsi, notre proposition de réécriture de l'article L.631-1 du Code de commerce permettra de circonscrire avec précision la notion de cessation des paiements pour la distinguer définitivement de notions voisines ayant des effets juridiques différents de celle-ci.

Dans un premier temps et d'un point de vue procédural, la définition de la cessation des paiements devra permettre de déterminer les conditions d'ouverture d'une procédure de sauvegarde judiciaire, c'est-à-dire lorsqu'un débiteur (personne physique ou morale), « *qui sans être en cessation des paiements, justifie de difficultés qu'il n'est pas en mesure de surmonter* »[142].

A première vue les textes semblent clairs. Cependant, on peut se demander si l'entreprise en cessation de paiements n'éprouve pas elle aussi des difficultés insurmontables ? A notre sens, l'état de cessation des paiements démontre par-là même que l'entreprise fait face à des difficultés insurmontables, ces dernières peuvent être de

[140] Opt. Cit.

[141] Opt. Cit.

[142] Article L. 620-1 du Code de commerce tel que modifié par Ordonnance n°2021-1193 du 15 septembre 2021 - art. 11.

nature « *économique, juridique, financière, sociale, ou de toute autre nature (...) dès lors que le débiteur ne peut les surmonter seul* », sans l'aide du tribunal compétent pour l'ouverture d'une procédure de sauvegarde[143].

Cette procédure a pour but de faciliter la réorganisation de l'entreprise afin de permettre la poursuite de l'activité économique, le maintien de l'emploi et l'apurement du passif car ces difficultés, si elles ne sont pas traitées, peuvent conduire à un état de cessation des paiements.

La jurisprudence estime qu'une baisse sérieuse du chiffre d'affaires entraînant un résultat annuel déficitaire ainsi qu'un effondrement du bénéfice même faiblement positif sont des difficultés de nature à conduire à la cessation des paiements[144].

De même la rupture brutale de plusieurs contrats importants s'inscrit également dans des difficultés insurmontables. Ainsi, si le besoin en fonds de roulement est plus important que le fonds de roulement réellement utilisé cette situation est caractéristique d'une cessation des paiements. Une telle situation annoncera en revanche un état de cessation des paiements très proche si les difficultés insurmontables ne sont pas traitées rapidement.

Également, les éléments de définition de la cessation des paiements que nous proposons ici, permettent l'ouverture d'un

143 Romain FEYDEL, La cessation des paiements, une complexité à combattre par la loi. ; https://www.actu-juridique.fr/affaires/entreprises-en-difficulte/la-cessation-des-paiements-une-complexite-a-combattre-par-la loi/#:~:text=La%20cessation%20des%20paiements%2C%20une%20complexit%C3%A9%20%C3%A0%20combattre%20par%20la%20loi,Publi%C3%A9%20le%2026&text=1.&text=M%C3%AAme%20si%20cela%20fait%20moins,pratique%20puisque%20l'article%20L

144 CA Lyon, 3è Ch. Civ., 31 mai 2006, n°06/02245 RG : Gaz. Pal. 7 oct. 2006, n°G2203, P.5, note Lebel C., JCP E 2006, 379, note Roussel Galle P. ; Rev. Proc. Coll. 2006, p.253, obs.

Roussel Galle P. ; RTD com. 2006, 675, n°12, obs. Vallens M. ; RJ com. 2007, 71, note Sortais X.

redressement ou d'une liquidation, judiciaires sans risque de confusion avec la procédure de la sauvegarde.

En effet, en l'état actuel l'article R631-1 du code de commerce précise les documents nécessaires lors d'un dépôt de déclaration de cessation des paiements et pour retrouver la définition de la cessation des paiements ou plus précisément ce qui permet de la déceler, on devrait prendre ce texte en parallèle avec l'article R621-1 qui liste les documents nécessaires pour l'ouverture d'une sauvegarde. Les différences qui résulteraient de la confrontation permettraient de mettre en exergue le fait que dans le cas de la demande de sauvegarde figurent dans les documents à déposer des états permettant de vérifier qu'il n'y pas état de cessation des paiements : un état de la trésorerie et un état des dettes à payer dans les 30 jours et des recouvrements à effectuer dans les 30 jours, c'est-à-dire qu'il s'agit de vérifier que l'entreprise dispose de la trésorerie pour payer l'exigible. Or ce résultant est justement atteint simplement à partir du critère tiré de l'analyse financière axée sur le fonds de roulement. Car si le besoin en fonds de roulement est plus important que le fonds de roulement réellement utilisé, l'entreprise se trouve potentiellement en cessation des paiements.

B. – Distinction de la cessation des paiements des notions voisines

D'un autre point de vue, la proposition permettra de distinguer nettement la cessation des paiements de l'insolvabilité. En effet, une entreprise est considérée comme étant insolvable lorsque l'ensemble de son actif global reste insuffisant à couvrir l'ensemble de son passif global.

Alors que l'état de cessation des paiements consiste uniquement à réaliser le rapport actif disponible et passif exigible, lequel porte uniquement sur une partie du patrimoine du débiteur contrairement à l'insolvabilité. L'insolvabilité ne pourra donc pas être confondue avec la cessation des paiements.

Toutefois, une entreprise peut être à la fois insolvable et se trouver en cessation des paiements. Dans cette situation, les critères proposés tirés du bilan fonctionnel relativement au fonds de roulement et l'analyse dynamique permettront parfaitement d'établir la situation financière de l'entreprise.

Cependant, l'insolvabilité n'est pas forcément concomitante avec la cessation des paiements. En effet, malgré un actif global insuffisant à couvrir l'ensemble du passif global, l'actif disponible peut suffire à couvrir le passif exigible grâce notamment à un prêt bancaire. Toutefois, si le besoin en fonds de roulement est plus important que le fonds réellement mis en œuvre, cela signifiera que l'état de cessation des paiements est proche et qu'il serait caractérisé sans le concours bancaire en question[145]. Une entreprise peut également être solvable mais se trouver en état de cessation des paiements. C'est notamment le cas lorsque l'actif disponible ne l'est pas immédiatement ni à court terme[146]. La balance actif disponible/passif exigible est donc négative et le besoin en fonds de roulement supérieur au fonds réellement utilisé.

D'un autre point de vue enfin, la cessation des paiements est à distinguer de la notion de situation irrémédiablement compromise de l'entreprise. En effet, il est vrai qu'un débiteur dépourvu de liquidités suffisantes peut être en cessation des paiements, sans que sa situation soit catastrophique, étant donné la modicité du passif. L'entreprise sera donc redressée.

À l'inverse, la situation irrémédiablement compromise peut être exclusive de la cessation des paiements, lorsque le débiteur détient

145 https://www.actu-juridique.fr/affaires/entreprises-en-difficulte/la-cessation-des-paiements-une-complexite-a-combattre-par-la-loi/#:~:text=La%20cessation%20des%20paiements%2C%20une%20complexit%C3%A9%20%C3%A0%20combattre%20par%20la%20loi,-Publi%C3%A9%20le%2026&text=1.&text=M%C3%AAme%20si%20cela%20fait%20moins,pratique%20puisque%20l'article%20L

146 Opt. Cit.

temporairement ne serait-ce qu'un maigre actif, mais disponible et suffisant pour régler le passif exigible.

Il est vrai que cette situation essentiellement précaire aboutira à très court terme à la cessation des paiements et inéluctablement à la liquidation judiciaire.

A l'inverse, la situation irrémédiablement compromise symbolise la perte de tout espoir de redressement de l'entreprise en difficulté et, par conséquent, la condamnation de celle-ci à la liquidation judiciaire. À cet égard, l'impossibilité pour le débiteur d'acquitter les échéances de son plan de redressement et la faiblesse du volume des commandes peuvent illustrer une situation irrémédiablement compromise. En réalité, le caractère irrémédiablement compromis de l'entreprise signifie que son activité n'est pas ou plus viable. Son *business model* est donc remis en cause tandis que la cessation des paiements ne remet en cause que son *business plan*. Dans ce dernier cas cela voudrait dire, que seul le moyen de financement de l'entreprise est à revoir et non la pérennité de son activité. Une entreprise peut se trouver en cessation des paiements alors que son chiffre d'affaires ne cesse de croître. Il en va bien différemment pour une entreprise en situation irrémédiablement compromise. La cessation des paiements concerne l'examen d'une situation financière immédiate à très court terme tandis que la situation irrémédiable s'apprécie sur le long terme et démontre une impossible continuation de son activité dans des conditions financières normales[147]. Cependant, il est également possible qu'une entreprise en situation irrémédiablement compromise soit aussi en cessation des

---

147 Aurelien BAMDE, « La cessation des paiements : notion, régime », in Droit commercial, Droit des entreprises en difficulté, Procédure de sauvegarde, 16/10/2017 ; https://aurelienbamde.com/2017/10/16/la-cessation-des-paiements-notion-regime/#:~:text=Sous%20l'empire%20de%20la,%2Dsanction%20%C2%BB%20de%20la%20proc%C3%A9dure

paiements. En cette occurrence, l'unique solution possible reste la liquidation judiciaire.

Conclusion

Au total, la cessation des paiements constitue une notion clé du droit des entreprises en difficulté et dont la seule constatation est l'élément déclencheur des procédures collectives (redressement et liquidation judiciaires), il importe que son contour soit défini avec précision.

C'est pourquoi le législateur doit intervenir sans délai pour proposer une définition souple et dynamique de la cessation des paiements tenant compte de la situation réelle de l'entreprise. Cette redéfinition légale aurait le mérite de la préservation d'une certaine objectivité de la notion de cessation des paiements et de sa lisibilité par les chefs d'entreprise et les créanciers d'une part, une plus grande souplesse d'autre part permettant une prise en compte effective de la diversité des situations économiques. Enfin, elle favoriserait la sauvegarde de l'activité économique et la protection des emplois.

Références bibliographiques

Ouvrages généraux :

L. ANDREU ET N. THOMASSIN, Cours de droit des obligations, 4e éd., 2018/2019 amphi LMD, Gualino.

A. BENABENT, Droit civil, Les obligations, 18e éd., LGDL, 2019.

R. CABRILLAC, Droit des obligations, 13 e éd., Dalloz.

B. FAGES, Droit des obligations, 9 e éd., 2019, LGDJ.

Ouvrages spécialisés :

Droit des sociétés :

A. CHARVERIAT, B. DONDERO, F. GILBERT et M.-E. SEBIRE, Mémento sociétés commerciales, EFL, 51ème éd., 2021.

B. DONDERO, Droit des sociétés, Dalloz HyperCours, 7è éd., 2020.

M. COZIAN, A. VIANDIER, F. DEBOISSY, Droit des sociétés commerciales, LexisNexis, 33e éd., 2020.
M. GERMAIN, V. MAGNIER, Traité de droit des affaires, Les sociétés commerciales, L.G.D.J., 22e éd., 2017.
P. LE CANNU, B. DONDERO, Droit des sociétés, L.G.D.J., 9e éd., 2020.
V. MAGNIER, Droit des sociétés, Cours Dalloz, 9e éd., 2019.
J. MESTRE, D. VELARDOCCHIO, A.-S. MESTRE-CHAMI, Lamy Sociétés commerciales.
Ph. MERLE avec la collaboration de A. FAUCHON, Droit commercial : sociétés commerciales, Précis Dalloz, 24e éd., 2020.
J.-M. MOULIN, Droit des sociétés et des groupes, Gualino, 14e éd., 2020.
Droit des entreprises en difficulté :
L. ANTONINI-COCHIN et L.-C. HENRY, Droit des entreprises en difficulté, Coll. Mémento, Gualino, 3 e éd., 2020.
L. ANTONINI-COCHIN et L.-C. HENRY, L'essentiel du droit des entreprises en difficultés, coll. Carrés Rouges, Gualino 9 e éd., 2020.
N. BORGA, A. JACQUEMONT, T. MASTRULLO, Droit des Entreprises en difficultés, Lexis Nexis, 11e éd., 2019. - B. LAGARDE, Entreprises en difficulté, Ed. LAGARDE, 2019.
P. LE CANNU, D. ROBINE, Droit des entreprises en difficultés, Dalloz, 8e éd., 2020.
P.- M. LE CORRE, Droit et pratique des procédures collectives, Dalloz-Action, 10e éd., 2019/ 2020.
P. -M. LE CORRE, Les grands concepts du droit des entreprises en difficultés, Dalloz, Thèmes et Commentaires, 9 e éd., 2020.
D. LEGEAIS, Droit commercial et des affaires 2021, 27e éd., 2020.
A. LIENHARD, Procédures collectives, Delmas, 9 e éd., 2020-2021.
C. SAINT-ALARY-HOUIN, Droit des entreprises en difficulté, LGDJ, Lextenso, Domat, 12 e éd., 2020.
M.-H. MONSÈRIÉ-BON et C. SAINT-ALARY-HOUIN, Prévention et traitement amiable des difficultés des entreprises, LGDJ, 1 ère éd., 2018.

L. ANTONINI-COCHIN et L.-C. HENRY, L'essentiel du droit des entreprises en difficultés, coll. Carrés Rouges, Gualino 2017.
J. BONNARD, Droit des entreprises en difficulté, Hachette supérieur, Les Fondamentaux, 7ème éd. 2016.
P.- M. LE CORRE, Droit et pratique des procédures collectives, Dalloz-Action, 9ème éd. 2017/ 2018
J.-P. SORTAIS, Entreprises en difficultés, les mécanismes d'alerte et de conciliation, 2ème éd. LGDJ 2015.
J.-L. VALLENS, Entreprises en difficultés, in Lamy Droit commercial 2017.
François BONNET, La cessation des paiements. Approche financière de la loi sur les faillites, éd. Revue fiduciaire groupe, coll. Guide de gestion RF, 19/02/2000.

Articles :

Françoise AUDRIEUX, présentation des procédures collectives 16-11-2020 ; https://www.uihj.com/wp-content/uploads/2020/12/PRESENTATION-Fran%C3%A7oise-Andrieux-16-11-2020.pdf
Romain FEYDEL : « La cessation des paiements, une complexité à combattre par la loi », 26/12/2019 ; https://www.actu-juridique.fr/affaires/entreprises-en-difficulte/la-cessation-des-paiements-une-complexite-a-combattre-par-la-loi/#:~:text=La%20cessation%20des%20paiements%2C%20une%20complexit%C3%A9%20%C3%A0%20combattre%20par%20la%20loi,-Publi%C3%A9%20le%2026&text=1.&text=M%C3%AAme%20si%20cela%20fait%20moins,pratique%20puisque%20l'article%20L.
Deen GIBIRILA, « La notion de cessation des paiements, critère de distinction entre la société in bonis et l'entreprise en difficulté », 31/07/2018 ; https://www.actu-juridique.fr/affaires/la-notion-de-cessation-des-paiements-critere-de-distinction-entre-la-societe-in-bonis-et-lentreprise-en-difficulte/#:~:text=La%20cessation%20des%20paiements%20est,s'il%20ne%20se%20trouve.
Aurélien BAMDE, « La cessation des paiements : notion, régime », In Droit commercial, Droit des des entreprises en difficulté, Procédure de sauvegarde, 16/10/2017 ; https://aurelienbamde.com/2017/10/16/la-cessation-des-paiements-

notionregime/#:~:text=Sous%20l'empire%20de%20la,%2Dsanction%20%C2%BB%20de%20la%20proc%C3%A9dure.
Jean-François MALECOT, « Analyses théoriques des défaillances d'entreprise : Une revue de la littérature », In: Revue d'économie financière, n°19, 1991. La sécurité des systèmes financiers : II/ Les voies de régulation . pp. 205-227.doi : 10.3406/ecofi.1991.1746
http://www.persee.fr/doc/ecofi_0987-3368_1991_num_19_4_1746.
Eric SEVERIN, « La renégociation financière des entreprises en difficulté », Lavoisier | « Revue française de gestion »2006/7 no 166 | pages 33 à 49 ISSN 0338-4551, DOI 10.3166/rfg.166.33-50 ; https://www.cairn.info/revue-francaise-de-gestion-2006-7-page-33.htm.
Régis DELOCHE, Fabienne OGUER, « Théorie du droit français des entreprises en difficulté : Conciliation, liquidation et jeux », dans Revue d'économie politique 2002/6 (Vol.112), p 889 à 905 ;
https://www.cairn.info/revue-d-economie-politique-2002-6-page-889.htm
Nabil KHELIL, Ali SMIDA, Mahmoud ZOUAOUI, « Contribution à la compréhension de l'échec des nouvelles entreprises : exploration qualitative des multiples dimensions du phénomène », dans Revue de l'entrepreneuriat 2012/1 (Vol.11), p.39 à 72 ; https://www.cairn.info/revue-de-l-entrepreneuriat-2012-1-page-39.htm.
Laure PERRIN et Amina BEN AYED, « COVID-19 et Procédures Collectives : Nouveaux aménagements pour les entreprises en difficulté », publié dans Covid-19-Restructurations, 1er Juin 2020 ;
https://larevue.squirepattonboggs.com/covid-19-et-procedures-collectives-nouveaux-amenagements-pour-les-entreprises-en-difficulte.html
David BONNEMASON-CARRERE et Gilles RECASENS, « Quels facteurs clés de succès pour le processus de prévention des difficultés ? Une analyse exploratoire d'un cas de conciliation et de sauvegarde »,
https://doi.org/10.4000/fcs.1325
Pierre PAUCHER et al, Dans Guide de la gestion financière des établissements sociaux et médico-sociaux (2020), pages 429 à 438.
https://www.cairn.info/guide-de-la-gestion-financiere-des-etablissements--9782100788101-page-429.htm?contenu=auteurs.
Pascale REVAULT, Focus sur le tableau des flux de trésorerie, juin 2012 – CREG, P 4 à 6. https://creg.ac-versailles.fr/IMG/pdf/tableau_flux_tresorerie.pdf.

Codes :
Code civil, annoté sous la direction de Laurent LEVENEUR, éd. 2021, LexisNexis.
Code de commerce, annoté sous la direction de Philippe PETEL, éd. 2021, LexisNexis.
Jurisprudence :
Cour de cassation, Chambre commerciale, 6 juillet 2010 ; n°09-14937 ;
Cour de cassation, Chambre commerciale, 15 février 2011, n°10-13625
Cour de cassation, Chambre commerciale, 24 mars 2009, n°08-12212
Cour de cassation, Chambre commerciale, 16 novembre 2010, n°09-71.278
Cour de cassation, Chambre commerciale, 17 Mai 2011, n°10-30.425
Cour de cassation, Chambre commerciale, 13 juin 1989, n°87-20204
Cour de cassation, Chambre commerciale, 14 juin 2017,15-25698.

5) PME PRIVÉES ALGÉRIENNES ET FACTEURS LIMITATIFS DE LEUR CROISSANCE

Amel GUEHAIRIA
Professeure des universités, IRDE, ENSSEA[148]
Samira SIFER
Maître de Conférences, IRDE, EHEC[149]
Rachid BOUDJEMA[150]
Professeur des universités, IRDE, ENSSEA

L'objectif de ce propos est de montrer que les PME algériennes, depuis la loi d'orientation datant de 2001, n'ont pas été capables de créer une dynamique de croissance notable. Aussi, sont-elles, en l'état, dans l'incapacité de compenser les dysfonctionnements majeurs des vieilles *industries industrialisantes* des années 1970. Les raisons en sont nombreuses : leur hétérogénéité définitionnelle, leurs tailles, leurs répartitions sectorielle et spatiale, leurs faibles capacités technologiques, managériales, financières et humaines, etc.

Résumé : Les PME sont censées créer de l'emploi et générer des revenus ; d'où l'hypothèse de leur importance dans l'économie.

[148] Ecole Nationale Supérieure de Statistique et d'Economie Appliquée.

[149] Ecole des Hautes Etudes Commerciales.

[150] *Cet article doit beaucoup aux échanges enrichissants avec le professeur Boudjema Rachid, qui nous a quittés le 28 octobre 2024. Éminent spécialiste des sciences économiques, nous lui rendons hommage avec une profonde douleur et exprimons notre gratitude pour ses précieuses contributions à la recherche et à l'enseignement. Nous continuons à le placer sur un piédestal…*

Cependant, dans les pays en développement, ces entreprises rencontrent de nombreuses difficultés à la fois internes et externes dont la résultante altère leur capacité de mettre en œuvre, notamment dans le contexte mondialisé, incertain, turbulent et compétitif d'aujourd'hui, un processus de production qui soit à la fois efficace et efficient. C'est précisément, le cas, pour les PME algériennes dont nous tentons de décrypter, ici, les faiblesses qui obstruent leurs voies et capacités de croissance et les exposent, pour bon nombre d'entre elles, et souvent sans capacité réactive aux cessations d'activités.

Mots clés : PME – Programme de modernisation des entreprises - Programme de mise à niveau des entreprises - Performance de l'entreprise - Compétitivité.

Abstract : SMEs are expected to create employment and generate income; hence the assumption of their importance in the economy. However, in developing countries, these enterprises face many difficulties, both internal and external, which affect their ability to implement an effective and efficient production process, especially in today's uncertain, turbulent and competitive global context. This is precisely the case for Algerian SMEs, whose weaknesses we are trying to decipher here, which obstruct their growth paths and capacities and expose them, for many of them, and often without the capacity to react to the cessation of activities.

Keywords: SMEs - Enterprise Modernisation Programme - Enterprise Upgrading Program - Enterprise Performance - Competitiveness.

INTRODUCTION

La chute brutale des cours des hydrocarbures intervenue durant le second semestre de l'année 2014 impacte les équilibres macroéconomiques de l'Algérie. Dans l'espoir renouvelé de limiter sa vieille dépendance aux hydrocarbures, ses autorités adoptent un programme quinquennal 2015-2019 pour stimuler sa croissance. Dans ce cadre, des efforts sont déployés en faveur des Petites et Moyennes Entreprises (PME) qui doivent y jouer un rôle essentiel. Au regard de l'échec du dispositif de la loi 18-01 de 2001, ayant pour objectif leur promotion, le programme consacré à leur modernisation stipulé par la nouvelle loi 02-17 de 2017, se propose de les mettre au cœur de la transformation structurelle nationale.

Dans cette réflexion, nous analysons les contraintes qui pèsent sur les PME algériennes et accroissent leur mortalité. Nous y en examinons d'abord, la nature (faible accès au foncier et au crédit bancaire, sous-qualification de leur ressources humaines, retards technologique, managérial et organisationnel, manquc d'innovation, etc. ; ensuite, les grands axes et les limites du dispositif d'aide mis en œuvre par les pouvoirs publics, en vue d'accroitre leur contribution à la création de la richesse et de l'emploi nationaux ; enfin, les perspectives de développement des PME algériennes, compte tenu des caractéristiques actuelles du contexte économique national, des impératifs du développement national et des exigences de la mondialisation. A cet effet, nous organisons notre propos en quatre moments d'analyse consacrés, respectivement à la caractérisation théorique des PME (Titre 1), à l'état des lieux des PME algériennes (Titre 2), aux contraintes limitatives de leur croissance (Titre 3), aux limites des dispositifs d'aide qui sont déployés, dans leur direction, par les pouvoirs publics (Titre 4).

1. CARACTERISATION THEORIQUE DES PME (AUTONOMIE, INDEPENDANCE, CAPACITE D'ADAPTATION)

Il est important de replacer, d'abord, la PME dans son contexte historique, pour mieux en comprendre la genèse. Puis, en recourant à l'abondante littérature qui y est consacrée, nous en rendrons compte des principaux essais de définition.

1.1. ÉMERGENCE PROGRESSIVE DE LA PME

La petite entreprise, en l'occurrence l'atelier, dominait le secteur productif, jusqu'au XVIIIe siècle. Entre la fin des XVIIIe et XIXe siècles, « l'usine » remplace progressivement la « fabrique » et empreint l'histoire industrielle de l'humanité. Pendant cette période, des évolutions liées à l'organisation de la production, conjuguées avec les bouleversements sociaux et politiques, intervenus dans la majorité des pays développés, aboutissent à la liberté du commerce et de la finance, appelée, aujourd'hui, libéralisme.[151] La propriété privée, et particulièrement, la petite et moyenne entreprise « PME » émerge, occultant le concept d'accumulation de capital, afin d'éviter toute formation de monopoles[152].

Au XIXe siècle, en raison du progrès technique, l'artisanat est progressivement abandonné en faveur du mode de production industriel. Celui-ci devient dominant, à partir du début du XXe siècle, surtout, avec le modèle T de l'usine Ford de Highland Park, aux États-Unis d'Amérique, en 1913, considérée comme la première chaîne de production automatisée. Ce mode de production permet le recrutement d'une main-d'œuvre non qualifiée. Le degré de précision du processus de fabrication est tel qu'il n'exige aucune finition manuelle.[153] Durant le XXe siècle, la grande entreprise

[151] Eric Hazan, *Une histoire de la révolution française*, La fabrique, 2012.

[152] A. Bizaguet, *Un cinglant démenti aux prévisions de la théorie économique : le renouveau du phénomène PME*, Revue du Trésor, n°10, 1991, p.35.

[153] Michael J. Piore, Charles F. Sabel, Les *chemins de la prospérité*, Hachette, 1979, p.38.

émerge. Le rendement des facteurs de production s'accroit, par suite de la spécialisation et d'une meilleure allocation des ressources. Le transfert de la production d'un bien vers la machine est, selon Karl Marx, une étape qui prolonge, en la transformant, celle de la décomposition des tâches élémentaires de la production, telle que décrite par Adam Smith dans le premier chapitre de son ouvrage fondateur de la science économique (La richesse des nations 1776*)*, consacré à la division du travail appliquée à la « Fabrique d'épingles ». La notion de capital caractérise alors le système économique naissant et le « capitalisme » revêt un contenu concret. Les notions de spécialisation, de parcellisation, de grandes séries et de grandes tailles sont des éléments essentiels de l'organisation scientifique du travail[154], en l'occurrence, l'organisation taylorienne[155]. La notion de grande taille de l'entreprise est développée dans les théories économiques, à travers les concepts d'économie d'échelle et de concentration du capital et pénètre, aussi la pratique de management des entreprises[156]. Dans le même temps, le développement des transports et la production de l'électricité ont nécessité l'émergence de grandes entités publiques, dans certains pays développés, la France en particulier. La grande entreprise nait et devient le centre d'intérêt dans les pays développés. Elle bouleverse, entre 1850 et 1950, de par son mode d'organisation, de gestion et de production, les traditions agricoles, en facilitant l'emploi d'une main d'œuvre peu qualifiée et des gains de revenus relativement élevés.

---

[154] Jean-Michel Plane, *Management des organisations,* Dunod, 2019, p.8.

[155] En référence aux deux textes de Frederick Winslow Taylor ; *Shop management,* publié aux USA en 1902 et *Principles of scientific management*, publié aux USA en 1911, Frederick Winslow Taylor, *The principles of scientific management*, Harper et Brothers, London, 1911, in site Webb: https://archive.org/details/principlesofscie00taylrich .

[156] Alfred D. Chandler, *The visible hand: the managerial revolution in American business*, Harvard University Press Cambridge, Massachusetts and London, England, Fifteenth printing, 1999, p.133.

La période 1946-1976, qualifiée de « Trente glorieuses » par J. Fourastié,[157] affiche, dans les pays développés inspirés par le keynésianisme, une forte croissance de la production, un plein emploi (ou un très faible taux de chômage) et une présence économique active de l'Etat. Alors que la France accuse un grand retard, en 1970, les États-Unis d'Amérique s'orientent vers un capitalisme « post-industriel ». Les dimensions de la société postindustrielle sont désormais décrites, notamment en termes d'expansion des services et de propagation des connaissances comme moyens d'innovation et de développement technologique[158].

La crise intervenue dans les pays développés, par suite du premier choc pétrolier de 1974, cause un ralentissement de la croissance économique et la montée progressive du chômage. Les vertus économiques reconnues à la grande entreprise, comme moteur de la croissance économique sont mises à rude épreuve. Celle-ci fragilisée adopte, pour sa survie, la solution du licenciement massif. Les premiers « progresso-sceptiques » y jettent un regard désabusé. En est-il ainsi d'E.F. Schumacher qui soulignait, déjà en 1973, que « l'économie du gigantisme et de l'automation est un résidu des conditions de la pensée du XIXe siècle. Elle est tout à fait incapable de résoudre le moindre problème de notre temps ».[159]

L'espoir se reporte sur la PME qui devient un nouveau centre d'intérêt, dans la mesure où elle résiste mieux à la crise, de par sa plus forte réactivité supposée. Par ailleurs, la crise affecte aussi l'aspect socio-économique, en revalorisant les actions de l'entrepreneur créateur d'emplois. Selon Amiot, « La PME est passée alors du statut de survivance archaïque destinée à périr, au statut d'organisme contemporain de son époque et digne d'intérêt. Non

---

[157] Jean Fourastié, *Les Trente glorieuses ou la révolution invisible (1946-1975)*, Paris, Fayard,1979.

[158] Daniel Bell, *The coming of post-industrial society*, Basic books, 2008, p.115.

[159] Ernst Friedrich Schumacher, *Small is beautiful: Une société à la mesure de l'homme*, Le Seuil, 1979, p.74.

pas toutes les PME, à vrai dire : on s'est mis à distinguer entre les PME performantes, porteuses d'avenir, et les autres »[160].

1.2. DÉFINITION(S) DE LA PME DANS QUELQUES PAYS DÉVELOPPÉS

La définition de la PME pose des problèmes complexes aux chercheurs qui s'y consacrent. Selon Julien, elle « est l'une des raisons qui expliqueraient le retard des chercheurs à se pencher sur les PME et la difficulté d'en tirer des théories et des concepts adéquats différents de ceux appliqués à la grande entreprise »[161]. Gattaz considère que « la PME, ça n'existe pas »[162]. Il estime que cette entreprise n'est pas moyenne, mais plutôt petite, en argumentant que « la France est le seul pays où l'on emploie le singulier pour désigner une seule et même entreprise qui, en l'occurrence, n'est jamais une moyenne mais toujours une petite »[163] et ayant ses spécificités.

En Angleterre, « le Bolton Committee » rédige, après vingt ans d'existence, un ouvrage dans lequel il note la difficulté de retenir une définition acceptable des PME (connues, en anglais, sous le sigle SMEs)[164]. Au Canada, il est constaté, dans les travaux de certains chercheurs, l'inexistence d'une définition précise des PME[165].

---

[160] Michel Amiot, *Les misères du patronat*, L'Harmattan, 1991, p.85.

[161] Pierre André Julien (dir.), *Les PME-Bilan et perspectives*, PU-Economica, 1994, p.24.

[162] Yvon Gattaz, *La fin des patrons*, éd. R. Laffont, 1980, pp.43-44.

[163] ibid.

[164] John Stanworth, Colin Gray (eds.), *Bolton 20 years on: the Small Firms in the 1990s*, London, Paul Chapman, 1991.

[165] G. Forsyth, J.Mount, Thierry Zingler, *Entrepreneurship and Small Business Development*, Prentice Hall, 1991.

Selon Silem, Gentier et al, la législation américaine, à travers le *Small Business Act*, considère une PME comme une entreprise indépendante, à la fois sur le plan de la propriété et de la gestion, ne disposant pas d'une position dominante dans son secteur et employant moins de 500 salariés. Au Japon, une entreprise est qualifiée de PME lorsqu'elle compte moins de 300 employés[166].

La définition de la PME repose généralement sur un ensemble de critères utilisés dans un espace géographique bien défini. En France, comme en Algérie, elle regroupe les petites et moyennes entreprises. Les pays anglo-saxons retiennent le terme « Small business ». En revanche, le modèle allemand repose sur les entreprises de « Mittlestand », synonyme de liberté et désignant, tant l'artisan que l'entreprise employant de plus de 1000 salariés[167].

Les organisations internationales regroupent les PME, sous l'appellation de « Small and medium sized entreprises (SMEs) » et rencontrent des difficultés à les dénombrer, en vue des comparaisons internationales éventuelles. L'un des traits caractéristiques de la PME est, assurément, son indépendance. La majorité des organisations internationales, notamment l'OCDE[168], prennent en considération, dans leurs études, deux principaux éléments : la nature de la propriété et l'indépendance de l'entreprise. *In fine*, la PME est approchée, à partir de trois critères : le chiffre d'affaires, le nombre de salariés et l'autonomie juridique de l'entreprise.

En 2003, la Commission européenne a précisé les critères définissant une PME. Une entreprise est considérée comme telle lorsqu'elle compte moins de 250 employés et réalise un chiffre d'affaires

---

166 Ahmed Silem, Antoine Gentier, *Lexique d'économie*, Dalloz, 2024.

167 Isabelle Bourgeois, René Lasserre, *Les PME allemandes : acteurs de la mondialisation*, Revue Regards sur l'économie allemande, vol.83, n°4, 2007, pp.11-25.

168 OCDE, *Caractéristiques et importance des PME*, Revue de l'OCDE sur le développement, 2004, p.37-46.

inférieur à 50 millions d'euros ou affiche un bilan annuel total ne dépassant pas 43 millions d'euros. En comparaison, une micro-entreprise se caractérise par un effectif inférieur à 10 salariés, un chiffre d'affaires en deçà de 2 millions d'euros et un bilan total ne dépassant pas ce même seuil. De son côté, une petite entreprise regroupe entre 10 et 49 employés, avec un chiffre d'affaires et un bilan total inférieurs à 10 millions d'euros. Enfin, une entreprise est qualifiée de grande dès lors qu'elle emploie 250 personnes ou plus, que son chiffre d'affaires excède 50 millions d'euros et que son bilan total dépasse les 43 millions d'euros[169].

Additivement aux critères quantitatifs relatifs à sa définition, la PME est supposée indépendante et autonome : elle ne détient aucune participation dans d'autres entreprises et aucune entreprise n'en détient en son sein. Silem définit les PME « comme des entreprises juridiquement et financièrement indépendantes dans lesquelles le dirigeant assume la responsabilité financière, technique et sociale, sans que ces éléments soient dissociés »[170]. Parmi les essais d'identification des PME, figurent également ceux qui se focalisent sur l'étude de leurs spécificités organisationnelles. Le but en est de construire les bases sur lesquelles doit reposer une éventuelle théorie de la PME. Les actifs immatériels des PME y sont vus comme des investissements[171] qui permettent à la PME de survivre et de croître rapidement[172]. En faisant des divers actifs non matériels de la PME, des moyens de sa croissance et des

---

[169] Commission européenne, Recommandation de la Commission du 6 mai 2003 concernant la définition des micro, petites et moyennes entreprises (2003/361/CE), Journal officiel de l'Union européenne, L 124/39, 2003. https://eur-lex.europa.eu/legal-content/FR/TXT/?uri=CELEX%3A32003H0361

[170] Ahmed Silem, *Encyclopédie de l'économie et de la gestion*, Hachette, 1994.

[171] S. Chetty et C. Campbell-Hunt, *Paths to internationalization among small- to medium-sized firms: A global versus regional approach*, European Journal of Marketing, Vol. 37, 2003, pp.796-820.

[172] M.-A. Andrieux, *Le capital immatériel : une valeur durable pour les PME*, Revue Française de Comptabilité, 2005, n° 379, p.33-36.

facteurs-clés de sa réussite,[173] l'analyse s'oriente vers une nouvelle approche, fondée sur la création de valeur dépendante de la mobilisation des ressources et de leur utilisation efficiente et efficace.

1.3. DÉFINITION DE LA PME EN ALGÉRIE

La PME est définie, pour la première fois par la loi 18-01 de 2001. Celle-ci est, quel que soit son statut juridique, une entreprise de production de biens et/ou de services[174]. A ce critère de production ou d'activité productive s'en ajoutent quatre autres : le nombre de personnes employées, le chiffre d'affaires, le bilan annuel et l'indépendance. La PME, qui peut être privée ou publique, est une entreprise de production de biens et/ou services, qui emploie de 1 à 250 personnes, dont le chiffre d'affaires annuel n'excède pas 02 milliards DA, ou dont le total du bilan annuel n'excède pas 500 millions DA et qui respecte le critère d'indépendance (dont le capital n'est pas détenu à 25% et plus par une ou plusieurs autres entreprises ne correspondant pas à la définition de la PME)[175]. La loi 18-01 prévoit, cependant, des futurs changements, notamment au niveau des deux critères (chiffre d'affaires et bilan annuel). « Les seuils relatifs aux chiffres d'affaires et au bilan annuel peuvent être exceptionnellement révisés en fonction des variations financières et économiques qui ont une incidence directe sur les taux de change »)[176]. La loi 02-17, les modifie en doublant leurs montants. Les deux autres critères, à savoir le nombre de personnes employées et l'indépendance, restent, quant à eux, inchangés.

---

[173] G.-B. Richardson, 1972, *The Organization of Industry*, Economic Journal, Vol 82, 1972, pp.883-896.

[174] Loi 18-01, article 4, 2001, p.5.

[175] Loi 18-01, article 5, 2001, p.5.

[176] Loi 18-01, article 9, 2001, p.5.

La définition actualisée de la PME est la suivante : « La PME est définie, quel que soit son statut juridique, comme étant une entreprise de production de biens et/ou de services, employant une (01) à deux cent cinquante (250) personnes, dont le chiffre d'affaires annuel n'excède pas quatre (04) milliards de dinars algériens ou dont le total du bilan annuel n'excède pas un (01) milliard de dinars algériens et qui respecte le critère d'indépendance »[177]. En fonction des trois critères (effectif, chiffre d'affaires et bilan annuel,) trois catégories d'entreprises sont identifiées : la très petite entreprise (TPE), la petite entreprise (PE) et la moyenne entreprise (ME). La PME est alors une entreprise productrice de biens et/ou de services, qui regroupe, paradoxalement, la TPE, la PE et la ME. Le tableau n°1, retrace, les apports des deux lois 18-01 de 2001 et 02-17 de 2017, dans les domaines liés aux critères de définition des PME et à leurs objectifs.

[177]Loi 02-17, article 5, 2017, p.5.

Tableau N°1: Comparaison des critères définitionnels de la PME, en Algérie, dans le cadre des deux lois 01-18 et 17-02 des années 2001 et 2017.

1.5.	1.6. Mise à niveau des entreprises	1.7. Modernisation des entreprises
	1.9. Définition des petites et moyennes entreprises et les mesures d'aide et de soutien à leur promotion.	1.10. Définition de la petite et moyenne entreprise et les mesures et les mécanismes de soutien qui leurs sont réservés en termes d'émergence, de croissance et de pérennisation.
	1.12. Impulser la croissance économique	
	1.15. -encourager l'émergence de nouvelles entreprises et l'élargissement de leur champ d'activité ; 1.16. -adopter des politiques de formation et de gestion des ressources humaines qui favorisent et	1.28. -encourager l'émergence des PME, notamment innovantes, et leur pérennisation ; 1.29. -promouvoir la culture entrepreneuriale ; 1.30. -améliorer la compétitivité et la capacité d'exportation des PME ; 1.31. -améliorer

encouragent la créativité, l'innovation et la culture entrepreneuriale ;

1.17. -encourager la compétitivité des PME ;

1.18. -améliorer le rendement des PME ;

1.19. -promouvoir l'exportation des biens et services produits par les PME.

1.20. -encourager l'émergence d'un environnement économique, technique, scientifique et juridique assurant aux PME le soutien et l'impulsion nécessaires à leur promotion et à leur développement dans un cadre harmonieux ;

1.21. -

l'environnement de la PME ;

1.32. -améliorer le taux d'intégration nationale et la promotion de la sous-traitance.

encourager toute action tendant à augmenter le nombre de sites d'accueil destinés aux PME ;

1.22. -promouvoir la diffusion de l'information à caractère industriel, commercial, économique, professionnel et technologique relative au secteur des PME ;

1.23. -inciter la mise en place de régimes fiscaux, stables et adaptés aux PME ;

1.24. -promouvoir un cadre et législatif réglementaire propice à la création de l'esprit d'entrepris et au développement des PME ;

1.25. -faciliter l'accès des PME aux instruments et services financiers adaptés à leurs besoins ;

1.26. -améliorer les prestations bancaires dans le traitement des dossiers de financement des PME.

1.27. -inscrire le développement des PME dans une dynamique d'évolution et d'adaptation technologique.

1.34. -critère de production de biens et/ou services ;

1.35. -critère d'effectif ;

1.36. -critère de chiffre d'affaires ;

1.37. -critère du bilan annuel ;

1.38. -le critère d'indépendance (dont le capital n'est pas détenu à 25% et plus par une ou plusieurs autres entreprises ne correspondant pas à la définition de la PME).

1.40. dont le chiffre d'affaires annuel n'excède pas **02 milliards DA,** ou dont le total du bilan annuel n'excède pas **500 millions DA**.	1.41. dont le chiffre d'affaires annuel n'excède pas **04 milliards DA**, ou dont le total du bilan annuel n'excède pas **01 milliard DA**.
1.43. dont le	1.44. dont le

[illegible]	chiffre d'affaires est compris entre **200 millions** et **2 milliards DA**, ou dont le total du bilan annuel est compris entre **100** et **500 millions DA**.	chiffre d'affaires annuel est compris entre **400 millions DA** et **04 milliards DA**, ou dont le total du bilan annuel est compris entre **200 millions de DA** et **01 milliard DA.**
[illegible]	1.46. dont le chiffre d'affaires annuel n'excède pas **200 millions de dinars**, ou dont le total du bilan annuel n'excède pas **100 millions DA.**	1.47. dont le chiffre d'affaires annuel n'excède pas **400 millions de DA**, ou dont le total du bilan annuel n'excède pas **200 millions DA.**
[illegible]	1.49. dont le chiffre d'affaires est inférieur à **20 millions DA**, ou dont le total du bilan annuel n'excède pas **10 millions DA.** 1.50.	1.51. dont le chiffre d'affaires annuel inférieur à **40 millions DA**, ou dont le total du bilan annuel n'excède pas **20 millions DA.**

Source : élaboré par les auteurs à partir des textes des lois de 2001 et 2017. Loi n°01-18 du 12/12/2001 portant loi d'orientation sur la promotion de la petite et moyenne entreprise (PME). Loi n°17-02 du 10/01/2017 portant loi d'orientation sur le développement de la petite et moyenne entreprise (PME).

Observation N°1 : La PME est, en Algérie, une notion à contenu hétérogène. Elle intègre plusieurs modèles d'entreprises disparates : la très petite entreprise, la petite entreprise et la moyenne entreprise. Aussi, est-il difficile de prendre en charge les questions liées à sa croissance, dans le cadre d'un mode de traitement uniforme adopté généralement par les dispositifs législatifs peu regardants des particularités de ses composantes.

2. ETAT DES LIEUX DES PME ALGERIENNES EN 2019

Ce titre vise à construire une carte d'identité des PME algériennes, à travers leurs principales dimensions liées à leur population, leur évolution, leur densité, leur mortalité et leurs répartitions par taille, secteur et nature juridiques, activité et grandes régions géographiques.

2.1. PME ALGÉRIENNES : POPULATION, CRÉATIONS, CROISSANCE ET DENSITÉ

Le tableau N°2 ci-dessous montre que le nombre de PME au 31 décembre 2019 est de 1 193 339 contre 1 141 863 en 2018, soit une évolution de 4,5%, correspondant à un accroissement de 57 642 unités. Bien que positif, ce pourcentage est très en-dessous des résultats similaires observés durant la période 2003-2018 (Tableau 3, colonne 2). Aussi, indique-t-il un essoufflement relatif de la dynamique de création des PME. Les cessations d'activités s'élèvent, quant à elles, à 20 550 soit 35,6% des créations. Ce taux qui représente un peu plus du tiers des PME créées est important dans l'absolu et en comparaison, avec ceux enregistrés pendant la période 2003-2018 (sauf pour l'année 2017, où il était de 47,7%) : 21,4% en moyenne, soit une valeur voisine du cinquième du nombre des créations.

Tableau N° 2 : Situation chiffrée des PME en Algérie (au 31/12/2019)

Population totale des PME (Tous statuts et	1 193 339

branches confondus)		
PME publiques		**243**
PME privées		**1 193 096**
PME créées en 2019		57 642
Cessation d'activités (PME privées)		20 550
PME créées en 2019		57 642
Part en pourcentage (%) PME publiques PME privées		 0,02 99,98
PME Industrielles (privées)		103 693
Densité des PME (Nbre de PME/1000 habitants)	Toutes formes confondues/ moyenne internationale	28/45
	Personnes morales / moyenne internationale	16/45
Nombre d'employés		2 885 651

Source : Ministère de l'industrie et des mines, *Bulletin d'information statistique de la PME*, n°36, avril 2020.

Cependant, lorsqu'on compare le nombre des entreprises qui naissent et le nombre des entreprises qui meurent (sans tenir compte de la réactivation), nous pouvons considérer que la création de PME (privées) compense largement leur mortalité. Les créations nettes restent donc positives, même si elles accusent une relative détérioration durant l'année observée. Comparé à la moyenne internationale, le nombre de PME pour 1000 habitants enregistré en Algérie est faible : 28 et 16, contre 45 respectivement pour les PME tous types confondus et pour les PME-Personnes morales (Tableau N°2).

Tableau N°3 : Mouvements dans la démographie des PME privées (Période 2001-2019)

1.61. 79 89 3	1.	1.6	1.64.	1.65.	1.66	1.67.
1.69. 89 55 2	1.	1.7	1.72. 6 5 9	1.73.	1.74	1.75.
1.77. 07 94 9	1.	1.7	1.80. 8 3 9 7	1.81. 1 2 4 4	1.82	1.83. 7 8 9
1.85. 25 44 9	1.	1.8	1.88. 7 5 0 0	1.89. 8 9 8 7	1.90	1.91. 4 0 7
1.93. 45 84 2	1.	1.9	1.96. 0 3 9 3	1.97. 1 0 1 8	1.98	1.99. 4 8 8
1.101. 69	1.	1.1	1.104. 3	1.105. 4	1.10	1.107.

80 6			9 6 4	3 5 2		0 9 0
1.109. 93 94 6	1.	1.1	1.112. 4 1 4 0	1.113. 4 8 3 5	1.11	1.115. 1 7 6
1.117. 21 38 7	1.	1.1	1.120. 7 4 4 1	1.121. 7 9 5 0	1.12	1.123. 4 7 5
1.125. 45 90 2	1.	1.1	1.128. 4 5 1 5	1.129. 0 5 4 1	1.13	1.131. 8 9 2
1.133. 18 51 5	1.	1.1	1.136. 3 4 1 7	1.137. 7 9 4 3	1.13	1.139. 9 1 5
1.141. 58 73 7	1.	1.1	1.144. 0 2 2 2	1.145. 4 3 7 5	1.14	1.147.
1.149. 11 27 5	1.	1.1	1.152. 2 5 3 8	1.153. 5 1 4 4	1.15	1.155. 4 8 2
1.157. 77 25 9	1.	1.1	1.160. 5 9 8 4	1.161. 6 5 8 4	1.16	1.163. 7 9 1
1.165.	1.	1.1	1.168.	1.169.	1.17	1.171.

51			4	6		
51			2	5		5
1			5	5		8
			2	1		5
1.173.	1.	1.:	1.176.	1.177.	1.17	1.179.
34			2	4		
03			5	2		6
7			2	2		4
			6	3		6
1.181.	1.	1.:	1.184.	1.185.	1.18	1.187.
			8	0		4
02			1	8		4
2			9	5		7
23			4	3		1
1				8		
1.189.	1.	1.:	1.192.	1.193.	1.19	1.195.
07			2	3		4
4			0	3		9
23			0	1		7
6			5	4		2
1.197.	1.	1.:	1.200.	1.201.	1.20	1.203.
14			7	3		2
1			3	5		2
60			6	3		9
2			6	1		1
1.205.	1..	1.:	1.208.	1.209.	1.21	1.211.
19			1	7		0
3			4	6		5
09			9	4		5
6			4	2		0

Source : Elaboré par les auteurs à partir des données du bulletin d'information statistique de la PME du n°4 au n°36[178].

[178] **MINISTÈRE DE LA PETITE ET MOYENNE ENTREPRISE ET DE L'ARTISANAT, *BULLETIN D'INFORMATION STATISTIQUE,* N°s 04-16 ET MINISTÈRE DE L'INDUSTRIE, DE LA PETITE ET MOYENNE ENTREPRISE ET DE LA PROMOTION DE L'INVESTISSEMENT,**

** Ce taux reflète celui des PME de personnes physiques (fonctions libérales) qui s'élève à 55,04%, à la suite de l'intégration du nombre des professions libérales depuis le deuxième semestre 2008.

(1) Part des PME privées dans la population globale des PME privées.

NB : L'interprétation de ces chiffres doivent faire l'objet de réserves et prudence, car ce n'est qu'à partir de l'année 2010 que le nombre des PME privées exerçant dans l'artisanat, a été intégré dans le nombre des PME privée ayant le statut juridique de personne physique.

Observation N°2 : La dynamique de création des PME connait un essoufflement relatif traduit par la diminution de leur rythme d'évolution annuel : 4,5% en 2019 contre un taux qui avoisine 10% sur bon nombre d'années de la période 2002-2018. Si l'on excepte les années 2016 et 2017 où les radiations atteignent près de 35 000, pour des créations respectives de 108 538 et 73 000, les radiations de 2019 sont de deux à cinq fois celles enregistrées, sur toute la période 2002-2015 et au cours de l'année 2018.

2.2. MORTALITÉ DES PME PRIVÉES

Le nombre des PME privées ayant cessé leurs activités en 2019 est de 20 550 unités, dont 9 246 soit 45% sont des personnes morales et 11 304, soit 55%, des personnes physiques (Tableau n°4). Durant cette année, le nombre de cessations d'activités des PME ayant le statut juridique de personnes morales a baissé par rapport à celui de l'année 2018. Les cessations d'activités les plus importantes sont enregistrées dans le secteur des services : 60,51% du total (soient 5 595 PME), contre 24,21% (soient 2 238 PME) pour le BTPH et 13,82% (soient 1 278 PME) pour l'industrie. La diminution de la mortalité des PME du secteur du BTPH s'explique par l'émergence de nombreux projets (construction du nouvel aéroport d'Alger,

---

***BULLETIN D'INFORMATION STATISTIQUE*, N°S 17-23 ET MINISTÈRE DE L'INDUSTRIE ET DES MINES, *BULLETIN D'INFORMATION STATISTIQUE DE L'ENTREPRISE* N°S 24 - 36. IN SITE INTERNET : HTTPS://WWW.INDUSTRIE.GOV.DZ/FR/PRESENTATION-MINISTERE/.**

prolongement des lignes de métro jusqu'à l'aéroport d'Alger, logements, etc.).

De manière quasi-générale, les causes de la mortalité des PME résident, en partie, dans le manque de maturation du processus de lancement des projets et dans leur faible capacité à faire face à la compétitivité des autres concurrents. Par ailleurs, le plus grand nombre des PME de statut juridique « personnes physiques » qui sont radiées, sont celles du secteur de l'artisanat avec 58,63% du total (soient 6 628 PME) et celles des exploitants agricoles avec 28,57% (soient 3 229 PME), suivies de celles du secteur de la santé avec 8,32% (soient 941 PME) et celles du secteur de la justice, avec 4,48% (soient 506 PME). Quant à la mortalité des PME privées exerçant dans le secteur des hydrocarbures, elle se justifie, en partie, par la baisse des prix des hydrocarbures. Les données du tableau n°4, indiquent que le taux de mortalité des PME ne cesse de s'accroitre chaque année. Les obstacles auxquels sont confrontées ces entreprises qui peinent à assurer leur croissance et leur pérennité sont liés aux environnements interne et externe (environnement des affaires et qualité des institutions. Nous y reviendrons ultérieurement.

Tableau N°4 : Mortalité des PME privées (Année 2019)

Types de PME	Personnes morales		Personnes Physiques		Total	
	2018	2019	2018	2019	2018	2019
Nbre de cessation d'activité	10 990	9 246	1 301	11 304	12 291	20 550
Part en %	89,42	45	10,58	55	100	100

Source : Ministère de l'industrie et des mines, *Bulletin d'information statistique de la PME*, n°36, avril 2020.

2.3. RÉPARTITION DES PME PAR TAILLE

Sur les 1 193 096 PME tous secteurs d'activité et juridiques confondus, enregistrées en 2019 1 157 539, soit 97% sont des entreprises de très petite taille contre 31 027, soit 2, 60% pour les petites entreprises et 4 773, soit 0,40% pour les moyennes entreprises. Le tissu économique des PME est ainsi dominé par des entreprises employant entre 01 et 09 salariés. C'est dire sa fragilité, voire celle du système économique algérien (Tableau N°5).

Tableau N°5 : Structure des PME par taille au 31/12/2019

PME par taille	Nombre	%
Très petites entreprises (TPE)	1.157.539	97,00
Petites entreprises (PE)	31.027	2,60
Moyennes entreprises (ME)	4.773	0,40
Total	**1.193.339**	**100,00**

Source : Ministère d'Industrie et des Mines, Bulletin d'information statistique de la PME, n°36, avril 2020, p.8.

Observation N°3 : En Algérie, la PME est dominée, à raison de 97%, par les entreprises qui emploient de 1 à 09 salariés. La PME algérienne est donc une très petite entreprise algérienne. Les petites et moyennes entreprises qui fondent le concept même de PME n'y sont pas donc représentées. Ce gap entre le concept de PME *in vitro* et la réalité de la PME *in vivo* ne peut pas permettre, en l'état, au dispositif d'aide public à la PME, de construire un tissu économique à la fois performant et compétitif.

2.4. RÉPARTITION DES PME PAR SECTEUR ET STATUT JURIDIQUES

La population des PME algériennes est, dans sa quasi-totalité, de type privé : 1 193 096 PME, soit 99,9% du total contre 243, soit 0,02% pour le secteur public : entre 2002 et 2006, le premier taux se situait autour de 71% seulement. La prédominance du secteur privé a commencé à s'établir à partir de 2006. Outre son caractère de petite entreprise, la PME algérienne appartient à l'économie privée. Dans ce domaine, l'Etat est donc quasiment absent. Les PME algériennes sont, pour 671 267 d'entre elles, soit 56% du total, des personnes morales, contre 521 829, soit 44% du total, pour les personnes physiques. Parmi ces dernières, 247 275 soit 21%, sont des professions libérales et 274 554, soit 23%, des activités artisanales (Tableau N°6).

Tableau N°6 : Nombre des PME réparties en personnes morales et personnes physiques au 31-12- 2019

Types de PME	Nbre de PME	Part (%)
1. PME privées		
Personnes morales (1)	671 267	56, 25
Personnes physiques (2)	521 829	43,73
Dont professions libérales	247 275	20,72
Dont activités artisanales	274 554	23,01
S/Total 1	1 013 637	100

2. PME publiques [3]		
Personnes morales	243	0,02
S/Total 2	243	0,02
Total	1 193 339	100,00

Source : Ministère de l'industrie et des mines, Bulletin d'information statistique de la PME, n°36, avril 2020. [1] CNAS (caisse nationale des assurances sociales). [2] CASNOS (caisse nationale de sécurité sociale des non-salariés). [3] ECOFIE (société d'études économiques d'analyse financière et de l'évaluation prospective).

Observation N°4 : Les PME algériennes appartiennent, dans leur quasi-totalité (99,8%) à l'économie privée. Dans ce domaine, l'Etat est pratiquement absent. Il en résulte deux conséquences : les PME marquent une rupture par rapport à l'ordre socialiste où l'Etat était omniprésent ; d'autre part, compte tenu de leurs caractéristiques actuelles, il est difficile d'espérer une synergie des efforts de croissance et une autonomisation authentique des PME vis-à-vis de l'Etat qui reste, en dernière instance, leur vrai promoteur.

2.5. RÉPARTITION DES PME PAR SECTEUR D'ACTIVITÉ

Malgré leur faible importance numérique, les 243 PME publiques couvrent l'ensemble des secteurs : on les observe, en petits nombres, dans les secteurs des mines et carrières, du BTPH, de l'agriculture, de l'industrie et des services. Les PME privées nettement plus nombreuses et qui, comme nous le notions ci-dessus, se subdivisent en PME-personnes morales et PME-personnes physiques, à raison de 671 267 et 521 826, soit respectivement 56 et 44% du total, opèrent :

- pour les premières, dans les services (367 040 soit 30,8% du total), le BTPH (190 155, soit 15,94% du total), l'industrie (103 621 PME, soit 8,61% du total), l'agriculture et pêche (7387 soit 0,6% du total), les hydrocarbures, énergies, mines et services liés (3 064 soit 0,3% du total). Comparativement aux services et au BTPH, l'industrie occupe une part dérisoire. C'est dire, l'aversion du secteur privé pour l'investissement industriel qui reste, sur bon nombre d'aspects, problématique en Algérie.

- pour les secondes, dans les professions libérales (247 275) et les activités artisanales (274 554) soit respectivement 47,4% et 52,6 % de l'effectif des PME-personnes physiques et 20,8% et 23% du total des PME privées (Tableau N°7).

Tableau N°7 : Evolution et répartition du nombre des PME privées par secteur d'activité.

Secteurs d'activité	2018	2019	Evolution	
Personnes morales	**Nbre de PME**	**Nbre de PME**	**Nbre de PME**	**%**
1. **Agriculture et pêche**	7 068	7 387	319	4,51
2. **Hydrocarbures, Energies, Mines et services liés**	2 981	3 064	83	2,78
3. **BTPH**	185 121	190 155	5 034	2,71
4. **Industries manufacturières**	99 865	103 621	3 756	3,76
5. **Services**	348 458	367 040	18 582	5,33
S/Total 1	643 493	671 267	27 774	4,32
Personnes	**Nbre de**	**Nbre de**	**Nbre de**	%

physiques	PME	PME	PME	
1. Santé	48 247	50 710	2 463	5,1
2. Justice	25 790	26 819	1 029	3,98
3. Exploitations agricoles	163 420	169 746	6326	3,87
4. Artisanat	260 652	274 554	13 902	5,33
S/Total 2	498 109	521 829	23 720	4,76
Total général	1 141 602	1 193 096	51 494	4,5

Source : Ministère de l'industrie et des mines, *Bulletin d'information statistique de la PME*, n°36, avril 2020.

Observation N°5 : Les PME algériennes opèrent, pour l'essentiel, dans les services et les professions libérales et l'artisanat qui représentent ensemble près de 80%. Le secteur manufacturier est relativement déserté, en raison des contraintes que rencontre l'investissement dans ce type d'activité. La diversification économique et les exportations de produits hors hydrocarbures que visent l'Algérie ne sont donc pas à la portée de son tissu économique d'aujourd'hui.

2.6. RÉPARTITION PME PAR GRANDES RÉGIONS GÉOGRAPHIQUES

La répartition des PME privées est caractérisée par d'importantes disparités entre les grandes régions géographiques du pays. Le graphe n°1 montre que les PME sont surtout présentes dans le Nord : 830 438 (soit 69,59%) contre 262 340 (soit 22%) dans les Hauts Plateaux) et 100 561 (soit 8,43%) dans le Sud. Il est difficile d'attendre de ce type de répartition spatiale qu'il œuvre à un équilibre régional.

Observation N°6 : Les PME algériennes sont mal réparties à travers l'espace national : près de 70 % du total sont localisées dans le Nord. Le Sud n'y compte que pour 8,43%.

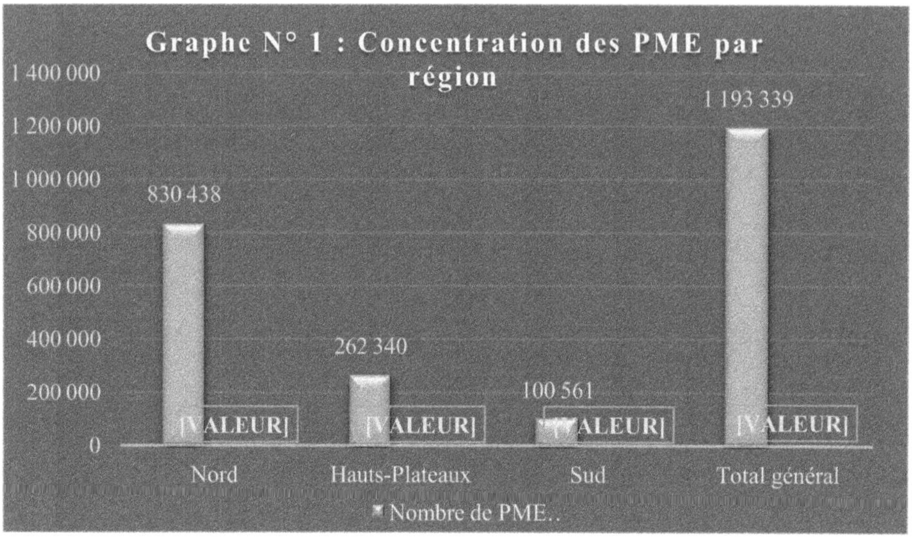

Source : élaboré par les auteurs à partir des données du Bulletin d'information statistique de la PME, n°36, Ministère de l'industrie et des mines, avril 2020.

2.7. CONTRIBUTIONS DES PME À LA CRÉATION D'EMPLOIS ET À LA VALEUR AJOUTÉE

Selon les données statistiques de l'Office National des Statistiques (ONS), le secteur privé compte pour 62,2% de l'emploi total, avec un volume de 7 014 000[179]. Le nombre d'emplois enregistré en 2019 est 2 885 651 contre 2 724 264 en 2018, soit un taux d'évolution de 5,92 %. Dans le total de 2019, les PME privées comptent pour 2 864 566 emplois.

[179] Office National des Statistiques, *Activité, Emploi et chômage*, direction technique chargée des Statistiques de la Population et de l'Emploi, 2019, n°879, p.2. www.ons.dz.

Le secteur agricole représente 10% de l'emploi. Au premier semestre 2020[180], ce secteur n'a pas connu de régression. En effet son développement fait l'objet des priorités du gouvernement dans le cadre du programme quinquennal 2020-2024[181]. Le secteur industriel occupe, quant à lui, 31% de l'emploi total, contre 59% pour le secteur des services.

En 2019, la valeur ajoutée totale hors hydrocarbures est répartie entre le secteur public et le secteur privé dans les proportions respectives de 12 et 88%. Ces résultats n'ont pas varié considérablement entre 2013 et 2018 (Tableau N°8).

Tableau N°8 : Part de la valeur ajoutée par secteur juridique période 2013-2018

	Part du secteur public dans la valeur ajoutée		Part du secteur privé dans la valeur ajoutée	
Année	Milliards (DA)	En pourcentage	Milliards (DA)	En pourcentage
2013	893,24	11,70	6 741,19	88,30
2014	1 187,93	13,9	7 338,65	86,1

180 Ministère de l'agriculture et du développement rural, *Feuille de route : mise en œuvre du plan d'action du gouvernement 2020-2024,* juillet 2020.

181 Huit axes de développement sont prévus dans le programme quinquennal 2020-2024, à savoir : le développement de la production agricole à travers l'extension des superficies irriguées ; l'accroissement de la production et de la productivité ; l'exploitation rationnelle du foncier agricole ; le développement agricole et rural dans les zones de montagnes ; la préservation, le développement et la valorisation du patrimoine forestier ; le développement agricole et rural dans les zones steppiques et agropastorales ; le développement et la valorisation dans les territoires sahariens ; l'intégration de la connaissance et la numérisation dans les programmes de développement. Ibid.

2015	1 313,36	14,22	7 924,51	85,78
2016	1 414,65	14,23	8 529,27	85,77
2017	1 291,14	12,775	8 815,62	87,225
2018	1 362,21	12,51	9 524,41	87,49

Source : Réalisé par les auteurs à partir des données du Bulletin d'information statistique de la PME, n°36, Ministère de l'industrie et des mines, avril 2020.

3. LES CONTRAINTES LIMITATIVES DE LA CROISSANCE DES PME EN ALGERIE

D'après le rapport de l'OCDE de 2004[182], les PME des pays en développement rencontrent des problèmes liés à/ au : a) l'absence de leur participation et contribution aux actions et décisions gouvernementales ; b) l'absence de dialogue entre les secteurs public et privé dans un cadre institutionnalisé ; c) l'existence d'une atmosphère de méfiance, de part et d'autre, entre le secteur public et le secteur privé ; d) non-respect des droits de propriété ; e) la quasi-inexistence d'informations (sur les conditions d'accès aux marchés, etc.), manque de données statistiques et d'encadrement institutionnel des entreprises ; f) l'émergence des micro-entreprises dans le secteur informel[183]ayant des répercussions négatives sur le secteur formel.

Ces types d'obstacles sont observés en Algérie. Boudjema regroupe les obstacles qui entravent le développement du secteur privé et notamment, les PME, sous forme de trois grands ensembles à savoir : « la qualité des processus économiques des entreprises privées, la

182 OCDE, Revue de l'OCDE sur le développement 2004/2 n° 5, 2004, p. 37-46.

183 L'économie informelle représentait, en 2018, 40% du PIB de l'Algérie. United Nations Office on Drugs and Crime (UNODC), *Annual Report*, 2018.

nature de leurs relations avec les autres acteurs du développement (Etat et entreprises structurantes) et l'environnement dans lequel elles exercent ».[184]

3.1. QUALITÉ DES PROCESSUS ÉCONOMIQUES DE LA PME

Le premier ensemble des obstacles auxquels sont confrontées les PME, est lié au marché de travail qui se caractérise par un manque de main-d'œuvre qualifiée et de compétences dans la plupart des domaines, en rapport avec le métier de l'entreprise.[185] La Banque mondiale évalue deux indicateurs, en la matière : l'indicateur de la main d'œuvre masculine avec un niveau avancé d'éducation, en pourcentage de la population active masculine, et un indicateur similaire pour la main d'œuvre féminine, soit, respectivement 61% contre 42%, en 2017.[186] L'absence des compétences et de la main d'œuvre qualifiée, conjuguées avec leurs faibles capacités matérielles, financières et organisationnelles, voue bon nombre de PME à la disparition. Quant à la résilience des autres, elle est plutôt imputable à leur « capital relationnel » qui semble avoir, dans une économie dominée par des réseaux clientélistes, un rôle plus efficace que celui lié à la qualité de leur processus. En l'absence d'un soutien institutionnalisé, l'avenir des PME est menacé[187]. D'après les statistiques du Centre National du Registre de Commerce (CNRC), sur 200 000 PME prévues dans le cadre du plan quinquennal 2010-2014, seulement 50 000 PME réussissent à survivre. En d'autres termes, seules 10 000 PME peuvent survivre, sur un total de 40 000 prévu chaque année en moyenne[188].

---

[184] Rachid Boudjema, *Economie du développement de l'Algérie 1962-2010 : Des contraintes majeures de développement et des tares de la logique rentière*, Volume III, Editions Dar El Khaldounia, Alger, 2011, p.74.

[185] R. Boudjema, 2011, op.cit. p.75.

[186] Banque mondiale. https://data.worldbank.org/indicator/SL.TLF.ADVN.MA.ZS?locations=DZ.

[187] R. Boudjema, 2011, op.cit. p.75.

[188] Ibid.

3.2. NATURE DES RELATIONS ENTRE LES PME ET LES AUTRES ACTEURS DU DÉVELOPPEMENT

L'absence d'un cadre de protection des PME privées, en termes de mécanismes codifiés de soutien de la part des entreprises structurantes impacte leur survie. A titre indicatif et non comparatif, le programme d'aide aux PME aux Etats-Unis, le *Small business act* de 1982, leur réserve 23% des contrats gouvernementaux et 40% de la sous-traitance.[189]

3.3. L'ENVIRONNEMENT GÉNÉRAL DES PME

L'un des facteurs qui menace la pérennité de la PME est la concurrence déloyale du secteur informel. « Le faible niveau des salaires dans le secteur informel devait être considéré comme une distorsion et un élément de concurrence déloyale vis-à-vis du secteur moderne »[190]. A cela s'ajoutent bon nombre d'entraves, comme l'accès au crédit et son coût, le taux d'imposition, les incertitudes liées à la politique économique, la corruption, l'administration fiscale (harcèlement fiscal), l'accès aux devises, les douanes et la réglementation, l'enregistrement de l'entreprise, la pénurie de main-d'œuvre qualifiée, les services portuaires, la législation du travail, le difficile accès à l'énergie, des infrastructures peu développées (eau, électricité, réseaux de télécommunication, services portuaires), la bureaucratie (lenteur dans le dédouanement, lourdeurs et barrières administratives), les obstacles entravant l'accès au foncier, l'accès limité à l'information, un

---

189 Ibid. p.70.

190 Jacques Charmes, *Le secteur informel, nouvel enjeu des politiques de développement ?* in S. Latouche, S. Tamba, *Vers quel désordre mondial ? L'Homme et la société*, n°105-106, Revue internationale de recherche et de synthèse en sciences sociales, l'harmattan, 1992, p.71.

système juridique et judiciaire archaïque, par rapport aux exigences de l'économie de marché (absence de législation en matière de liquidation, dans le cas d'une faillite, etc.).

D'après une enquête[191] menée, à l'échelle de bon nombre de wilayas, en 2005, les obstacles rencontrés selon les dirigeants des PME interrogés sont ceux liés à la bureaucratie, aux pratiques clientélistes des pouvoirs publics, aux lenteurs administratives, au manque d'information et d'accompagnement, aux difficultés d'accès au crédit, à la pression fiscale, autant de contraintes qui poussent les entreprises de petite taille à basculer dans l'informel. Les dirigeants des PME interrogés avouent que leur recours à la main-d'œuvre non déclarée est justifié par le fait que les charges sociales pèsent lourdement sur leurs ressources.

Cependant, les facteurs externes entravant le processus de production des PME sont regroupés, selon Boudjema, en quatre grands sous-ensembles se manifestant à chaque étape de leur cycle de vie. a) les obstacles liés à la compétitivité (concurrence déloyale du secteur informel, corruption, long délai de traitement des dossiers par les banques, taux d'impôt contraignant, qualité des services portuaires) ; b) les obstacles liés au financement (difficulté d'accès au crédit, aux devises, coût du crédit) ; c) les obstacles politiques, administratifs, réglementaires et législatifs (incertitudes liées à la politique économique, administration fiscale, douanes et réglementation, enregistrement des entreprises, législation du travail, bureaucratie, réglementation ; d) les obstacles entravant l'investissement de création ou d'extension des PME (accès au foncier) ou qui perturbent leurs fonctions de production (pénurie de main-d'œuvre , accès à l'énergie)[192].

Ces obstacles multiples entravent la « *Supply Chain* » des entreprises, à chacune des étapes de leur cycle de vie (approvisionnement, stockage, fabrication et distribution), affectant ainsi leurs

---

[191] Moussa Boukrif et Mohamed Madoui, « Les PME algériennes à l'épreuve de la mise à niveau des entreprises », in P.-N. Denieuil et M. Madoui (dir.), *Entrepreneurs maghrébins : terrains en développement*, Karthala, 2011, p.79-80.

[192] R. Boudjema, op.cit, p.75.

performances économiques et financières. Dans ce cas de figure, il est difficile d'espérer qu'elles puissent être un facteur déclencheur de l'attractivité internationale de l'économie nationale[193]. C'est pour mieux suivre l'évolution de leurs situations que le Forum des chefs d'entreprise (FCE), a décidé de créer, en janvier 2010, l'Indice du Forum pour la Performance de l'Entreprise (IFPE 40), sur la base de quarante critères (IFPE 40)[194]qui couvrent la quasi-totalité des caractéristiques de l'environnement dans lequel opèrent les entreprises : commerce, banques, industrie, exportations, investissement, droit économique, dialogue économique, etc. Dans le même sillage, un Comité National dédié à l'Amélioration de l'Environnement des Affaires « CNAEA », est créé le 10 mars 2013, sous l'égide du ministre en charge de l'industrie, de la PME et de la promotion de l'investissement.[195] Dix indicateurs sont retenus, à partir des critères du *Doing Business* et ont conduit à l'installation de neuf groupes de travail relatifs à la création d'entreprise, à l'octroi de permis de construire, au raccordement électrique, au transfert de propriété, au paiement des impôts, à l'obtention de prêts, au

---

193 Selon le directeur du Bureau d'Alger du Cabinet Ernest §Young, Phetsamone Rasphone que : « au-delà du 49/51, la question que posent les étrangers est de savoir si le partenaire algérien est capable de maîtriser les opérations d'approvisionnement, de distribution et de production ». Compte rendu de la journée d'étude du Bureau d'Alger du Cabinet Ernest §Young.

194 Avec une notation de référence de « – 400 points », un climat des affaires est considéré comme idéal, lorsque le résultat de l'évaluation de l'environnement atteint zéro point. En septembre 2012, une première évaluation de l'environnement a révélé une petite amélioration du climat des affaires assorti de -372 points, (soit - 28 points de moins que -400 points), qui est due aux différentes mesures prises par le gouvernement en 2011. A titre d'exemple : la suppression du contrôle technique du crédit documentaire au profit des producteurs (moins cinq points), l'autorisation des exportations des céréales (moins trois points), les aides liées à l'accès au foncier industriel (moins quatre points) et la dépénalisation de l'acte de gestion (moins un point), annulation du contrôle technique obligatoire des marchandises aux frontières (moins dix points).

195 http://www.climatdesaffaires.dz/spip.php?article18.

commerce transfrontalier, aux indicateurs légaux qui regroupent trois indicateurs (protection des investisseurs légaux, exécution des contrats et règlement de l'insolvabilité) et enfin, au contrôle interne[196].

4. LES LIMITES DES DISPOSITIFS ET PROGRAMMES D'AIDE AUX PME

Les pouvoirs publics algériens s'intéressent, depuis déjà quelques années, à la diversification de l'économie nationale, d'où leur décision de mettre en place des dispositifs d'aide aux entreprises, encadrés par de nombreux textes législatifs évolutifs. Dans ce cadre, l'Etat cible les secteurs créateurs des richesses, jugés aptes à compenser la baisse des recettes tirées des exportations des hydrocarbures. Les PME sont sollicitées pour participer à l'effort du développement national. Deux lois y sont consacrées, en 2001 et 2017.

4.1. PROGRAMME DE MISE À NIVEAU DES PME EN ALGÉRIE DE LA LOI 18-01 DE 2001

La loi 18-01 de 2001 a pour objet de fixer les mesures d'aide et de soutien à la promotion de la PME[197]. Dans le cadre de cette loi, il est prévu l'octroi d'aides du compte d'affectation spéciale n°302-124 (Fonds national de mise à niveau des PME). En 2017, le nombre d'entreprises qui ont souscrit au programme national de mise à niveau des PME atteint 5 284, dont plus de 50% sont éligibles. A ce

[196] Ibid.

[197] Loi n°01-18 du 12 décembre 2001 portant loi d'orientation sur la promotion de la petite et moyenne entreprise (P.M.E).

titre, le plus grand nombre des dossiers reçus concernent 799 petites entreprises (soit plus de 56% du total), suivies de 364 TPE (soit plus de 24% du total). Les secteurs majoritaires sont le BTPH, l'industrie, l'agroalimentaire et les services, avec respectivement 3 280, 840, 562 et 236 dossiers reçus. A contrario, les secteurs à faible participation sont le transport, la pêche, le tourisme, l'hôtellerie et les services de technologie de l'information et de communication (TIC) avec respectivement, 130, 75, 73 et 13 conventions.

4.2. FONDEMENTS DU PROGRAMME DE MODERNISATION DANS LE CADRE DE LA LOI 02-17 DE 2017

Le premier nouvel élément de la loi 02-17 (2017) est le « programme de modernisation », contrairement à la loi 18-1 (2001), qui, elle, préconise « la mise à niveau » qui a, vite, montré ses limites. Et c'est en réponse à ces insuffisances que les pouvoirs publics tentent d'innover dans le domaine législatif. Le programme de mise à niveau de 2001 est qualifié d'approche standard uniforme qui s'impose aux PME, alors que le « programme de modernisation » adopte une nouvelle vision plus proche des réalités et besoins des entreprises, en proposant des solutions spécifiques à chacun de leurs problèmes et aux difficultés qu'elles rencontrent dans leur processus de développement. La loi 02-17 contribue à donner à la PME une nouvelle dynamique. De nouvelles approches globale et institutionnelle, en vue d'accompagner les PME, caractérisent ses principaux objectifs, notamment la dynamisation de la croissance économique, l'allègement des contraintes de l'environnement de la PME (bureaucratie, foncier et financement), l'accompagnement de la PME durant ses trois grands cycles de vie (naissance, croissance et pérennisation), l'appui aux PME pour améliorer leur compétitivité et l'orientation de leur action entrepreneuriale vers les secteurs de sous-traitance. Ces objectifs supposent l'implication de plusieurs acteurs : entreprises, associations professionnelles, institutions publiques et privées, collectivités locales, etc.), habilités à agir, dans un cadre de concertation et d'accompagnement de l'entreprise. Les trois axes du « programme de modernisation » sont les suivants :

- des programmes de soutien basés sur une approche par les besoins, visant à fournir des solutions spécifiques aux problèmes propres de l'entreprise, par l'accompagnement en conseils ;

- des programmes d'appui à l'émergence de nouvelles entreprises aux caractéristiques spécifiques : des entreprises stratégiques, innovantes et celles qui orientent leurs activités vers le secteur de sous-traitance et des exportations, dans le cadre de l'objectif national de la substitution aux importations ;

- la modernisation des structures institutionnelles ayant pour rôle l'appui aux entreprises, afin de réduire les tensions du climat des affaires des PME. Les institutions concernées en priorité, sont l'Agence Nationale de Développement et de Modernisation des PME (ANDPME), la Chambre de commerce, les Bourses algériennes de sous-traitance et du Partenariat (BSTP)[198], les Associations professionnelles et d'autres institutions d'appui.

Dans le cadre de la modernisation institutionnelle, l'ANDPME devient un instrument au service de l'Etat pour la mise en œuvre de sa politique de développement de la PME, à travers le placement des centres de facilitation et des pépinières d'entreprises devant être des « centres d'appui et de conseil aux PME ». Cette réorganisation a pour but de favoriser les synergies entre les actions de chaque

198 Etant membres du réseau mondial des BSTP, les BSTP (Centre, Ouest, Est et Sud) sont constituées d'entreprises algériennes, publiques et privées, et appuyée par de nombreux organismes partenaires, notamment l'ANDPME, la GTZ, le PMEII, ALGEX, la CACI, le Programme Optimexport et le CNC-PME. In site Internet : http://www.mdipi.gov.dz/?Bourse-Algerienne-de-Sous.

structure d'appui, à l'effet de permettre aux PME d'émerger et d'instaurer une assise de complémentarité entre les autres structures d'appui et de start-up, notamment l'ANVREDET[199], l'ANSEJ[200], etc.

L'ANDPME est renforcée par deux nouveaux départements : un département « système de veille et d'information sur les PME » et un département « Promotion de la sous-traitance », à travers lequel la politique de l'Etat est mise en œuvre, en termes de promotion de la sous-traitance, dans le cadre des actions de l'ANDPME, en coordination avec les bourses de sous-traitance, en vue de promouvoir l'implication des entreprises dans le secteur de la sous-traitance. La loi 02-17 stipule la prise en charge des problèmes récurrents rencontrés par les entreprises (bureaucratie, foncier, financement). Dans le domaine de la bureaucratie, la loi 02-17 préconise qu'il y ait une réactivité imminente de l'administration aux problèmes des PME, pour leur éviter des retards dans la mise en œuvre de leurs actions.

4.3. LE FONCIER DANS LA LOI 02-17

La loi 02-17 prévoit l'adoption d'un programme énorme de parcs industriels et de zones industrielles, mais dont les réalisations ont, cependant pris beaucoup de retard. La question fondamentale du foncier ne concerne pas les TPE qui constituent 97% du tissu économique et qui ne sont pas en quête d'un terrain, car elles n'ont ni les moyens de financer la réalisation de leur structure, leur génie civil...etc., ni une quelconque capacité d'endettement. Ces entreprises ont plus besoin de locaux. A cet effet, la loi prévoit qu'une partie des parcs réalisés soit réservée à l'immobilier

199 Agence Nationale de Valorisation des résultats de la Recherche et du Développement Technologique.

200 Agence Nationale de Soutien à l'Emploi des jeunes.

industriel auxquels les TPE pourraient accéder à des prix abordables.

4.4. LE FINANCEMENT DANS LA LOI 02-17

Le Fonds de Garantie des Crédits aux PME (FGAR) est créé depuis 2002[201]. Il représente dans la loi 02-17 un des dispositifs appelé à être reconfiguré, en vue de l'élargissement de son champ d'intervention. Le FGAR garantit, d'ores et déjà, des crédits d'investissement,[202]mais dans la nouvelle loi, sa compétence est élargie aux crédits d'exploitation, qui sont les plus demandés et les principales sources des difficultés des entreprises. Le FGAR accompagne les entreprises, au nombre de 1 833 entreprises qui ont investi 155 milliards DA. Ce dispositif reste encore limité et nécessite d'être renforcé. Entre 2004 et 2017, le montant total de la garantie des crédits atteint près de 54 milliards DA et couvre quatre secteurs : l'industrie (59%) le BTPH (26%) les services (13%) et enfin, l'agriculture et la pêche (1%).

4.5. LA MÉTROLOGIE DANS LA LOI 02-17

Elle a pour objectif d'évaluer rigoureusement la conformité des biens produits, par rapport aux normes définies par la réglementation en vigueur, en renforçant la protection de l'économie nationale et du consommateur. Trois types de métrologie peuvent être définis : la métrologie légale qui constitue l'ensemble des règles fixées par l'Etat portant sur le système d'unités, la production ou l'emploi

201 Décret exécutif n° 02-373 du 11 novembre 2002.

202 Le rôle du FGAR est d'accorder des garanties de crédits aux banques commerciales pour soutenir l'amorçage et le développement des PME.

d'instruments de mesure ; la métrologie fondamentale (ou scientifique) qui regroupe les textes d'application de la métrologie, au plus haut niveau « étalons primaires », recherche...) et la métrologie industrielle qui s'appuie sur des textes d'application indispensables à l'industrie et particulièrement des raccordements aux étalons nationaux) .

Les textes législatifs promulgués par la loi 90-18 relative au système national de métrologie ayant pour objectif la protection du consommateur et de l'économie nationale, présentent des limites. Ils ne distinguent pas les différentes branches de la métrologie (légale, fondamentale et industrielle) et, par voie de conséquence, ne garantissent pas sa cohérence. C'est ce que la nouvelle loi se propose de corriger[203]. Et pour renforcer les instruments de mesure, les pouvoirs publics prévoient la réalisation d'un laboratoire national de métrologie. A ce titre, la loi de 2017 intègre la notion de modernisation du « dispositif national de métrologie », en tant qu'outil indispensable à une économie de type concurrentiel. Les nouveaux textes prévoient la mise en place des méthodes, instruments et équipements de mesurage unifiés et conformes au système international de métrologie, de manière à ce que les produits exportés répondent aux normes internationales et deviennent compétitifs sur le marché international. Les nouveaux textes prévoient également de renforcer la capacité de l'Office National de la Métrologie légale (ONML) par la réalisation de 25 nouvelles constructions d'antennes locales, chargées de superviser et de contrôler la fiabilité de la mesure des instruments exigeant une qualification légale ou ayant une incidence sur la santé publique et l'environnement.

Malgré les mesures mises en œuvre dans le cadre des programmes de mise à niveau et de modernisation définis respectivement par les lois 18-01 et 02-17 des années 2001 et 2017, l'Algérie est toujours

---

203 Décret exécutif n°17-62 du 07 février 2017, relatif aux conditions et aux caractéristiques d'apposition de marquage de conformité aux règlements techniques ainsi que les procédures de certification de conformité.

classée, en 2020, 157e sur 190 pays, loin derrière les pays comme le Maroc (53e), la Tunisie (78e), l'Afrique du Sud (84e), l'Egypte (114e) et le Niger (131e).

Selon le Rapport sur la compétitivité mondiale 2019, publié par le *World Economic Forum*, l'Algérie est classée d'après l'Indice de Compétitivité Mondiale[204] (*Global Competitiveness Index*) à la 89e place sur 141 pays. A titre de comparaison, bon nombre de pays du MENA sont mieux classés que l'Algérie. Il en est ainsi par exemple des Emirats Arabes Unis (25e), du Qatar (29e), de l'Arabie Saoudite (36e), du Bahreïn (45e), du Koweït (46e), d'Oman (53), de la Jordanie (70), du Maroc (75e), du Liban (88) et de la Tunisie (87e). Les pays émergents comme la Chine, la Russie et l'Inde sont respectivement 28e ; 43e et 68e. Quant aux dix bons élèves de la compétitivité, ils sont représentés par Singapour (1er), les Etats-Unis d'Amérique (2e), Hong Kong (3e), les pays bas (4e), mais aussi, la Suisse, le Japon, l'Allemagne, la Suède, le Royaume-Uni et le Danemark[205].

4.6. CRÉATION DES START-UP INNOVANTES DANS LA LOI 02-17

[204] L'Indice de Compétitivité Mondiale (*Global Competitiveness Index* (*C.G.I.*) est élaboré par S. Martin pour le Word Economic Forum et est introduit en 2004. Il se fonde sur 110 critères de pertinence très inégale, qui se réfèrent aux douze (12) domaines de la vie des nations suivants : institutions, infrastructures, environnement macroéconomique, santé et éducation de base, éducation supérieure et formation, efficacité du marché des biens, efficacité du marché du travail, développement du marché financier, développement technologique, taille du marché, sophistication des activités commerciales et innovation.

[205] World Economic Forum, The Global Competitiveness Report 2019, p.xiii. Par ailleurs, L'enquête de l'année 2021 ne couvre pas l'Algérie. https://www.imd.org/centers/world-competitiveness-center/rankings/world-competitiveness/.

La loi 02-17 dans le cadre de la promotion des *Start-up*, la mise en place de fonds d'amorçage. La création du premier fonds public sous l'égide de l'*Algerian Start-up Fund* (ASP)[206] a pour vocation de financer, en fonds propres et en quasi-fonds propres, les entreprises ayant obtenu le label *Start-up*, Les entreprises portant le label « *Start-up* ou incubateur »[207] sont exonérées d'impôts, de taxe sur la valeur ajoutée (TVA) et bénéficient d'un taux de droits de douane de 5%, pour l'acquisition d'équipements, entrant dans la réalisation d'un projet d'investissement[208]. De surcroit, les détenteurs du label « incubateur » sont exonérés, pendant deux années, de la taxe sur l'activité professionnelle (TAP), de l'impôt sur le revenu global (IRG) ou de l'impôt sur les bénéfices des sociétés (IBS)[209].

CONCLUSION

Notre propos a, tant bien que mal, mis en relief les contraintes qui pèsent sur les PME de l'Algérie et donc la fragilité de son tissu économique. Eu égard à leurs multiples dimensions (hétérogénéité du concept, très petite taille, répartition déséquilibrée par activité et par région), il est difficile d'en attendre, pour paraphraser W. Churchill, ce « cheval qui tire le char » de la croissance économique. Aussi, un effort plus intense dans leur direction est-il requis de l'Etat, en vue de leur construction systémique. Cet effort est à la fois urgent et multidimensionnel. Mais il peut être organisé, pour

[206]Algerian *startup fund* (ASP) est créée à l'issue du partenariat entre le ministère des *Startups* et de six banques.

[207]Décret n°20-254 du 15 septembre 2020 relatif aux conditions des labels « *startup*, projet innovant et incubateur ».

[208] Décret n°21-170 du 28 avril 2021 relatif à la fixation des conditions et des modalités d'octroi des avantages fiscaux en Algérie.

[209] Décret exécutif n° 21-170 du 28 avril 2021 fixant les conditions et les modalités d'octroi des avantages fiscaux accordés aux entreprises disposant du label « start-up » ou du label « incubateur », *Journal officiel de la République algérienne*, n° 33.

plus de pertinence, sur des priorités dont la prise en charge pourrait être de nature à améliorer, dans des délais relativement courts, l'environnement général et les environnements spécifiques dans lesquels opèrent les PME. Bien que difficiles, ces actions sont du domaine du possible, pour peu que l'Etat accepte de veiller scrupuleusement à l'exécution scrupuleuse de ses décisions, la cohérence de ses actions et à la mobilisation de ses institutions.

Cependant, la question liée à la construction technologique, managériale, organisationnelle et mercatique de la PME peut s'avérer plus compliquée, lorsque ses défaillances s'expliquent par celles du chef d'entreprise qui n'a pas les qualités entrepreneuriales pour mener à bon port, son projet et lui donner une forme évolutive et pérenne. Nous nous retrouvons, dans ce cas de figure, dans le domaine de l'aléatoire. Là s'impose l'importance d'agir sérieusement sur la formation managériale et le développement humain, seuls aptes à faire naître chez le chef d'entreprise ou de projet, les qualités de compétence, de responsabilité, d'autonomie, de confiance en soi, d'esprit de collaboration et de coopération et le devoir de respect à l'égard des principes de la responsabilité sociétale. On ne devient pas un aigle par le seul désir de vouloir voler. L'effort, le sacrifice et le risque sont le lot de la vie entrepreneuriale et seuls y parviennent, ceux qui sont assez fous pour penser qu'ils peuvent changer le monde, affirmait le fondateur du mouvement de la Croix Rouge Internationale et le Prix Nobel de la Paix, Henri Dunant (1828-1910).

Bibliographie

Amiot, M. (1991). *Les misères du patronat*. L'Harmattan.

Andrieux, M.-A. (2005). Le capital immatériel : une valeur durable pour les PME. *Revue Française de Comptabilité*, (379), 33-36.

Bell, D. (2008). *The coming of post-industrial society*. Basic Books.

Bizaguet, A. (1991). Un cinglant démenti aux prévisions de la théorie économique : le renouveau du phénomène PME. *Revue du Trésor*, (10), 35.

Boudjema, R. (2011). *Économie du développement de l'Algérie 1962-2010 : Des contraintes majeures de développement et des tares de la logique rentière* (Vol. III). Editions Dar El Khaldounia.

Bourgeois, I., & Lasserre, R. (2007). Les PME allemandes : acteurs de la mondialisation. *Regards sur l'économie allemande*, 83(4), 11-25.

Chandler, A.-D. (1999). *The visible hand: The managerial revolution in American business* (15e éd.). Harvard University Press.

Charmes, J. (1992). Le secteur informel, nouvel enjeu des politiques de développement ? Dans S. Latouche & S. Tamba (dir.). *Vers quel désordre mondial ? L'Homme et la société* (n°105-106). L'Harmattan.

Chetty, S., & Hunt, C. (2003). Paths to internationalization among small- to medium-sized firms: A global versus regional approach. *European Journal of Marketing*, 37, 796-820.

Commission européenne (2003). Recommandation de la Commission du 6 mai 2003 concernant la définition des micro, petites et moyennes entreprises (2003/361/CE), Journal officiel de l'Union européenne, L124/39. https://eur-lex.europa.eu/legal-content/FR/TXT/?uri=CELEX%3A32003H0361

Décret exécutif n° 02-373 du 11 novembre 2002.

Décret exécutif n°17-62 du 07 février 2017.

Fourastié, J. (1979). *Les Trente glorieuses ou la révolution invisible (1946-1975).* Fayard.

Forsyth, G., Mount, J., & Zingler, T. (1991). *Entrepreneurship and Small Business Development.* Prentice Hall.

Gattaz, Y. (1980). *La fin des patrons.* R. Laffont.

Hazan, E. (2012). *Une histoire de la révolution française.* La Fabrique.

Julien, P.-A. (dir.). (1994). *Les PME-Bilan et perspectives.* PU-Economica.

Loi n°01-18 du 12 décembre 2001 portant loi d'orientation sur la promotion de la petite et moyenne entreprise (P.M.E).

Loi n°18-01, article 4. (2001).

Loi n°18-01, article 5. (2001).

Loi n°18-01, article 9. (2001).

Loi n°17-02 du 10 janvier 2017 portant loi d'orientation sur le développement de la petite et moyenne entreprise (P.M.E), Journal officiel de la République algérienne, n°02 du 11 janvier 2017.

Ministère de l'agriculture et du développement rural. (2020). *Feuille de route : mise en œuvre du plan d'action du gouvernement 2020-2024.*

Ministère de l'industrie, de la petite et moyenne entreprise et de la promotion de l'investissement, *Bulletin d'information statistique,* n°s 17-23. In site Internet : https://www.industrie.gov.dz/fr/presentation-ministere/.

Ministère de l'industrie et des mines, *Bulletin d'information statistique de l'entreprise,* n°s 24 - 36. In site Internet : https://www.industrie.gov.dz/fr/presentation-ministere/.

Ministère de l'industrie et des mines. (2020, avril). *Bulletin d'information statistique de la PME* (n°36). In site Internet : https://www.industrie.gov.dz/fr/presentation-ministere/.

Ministère de la petite et moyenne entreprise et de l'artisanat, *Bulletin d'information statistique,* n°s 04-16. In site Internet : https://www.industrie.gov.dz/fr/presentation-ministere/.

Office National des Statistiques. (2019). *Activité, Emploi et chômage.* Direction technique chargée des Statistiques de la Population et de l'Emploi (n°879), 2. https://www.ons.dz

OCDE. (2004). Caractéristiques et importance des PME. *Revue de l'OCDE sur le développement*, 5, 37-46.

Piore, J.-P., & Sabel, C.-F. (1979). *Les chemins de la prospérité.* Hachette.

Plane, J.-M. (2019). *Management des organisations*. Dunod.

Richardson, G.-B. (1972). The Organization of Industry. *Economic Journal*, 82, 883-896.

Schumacher, E.-F. (1979). *Small is beautiful: Une société à la mesure de l'homme.* Le Seuil.

Silem, A. (1994). *Encyclopédie de l'économie et de la gestion*. Hachette.

Silem, Gentier et al. (2024). *Lexique d'économie*, Dalloz.
Stanworth, J., & Gray, C. (1991). *Bolton 20 years on: The Small Firms in the 1990s*. Paul Chapman.
Taylor, F.-W. (1911). *The principles of scientific management*. Harper & Brothers. https://archive.org/details/principlesofscie00taylrich
UNODC (United Nations Office on Drugs and Crime). (2018). *Annual Report*.
https://www.unodc.org/documents/rpanc/Publications/annual_reports/2018_RP_Report_EN.pdf

6) LA CONTRIBUTION DES PERSPECTIVES FONDÉES SUR LA THÉORIE DES RESSOURCES À LA COMPÉTITIVITÉ TIFS DES ENTREPRISES

Mohamed-Larbi ARIBOU
Professeur-chercheur
Université Abdelmalek Essaâdi de Tanger (Maroc)
Courriel : aribou@fsjest.ma

Résumé :

Depuis une trentaine d'années, un cadre théorique a pris de plus en plus d'importance en stratégie jusqu'à devenir aujourd'hui le paradigme dominant de la discipline. L'approche des ressources (Resource-Based View), initiée par Wernerfelt en 1984, a connu depuis de nombreux développements centrés sur les compétences (Competence-Based View), sur les capacités dynamiques ou sur les connaissances (Knowledge-Based View). Malgré leurs divergences, ces différents courants partagent la même idée centrale concernant l'avantage concurrentiel. L'objet de cet article est d'exposer de façon structurée, les fondements, les concepts clés et les développements récents de ces perspectives théoriques. Cette catégorisation ne doit pas apparaître comme source de confusion mais plutôt comme une richesse théorique.

Mots clés : Ressources, compétences, capacités dynamiques, connaissances, avantage concurrentiel.

Abstract:

For the past thirty years, a theoretical framework has gained increasing importance in strategy, becoming the dominant paradigm of the discipline today. The Resource-Based View, initiated by Wernerfelt in 1984, has since undergone numerous developments focused on skills (Competence-Based View), dynamic capabilities, or knowledge (Knowledge-Based View). Despite their divergences, these different approaches share the same central idea concerning competitive advantage. The purpose of this article is to present in a structured manner the foundations, key concepts, and recent developments of these theoretical perspectives. This categorization should not be seen as a source of confusion but rather as a theoretical enrichment.

Keywords: Resources, skills, dynamic capabilities, knowledge, competitive advantage.

§§§§§§§§§§§

Introduction

Le champ du management stratégique a connu un véritable bouleversement au milieu des années 80 avec l'apparition de deux écoles de pensée. La première aborde la stratégie sous l'angle des processus de décision au sein de l'organisation (Mintzberg). La seconde, l'approche fondée sur les Resource-Based View (RBV), se centre sur les ressources spécifiques permettant à l'entreprise de se singulariser (Puthod & Thévenard, 1997). Dans cette approche, qui est devenue l'approche dominante en stratégie, les racines de l'avantage concurrentiel sont en effet à rechercher à l'intérieur de l'organisation.

Or, à travers l'importance grandissante des ressources intangibles pour les entreprises (Peteraf, 1993), l'approche RBV a connu de nombreuses extensions ces dernières années. Une des plus significatives est l'émergence de la Knowledge-Based View (KBV) avec un article fondateur de Spender & Grant (1996), qui avance l'importance des ressources en connaissances. Par ailleurs, la littérature en management stratégique nous permet de synthétiser deux autres approches basées sur les ressources et qui sont devenues des pionnières dans la perspective stratégique (210) :

(210) – Notons que certains auteurs (Acedo & al., 2006) parlent d'une autre approche complémentaire à savoir l'approche sociale.

l'approche basée sur les compétences (Competence-Based Management) et l'approche fondée sur les capacités dynamiques (Dynamic Capabilities).

La littérature académique (Prévot & al., 2010 ; Brulhart & al., 2010) soutient l'idée que la notion de ressource est à l'origine de la théorie qui vise à expliquer les raisons de la performance. D'où la présence de liens entre la notion de ressource et celle de compétence (modes de coordination des ressources) et connaissance (ressource fondamentale de la firme), ainsi qu'entre ces deux derniers éléments et les concepts liés à la création et à la protection de l'avantage concurrentiel. L'objet de cet article est d'exposer de façon structurée, les fondements théoriques, les concepts clés et les développements récents de ces quatre théories. Cette catégorisation ne doit pas apparaître comme source de confusion mais plutôt comme une richesse théorique.

1. Ressources, compétences et capacités dynamiques

1.1. La théorie des ressources

L'importance de la théorie des ressources s'est manifestée à travers sa diffusion rapide dans la littérature en management stratégique. Selon Foss (2001), l'étude et l'analyse de la « sustainability » de l'avantage concurrentiel a fait l'objet d'une large littérature académique dominée au cours des deux dernières décennies par le courant de la RBV initié par Wernerfelt (1984), puis développé par Barney (1986, 1991). Grant, également en 1991, a été l'un des premiers à prendre en considération le rôle des capacités managériales favorisant le déploiement des ressources d'une entreprise. La théorie des ressources considère ainsi l'entreprise comme un portefeuille de ressources internes.

Le contenu stratégique le plus contestable porte conventionnellement sur la création d'un avantage stratégique durable. Sur ce sujet, une large littérature recourt à la théorie des ressources initiée par

Penrose (1959) et développée par d'autres chercheurs. Ces derniers se focalisent sur le caractère interne des ressources stratégiques. En effet, les ressources acquises sur le marché ne peuvent pas fournir les bases de l'avantage durable car il serait possible pour tous les concurrents de les acquérir et d'être dotés, en conséquence, des mêmes ingrédients de l'avantage concurrentiel. Seul le portefeuille de ressources que dispose l'entreprise au sein de ses frontières organisationnelles pourrait créer un avantage concurrentiel. L'importance de la notion de ressource a permis une forte prolifération de définitions parfois divergentes. Dans ce sens, Arrègle & Quélin (2001) affirment qu'il existe une pléthore de définitions qui ne sont pas toujours cohérentes entre elles.

Ainsi, partant de Penrose (1959) qui considère l'entreprise comme une collection de ressources physiques et humaines, Wernerfelt (1984) propose une définition plus large et statique de la notion de ressources : "By a resource is mcani anything which could be thought of as a strength or weakness of a given firm. More formally, a firm's resources at a given time could be defined as those (tangible and intangible) assets which are tied semipermanently to the firm (see Caves, 1980)" (p.172). De façon plus précise, les ressources désignent, au sens de Barney (1991), "all assets, capabilities, organizational processes, firm attributes, information, knowledge, etc. controlled by a firm" (p.101). Elles font référence aux moyens qui sont nécessaires pour réaliser la transformation des intrants en extrants (Grant, 1991; Amit & Schoemaker, 1993; Teece & al., 1997).

Barney (1991) définit ainsi une ressource comme étant valorisable lorsqu'elle permet de saisir et d'exploiter les opportunités qui proviennent de son environnement et de neutraliser ses menaces (ou au moins protéger l'entreprise contre celles-ci). Quant à la rareté des ressources, il semble qu'il lui attribue un sens purement comptable et quantitatif. Pour lui, la rareté signifie tout simplement le nombre d'entreprises qui contrôle une ressource identique. Par conséquent, les entreprises qui contrôlent des ressources valorisables et rares possèdent un avantage concurrentiel et seraient capables d'implémenter des stratégies supérieures par rapport aux autres concurrents (Foss & Kundsen, 2000).

Ces deux critères, malgré leur importance, ne sont pas suffisants pour garantir la durabilité de l'avantage concurrentiel. L'adjonction de deux autres critères à savoir l'inimitabilité et la non substituabilité devient alors cruciale. La première condition consiste à évaluer le pouvoir et le coût d'imitation ou d'acquisition de ces ressources par les concurrents. La deuxième examine leur capacité à supplanter la ressource en question par d'autres ressources. Ces deux dernières conditions orientent la réflexion du stratège vers la problématique des frontières à l'imitation et à la substitution. Pour analyser les caractéristiques stratégiques d'une ressource, nous nous référons notamment aux travaux de Barney (1991) et de Peteraf (1993) qui constituent des références de base dans la littérature.

S'appuyant sur ces travaux, la ressource stratégique crée l'avantage concurrentiel car elle possède six caractéristiques. 1)- La valeur : partant du modèle d'analyse de Harvard, Barney (1991) définit les ressources comme étant valorisables lorsqu'elles aident l'entreprise à saisir les opportunités offertes par l'environnement ou neutraliser certaines menaces environnementales ou au moins protéger l'entreprise contre celles-ci. Une ressource est valorisable lorsqu'elle permet l'accès à un grand nombre de marchés et représente une contribution significative à la valeur produite pour le client, ou bien parce qu'elle est supérieure à celles des concurrents. 2)- La rareté : une ressource est rare lorsque le nombre d'entreprises qui la dispose est limité. Pour Grant (1991) la rareté est renforcée lorsque la ressource n'est pas unique et sa transférabilité est incertaine (marchés incomplets ou imparfaits).

Même si ils sont nécessaires, ces deux critères de rareté et de valeur ne sont pas suffisants pour garantir un avantage concurrentiel durable. Les tenants de la théorie des ressources développent une nouvelle conception des barrières stratégiques et adjoignent d'autres critères à savoir : 3)- L'inimitabilité qui fait référence à la capacité des concurrents d'acquérir ou d'accumuler des ressources avec des attributs et des niveaux d'attributs similaires aux ressources qui produisent l'avantage concurrentiel. La ressource doit être difficilement imitable pour empêcher les concurrents de répliquer la stratégie. 4)- La non substituabilité qui porte sur la capacité des concurrents d'accéder aux ressources qui leur permettent d'implémenter les mêmes stratégies. En d'autres termes, la ressource ne doit pas avoir des substituts aisément accessibles.

En plus de ces quatre conditions que doit remplir une ressource pour qu'elle soit stratégique, Peteraf (1993) avance deux autres conditions à savoir : 5)- L'hétérogénéité qui concerne la quantité et le niveau des différents attributs que possède une ressource par rapport aux autres. L'hétérogénéité des ressources implique une différence dans les revenus et les performances. Elle est à l'origine du caractère unique du produit. 6)- La mobilité imparfaite des ressources qui suppose que la ressource est spécifique à l'entreprise et toute mobilité d'une entreprise à une autre entraîne une perte de valeur de celle-ci.

Globalement, le discours sur les caractéristiques des ressources stratégiques, que nous avons présentés plus haut, est tautologique (Williamson, 1999 ; Liouville, 2008 ; Brulhart & al., 2010). En effet, pour Barney (1991), seules les ressources rares, valorisable, non imitables et non substituables peuvent être considérées comme facteurs déterminants de l'avantage concurrentiel. Or, cette thèse est pléonastique car les ressources ne peuvent avoir de la valeur sauf si elles sont rares et la rareté fait leur valeur. De sa part, Peteraf (1993) insiste sur le lien entre l'hétérogénéité des ressources et celle des revenus. Or, ce qui importe est la distinction entre homogénéité et hétérogénéité.

Deux grands débats sur la théorie des ressources ont été présentés l'un par l'Organization Science (1996) et l'autre par l'Academy of Management Review (2001). Le premier opposait d'une part

Conner & Prahalad (1996) ainsi que Kogut & Zander (1992, 1996) et d'autre part Foss (1996). En effet, Foss (1996) insiste sur l'intérêt de considérer la théorie des ressources et celle des coûts de transaction comme complémentaires : si la théorie transactionnelle s'inscrit dans une perspective de gouvernance (governance perspective) et donne plus d'importance à l'efficience des mécanismes de coordination des transactions économiques, la théorie de ressources s'inscrit dans une perspective de compétences et de capacités internes à l'entreprise (competence perspective) (Williamson, 1999). Son objectif est de creuser dans l'organisation interne pour repérer les sources d'efficacité et de création de valeur. Cette complémentarité théorique est porteuse d'opportunités et de pistes de recherches prometteuses.

Le second débat oppose Barney (1991, 2001) à Priem & Butler (2001). Dans leur recherche, ces derniers cherchent à montrer que l'approche de Barney ne remplit pas les conditions pour être considérée comme une théorie et ne peut pas être testée empiriquement. Pour répondre à ces reproches, Barney (2001) propose une révision de ses énoncés de 1991 qui permet de mieux paramétrer chacune des variables principales de la théorie et définissent le modèle VRIN (valeur, rareté, inimitabilité, non substituabilité). Priem & Butler (2001) critiquent également la théorie des ressources de n'être pas utile au management stratégique car elle ne propose pas de solutions d'actions concrètes pour les praticiens (les processus qui permettent à une ressource de posséder les quatre critères VRIN ne sont pas expliqués et sont traités comme dans une « boîte noire », les ressources sont définies en général et rarement en contexte, l'approche est statique et descriptive).

De même, Arend (2003) met l'accent sur le caractère tautologique de la théorie RBV. Il précise que dans cette dernière, les ressources qui ont de la valeur sont celles créant de la valeur par définition. Les ressources génératrices de valeur sont difficiles à identifier et à définir. Il en résulte une véritable difficulté de leur opérationnalisation, qui dans le cadre de travaux empiriques ne sont souvent définies que ex-post (Liouville, 2008).

Sanchez (1996) et Arrègle & Quélin (2001) soulignent que l'un des problèmes majeurs de l'approche des ressources est lié au besoin de standardisation et de clarification concernant les concepts et les notions mobilisées : le champ ne se limite pas seulement à la théorie des ressources, mais on y trouve aussi les théories de compétences et de connaissances. Ce foisonnement des définitions pourrait tendre à renforcer les limites précédentes, mais il nous semble que les extensions liées à la théorie des ressources offrent un aspect positif et une avancée vers la maturité du champ.

Les travaux récents en management stratégique mobilisant l'approche des ressources peuvent être présentés selon trois catégories (Acedo & al., 2006) : 1)- la classe des recherches consacrées à l'analyse des ressources et des capacités dynamiques ; 2)- la classe des recherches établissant un lien entre la théorie RBV et le management des connaissances et l'apprentissage organisationnel (Knowledge-Based View) ; 3)- la classe des recherches portant sur les applications de la théorie RBV à la question des liaisons Inter-organisationnelles de la firme. Newbert (2007) souligne que ces recherches proposent de nombreuses extensions notamment en ce qui concerne le choix des variables, des outils de mesure et unités d'analyse. Ce constat signifie qu'il existe une myriade de ressources et de capacités. Il peut se justifier par la volonté des différents auteurs de vouloir faire preuve d'originalité en s'appuyant sur l'étude de variables ayant encore reçu peu d'attention empirique, dans le but d'étendre le stock de connaissances (Liouville, 2008).

1.2. La théorie des compétences

La théorie des compétences s'intéresse surtout à la question de l'exploitation des compétences, une fois celles-ci détenues par l'entreprise. L'avantage concurrentiel s'explique ainsi par l'existence de compétences clés et le management stratégique consiste à valoriser et déployer ces compétences afin d'en créer de nouvelles.

Le concept de compétence a donné lieu à des définitions diverses dans le domaine du management stratégique. Or, la frontière n'est pas toujours nette entre théorie des ressources et théorie des compétences (Tywoniak, 1997 ; Quélin & Arrègle, 2000). Il est ainsi possible de résumer les problèmes de définition à deux niveaux. D'une part, une « alchimie » organisationnelle complexe issue des interactions entre des connaissances, des pratiques, des comportements et attitudes (Durand, 2006), et d'autre part, une distinction entre compétence et ressource : l'approche par les compétences place en effet, au cœur de l'analyse, les processus de coordination, de déploiement et de développement des ressources stratégiques. Ces dernières deviennent l'élément basique sans lequel les compétences clés (core competence) (211) de l'organisation ne peuvent sc développer. L'article fondateur de Prahalad & Hamel (1990, p.82) définit cinq caractéristiques d'une « compétence clé » : 1)- Elle donne accès à un grand nombre de marchés, elle est étendue dans l'organisation et constitue le support de plusieurs produits sur différents marchés ; 2)- Elle est liée à une activité de réalisation et sujette à l'apprentissage dans l'action et au développement par application, elle permet de réaliser les activités plus vite avec une meilleure flexibilité et une

(211) – Il convient de préciser que deux notions proches avaient été définies bien avant : celle de compétence distinctive introduit par Selznick à la fin des années 50, par Ansoff dans les années 60 et par Learned & al. (1969) puis Hofer & Schendel dans les années 70, ou encore par Hitt & Ireland (1986) qui la définissent: « A distinctive competence is a firm's ability to complete an action in a manner superior to that of its competitors or to apply skills that competitors lack » (p.402). Ou encore la notion de capacité stratégique, définie par Lenz (1980): « This concept is defined as a capability of an enterprise to successfully undertake action that is intended to affect its long term growth and development. It refers to an organization's total capability; which includes support that may be summoned from environmental aggregates and projected in pursuit of a strategy » (p.226).

meilleure qualité que la concurrence ; 3)- Elle est stable dans le temps, son évolution est moins rapide que celle des produits et la concurrence véritable se fait sur les compétences centrales plutôt que sur les produits ; 4)- Elle contribue fortement à l'avantage du produit final tel qu'il est perçu par le client ; 5)- Elle est difficile à imiter par les concurrents.

Selon, Tampoe (1994), beaucoup d'entreprises ont du mal à accéder à leurs compétences clés et les comprendre afin de les identifier. L'auteur explique que les managers les prennent pour acquises ou parce qu'ils se sentent menacés par la mise en avant de l'importance stratégique d'un type de compétence au détriment d'un autre. Dans cette perspective, beaucoup plus managériale, la dotation de ressources et capacités ne suffisent pas, à elles seules, pour créer un avantage concurrentiel, le savoir collectif ou encore les routines organisationnelles jouent un rôle de liant entre ressources, capacités et processus organisationnel mis en œuvre pour générer des rendements (Sanchez, 2000).

L'étude de la littérature permet de distinguer deux niveaux d'analyse pour définir une compétence. Le premier niveau d'analyse est celui qui établit une distinction entre les compétences individuelles et les compétences organisationnelles (Doz, 1994 ; Meschi, 1997 ; Quélin, 1997). En effet, Meschi (1997) définit la compétence individuelle comme un ensemble de connaissances, capacités et volonté professionnelles, alors que la compétence organisationnelle est la résultante de la combinaison coordonnée et valorisante d'un ensemble de compétences professionnelles présentes au niveau individuel. L'individu est ainsi le support physique de la compétence. Dans ce sens, la compétence est considérée comme un construit humain, utile, rare, opaque et se réalise dans l'action. Il s'agit de la capacité des personnes à mettre en œuvre les savoirs constitutifs des connaissances de l'entreprise dans des conditions de travail contraintes données : le poste de travail, un rôle déterminé, une mission spécifique. Elle est donc inséparable de l'organisation qui la met en œuvre et sa valeur n'a de sens que par rapport à l'organisation qui va l'utiliser et la développer. Pour Meschi (1997), le passage entre les compétences individuelles et les compétences organisationnelles ne se résume pas à une simple agrégation de compétences. Ces dernières sont moins le résultat d'une addition que d'une multiplication, d'une synergie de compétences individuelles transversales aux fonctions traditionnelles de l'organisation. On entend de synergie « un ensemble intégré et coordonné de ce qui a été appris et expérimenté par delà les compétences individuelles et les fonctions de l'entreprise. » (Charles-Pauvers & Schieb-Bienfait, 2010, p.8). Le terme de synergie nous semble particulièrement important pour définir les compétences au niveau organisationnel car il met l'accent sur une conception dynamique de la compétence (Rouby & Thomas, 2004). De ce fait, la compétence est le résultat de différentes interactions entre un apprentissage collectif et des processus organisationnels (Arrègle, 1995).

La compétence se définit également à un second niveau qui prend en compte sa complexité (Grant, 1991, Durand, 2006). Elle est considérée ainsi comme un système de relations et d'interactions entre les différents niveaux qui la composent. Grant (1996) propose une typologie qui distingue entre les compétences fonctionnelles et les compétences organisationnelles (212). Cette typologie sert de base à celles établies ensuite par d'autres chercheurs comme : Durand (2006) et Quélin (1997). En effet, Quélin (1997) introduit une typologie de compétence qui se rapproche de celle de Grant (1996). L'auteur considère l'entreprise comme un ensemble de compétences organisées en une structure. Cette dernière se décline en fonction du degré d'agrégation des compétences. Il distingue ainsi trois niveaux de compétences : un niveau élémentaire qui comprend les compétences liées aux activités opérationnelles de l'entreprise, un niveau intermédiaire où les compétences

(212) – Notons que Grant (1996) utilise différemment les termes « capacité » et « compétence »

spécialisées sont agrégées dans des compétences fonctionnelles, et un niveau supérieur qui comprend les compétences générales qui touchent l'ensemble de l'organisation.

Dans une autre recherche, Durand (2006) développe une nouvelle taxonomie de la compétence qui repose sur le fait de considérer comme compétences, les actifs et les ressources, mais aussi les différentes formes de la connaissance et de la pratique maitrisées par l'entreprise, selon son histoire et sa culture.

1.3. La théorie des capacités dynamiques

A la fin des années 90, la littérature sur les ressources et les compétences se dote du concept de capacités dynamiques (Dynamic Capabilitie), afin d'expliquer l'émergence et la modification des compétences des entreprises. Ainsi, c'est à Teece & al. (1997), que revient le mérite de conceptualiser ce concept. Telle qu'elle est définie par les auteurs, la théorie des capacités dynamiques représente une extension de la théorie des ressources aux dynamiques de l'environnement. L'entreprise la plus compétitive est alors celle qui est capable de répondre rapidement et de façon personnalisée aux besoins d'un marché de plus en plus global et évolutif.

Dans cette perspective, les auteurs mettent en évidence le lien entre avantage concurrentiel et capacités dynamiques. Ils avancent que le management de ces dernières repose sur trois types d'actions : la coordination et l'intégration des compétences, l'apprentissage et l'accumulation des connaissances par la répétition et l'expérimentation (il implique la mise en commun des aptitudes individuelles et collectives), et enfin, la reconfiguration qui implique des capacités à sentir la nécessité de changement (Teece, 2007). Les entreprises doivent ainsi être dotées des capacités de reconfiguration et de transformation. La valeur ne réside pas dans ces capacités ou dans les ressources disponibles mais dans la configuration de celles-ci.

Eisenhardt & Martin (2000) s'appuient sur les travaux de Teece & al. (1997) pour proposer une compréhension renouvelée des capacités dynamiques. Les auteurs soulignent que ces dernières constituent des routines organisationnelles et stratégiques permettant de reconfigurer les ressources. Ces routines spécifiques ont souvent fait l'objet de nombreuses recherches empiriques en dehors du cadre théorique des ressources et compétences. Par exemple, les routines de F&A qui apportent de nouvelles ressources externes à l'entreprise, ou encore les routines de création de connaissances par lesquelles, les managers construisent une pensée nouvelle au sein de l'entreprise, sont des capacités dynamiques particulièrement importantes dans certaines industries telles que les secteurs de haute technologie. Ce point de vue est partagé par d'autres auteurs, notamment par Helfat & Peteraf (2003), pour qui les capacités dynamiques sont des routines spécifiques identifiables.

Ainsi, considérer les capacités dynamiques comme des routines stratégiques organisationnelles confère à celles-ci le caractère de « best practice » qui se diffusent parmi les entreprises. Ce constat semble contredire l'hypothèse d'hétérogénéité entre entreprises ce que laisse supposer la majorité des recherches sur les ressources et compétences.

Selon Eisenhardt & Martin (2000), les caractéristiques des capacités dynamiques varient en fonction de la dynamique de l'environnement. Ils distinguent entre un marché modérément dynamique (Helfat & Peteraf, 2003) dans lequel, les capacités dynamiques sont basées sur des processus complexes qui reposent sur des connaissances existantes et sur une exécution linéaire, avec des résultats prévisibles (Nelson & Winter, 1982), et un marché instable dans lequel, les capacités dynamiques sont basées sur des processus simples, instables et expérimentaux qui consistent à créer de nouvelles connaissances mises en œuvre de manière itérative dont les résultats sont difficilement prévisibles.

Pour les auteurs, il est important de distinguer entre trois catégories de capacités dynamiques : la première catégorie intègre des ressources. Il s'agit notamment des routines de développement des produits par lesquelles les managers partagent leurs différentes aptitudes pour pouvoir créer de nouveaux attributs, ou encore des processus de prise de décision qui nécessitent la combinaison des compétences personnelles et fonctionnelles pour faire des choix politiques. La seconde, est centrée sur la reconfiguration des ressources, comme les processus de transfert interne qui intègrent des routines susceptibles de faciliter la réplication des compétences. Enfin, la troisième catégorie est liée à l'acquisition et à la cession de ressources. Il s'agit notamment des stratégies de croissances externes qui apportent des ressources externes.

Eisenhardt & Martin (2000) concluent leur recherche en précisant que l'avantage concurrentiel durable repose plus dans la configuration des ressources permise par les capacités que dans les capacités dynamiques elles-mêmes. Pour les auteurs, ces dernières peuvent participer au développement d'un avantage concurrentiel à long terme (Augier & Teece, 2009), mais elles sont également exploitées pour reconfigurer les ressources, afin de profiter à court terme d'un avantage temporaire.

L'approche d'Eisenhardt & Martin (2000) qui associe les capacités dynamiques à des routines est également partagée par Zollo & Winter (2002). En effet, la contribution de ces derniers porte davantage sur la notion de connaissances soulignant ainsi l'idée que les capacités dynamiques se forment à travers des mécanismes de l'apprentissage. L'apport majeur de ces deux auteurs se situe dans l'emploi des termes “learned and stable pattern” et “systematically” qui soulignent l'idée que la capacité dynamique est structurée et persistante. Par conséquent, le fait qu'une organisation s'adapte d'une manière créative mais non structurée à une succession de crises ne relève pas d'une capacité dynamique. Zollo & Winter (2002) soulignent que les entreprises qui ont une grande expérience en matière d'acquisitions développent une capacité stratégique et dynamique et connaissent une plus grande réussite. Pour les auteurs, cette capacité se fait par un effort délibéré de codification et d'articulation d'un savoir collectif nécessaire à la réalisation d'une tâche complexe. Cet effort est un processus permanent qui évolue à chaque opération d'acquisition afin d'améliorer le processus à chacune de ses étapes. Dans la même logique, d'autres recherches allant dans ce sens ont été réalisées dans la construction de capacités à gérer des alliances. Ainsi, Kale & Singh (2007), qui considèrent l'apprentissage comme une capacité dynamique, montrent que les mécanismes de l'apprentissage (tels que l'articulation, la codification, la formation et l'internalisation des connaissances consécutives à une opération d'alliance) favorisent la capacité à faire des opérations d'alliance.

Les capacités dynamiques sont ainsi plus complexes que les ressources et les compétences, car elles requièrent l'adaptation, l'exploration et le redéploiement d'autres types de ressources (Teece & al., 1997). Autrement dit, il ne suffit pas de disposer d'un « stock » de ressources et de compétences pour pouvoir parler de l'avantage concurrentiel sur le long terme. Ces ressources et compétences doivent évoluer, et c'est grâce aux capacités dynamiques que cela est possible, car ce sont : « des capacités de l'entreprise pour renouveler, augmenter et adapter ses compétences stratégiques » (Arrègle, 2006, p.245). En ce sens, Helfat & al. (2007) considèrent les capacités dynamiques comme les capacités de l'entreprise à déployer, créer ou modifier, selon une trajectoire bien déterminée, son « stock » de ressources.

La richesse des travaux d'Eisenhardt & Martin (2000) a largement contribué à faire évoluer la compréhension des capacités dynamiques. En effet, Winter (2003) considère lui aussi, dans la lignée de sa propre vision, que les capacités dynamiques constituent des routines. Partant de ce constat, l'auteur distingue entre les capacités dynamiques et les autres changements de l'entreprise. Il avance ainsi que l'entreprise peut changer sans posséder de capacités dynamiques. Suite à un cas de force majeure, l'entreprise se trouve dans un mode de réaction opportuniste basé sur la recherche des solutions immédiates. Pour l'auteur, ces changements qui sont non répétitives ne constituent pas des routines. C'est dans cette perspective, que Winter (2003) propose le terme "ad hoc problem solving" pour désigner ce type de changements. Son analyse apporte deux principales remarques. La première repose sur le fait de considérer les capacités dynamiques comme des routines, implique que ces capacités dynamiques doivent être mises en œuvre pour être préservées, ce qui n'est pas le cas pour la « résolution de problème ad hoc ». La seconde remarque est liée à la notion du coût. En effet, les capacités dynamiques représentent un coût très important. A l'inverse, les coûts de la « résolution de problème ad hoc » n'apparaissent que s'il y a un tel problème à résoudre. Ce dernier mode de changement est plus économique bien qu'il soit plus difficile pour les entreprises de développer leur aptitude à répondre aux « problèmes ad hoc » que leurs capacités dynamiques dans certains domaines : par exemple, la capacité à faire des alliances, les capacités en management des acquisitions, etc.

Des contributions plus récentes proposent des reformulations du concept des capacités dynamiques et de son rôle notamment dans le développement de nouveaux produits et services (Pablo & al., 2007 ; Danneels, 2010), ou encore dans la perspective de la poursuite d'un avantage concurrentiel (Easterby-Smith & al., 2009 ; Ambrosini & Bowman, 2009).

2. Diversité d'approches de la connaissance

2.1. La théorie des connaissances : une nouvelle vision de l'entreprise

L'extension de la théorie RBV (Barney, 1986, 1991) au domaine des connaissances a donné lieu à l'émergence d'un nouveau champ de recherche : l'approche KBV avec un article fondateur de Spender & Grant (1996), qui met en évidence l'importance des ressources en connaissances pour la compétitivité des entreprises. Selon la théorie KBV, qui est très proche dans ses principes de la théorie RBV, une entreprise est performante si elle obtient un avantage concurrentiel du fait de la gestion optimale des connaissances considérées stratégiques (Kogut & Zander, 1992 ; Birkinshaw & al., 2002).

Pour pourvoir comprendre la notion de « connaissance », il est nécessaire de la mettre en relation avec les notions de « donnée » et d'« information ». Bell (1999) fournit une définition claire de ces termes : 1)- une donnée est une séquence ordonnée d'items ou d'évènements (exemple : l'index des noms à la fin d'un livre), 2)- une information est une combinaison contextuelle d'items par laquelle les relations entre ces items sont montrées (exemple : l'index des matières d'un livre), 3)- une connaissance est l'appréciation de la signification de ces évènements ou items, qui viennent d'un contexte et/ou d'une théorie particulière (exemple : la construction de l'index thématique d'un livre par l'auteur).

De cette définition, il apparaît que la connaissance, l'information et les données se distinguent par l'importance de l'implication humaine et du traitement de la réalité. Pour qu'une information permette la création de connaissance, elle doit avoir un sens pour l'individu ou le groupe qui la reçoit. En d'autres termes, cette information doit être reliée aux autres connaissances. L'interprétation d'une information dépend des connaissances antérieures (Weick, 1995).

Dans la littérature, il y a deux types de connaissance qui sont acceptés par un grand nombre de chercheurs (Polanyi, 1966 ; Nonaka & Tacheuchi, 1995 ; Reix, 1995 ; Spender, 1996) : la connaissance tacite et la connaissance explicite.

Selon Reix (1995), la connaissance explicite est « une forme de connaissance qui peut être transmise, sans perte d'intégrité, par le biais d'un discours une fois connus les règles syntaxiques du langage retenu et les concepts représentatifs de la sémantique de ce langage» (p.18). Cette connaissance fait référence aux règles, lois, procédures, compétences techniques, etc. Elle peut être individuelle ou collective et qui peut être codifiée (Polanyi, 1966 ; Nonaka, 1994). Son transfert peut se réaliser aisément à travers un langage et des méthodes formelles (Nonaka & Takeuchi, 1995). A l'inverse, la connaissance tacite est intuitive et non verbalisée (Spender, 1996). Elle est difficilement transférable car elle réside dans l'expérience, les croyances, les routines, les jugements, etc. Elle peut prendre un caractère cognitif (des schémas d'interprétation) ou un caractère technique (expérience). Elle est fortement ancrée dans les pratiques individuelles et/ou collectives. Elle réside au sein du cerveau et « résulte du sens que nous donnons – au travers de nos schémas d'interprétation – aux données que nous percevons à partir des informations qui nous sont transmises » (Bayad & Schmitt, 2003, p.238).

L'intérêt de la connaissance dans les théories du management stratégique commence avec la prise en compte de la rationalité limitée dans les travaux de Simon à la fin des années 40. Il s'enrichit ensuite des apports de Polanyi (1962) avec la définition du caractère tacite/explicite de la connaissance, et se développe véritablement au milieu des années 80 avec la prise en compte de notions telles que les actifs stratégiques/intangibles.

La théorie fondée sur les connaissances soutient que les savoirs individuels et collectifs sont les ressources stratégiques les plus importantes pour une entreprise, car ils sont par nature difficilement imitables et socialement complexe (Nonaka, 1994 ; Nonaka & Takeuchi, 1995 ; Grant, 1996). Elle est ainsi complémentaire de la théorie des ressources qui fait de la connaissance la source privilégiée de l'avantage concurrentiel. Dans cette perspective, la productivité des ressources tangibles dépend de la façon dont ils sont combinés avec les savoir-faire de l'entreprise. Selon Rolland (2000), la connaissance est une ressource « non consommable », c'est-à-dire qu'il est possible de l'utiliser sans l'user. Le problème majeur de cette approche réside dans le fait que cette ressource est intangible et difficilement transférable. L'auteur considère que « la connaissance est comprise dans la compétence. La connaissance managériale est principalement formée de savoir-faire et de ressources intangibles » (p.4). Bayad & Schmitt (2003) rejoignent cette idée et affirment que « certaines connaissances individuelles ont une dimension collective qui se traduit par des compétences et des logiques d'action spécifiques de l'entreprise » (p.237).

La connaissance trouve sa source dans une multitude d'entités, que ce soit la culture organisationnelle, les routines, les systèmes, les documents ou les savoirs des individus et des groupes de l'entreprise (Grant & Spender, 1996). L'existence de l'entreprise est liée à ses fonctions d'apprentissage et à sa base de connaissances. Cependant, ce n'est pas tant le savoir existant dans l'entreprise qui est la source d'innovation et de l'avantage concurrentiel, mais la capacité de celle-ci à utiliser son stock de connaissances pour en créer de nouvelles. En ce sens, Nonaka (1994), Nonaka & Takeuchi (1995) et Nonaka & al. (2000) proposent de théoriser la dynamique de création de connaissances dans le processus d'innovation technologiques ou managériaux et d'identifier les facteurs influant cette dynamique. Selon les auteurs, la création de nouvelles connaissances se développerait dans une spirale dynamique composée de quatre processus : la socialisation (est un processus de transmission de connaissances tacites et des représentations mentales d'un acteur à un autre), l'externalisation (est un processus qui permet le passage de connaissances tacites en connaissances explicites, sous la forme de concepts, modèles ou hypothèses), la combinaison (est un processus de création de connaissances explicites à partir de la restructuration d'un ensemble de connaissances explicites acquises par différents canaux de communication) et l'intériorisation (est le processus de conversion de connaissances explicites en connaissances tacites. Il s'agit d'un processus d'apprentissage avec des supports, documents, manuels, etc.)

La théorie des connaissances apporte ainsi une nouvelle vision de l'existence de l'entreprise : l'entreprise existe par opposition au marché car elle permet la création d'une communauté sociale plus efficace que le marché dans la combinaison et l'intégration des connaissances. Elle apporte en effet des règles organisationnelles que le marché les ignore : valeurs, mécanismes de codification, etc. (Kogut & Zander, 1992). La théorie permet aussi de concevoir les frontières de l'entreprise qui sont déterminées par le niveau d'efficacité dans la coordination des connaissances : "Firms are social communities which use their relational structure and shared coding schemes to enhance the transfer and communication of new skills and capabilities" (Zander & Kogut, 1995, p.76).

L'analyse des différentes recherches portant sur le rôle de la connaissance dans l'organisation nous a permis de constater une diversité des théories mobilisées. Parmi les nombreux auteurs, Amin & Cohendet (2004) définissent trois grandes perspectives théoriques de la connaissance : l'approche stratégique et managériale, l'approche évolutionniste et l'approche sociale.

L'approche du management stratégique de la connaissance

Dans cette approche, la performance des entreprises est liée à leur structure, à leur organisation, à leurs procédures et à leur environnement. S'appuyant sur la théorie RBV, la connaissance devient la ressource mère de l'avantage concurrentiel car elle est rare, difficile à imiter ou à substituer. Kogut & Zander (1996) insistent sur le rôle clé des connaissances dans la compétition actuelle en notant que ce qui fonde l'avantage des entreprises par rapport au marché réside dans leur capacité à créer et à transférer des connaissances. En ce sens, la supériorité d'une entreprise dépend de la spécificité des « réservoirs » de connaissances qu'elle possède. L'entreprise est alors considérée comme une base de connaissances tacites ou explicites qui représente une source potentielle de l'avantage stratégique. Elle devient: "as a locus of construction, selection, usage and development of knowledge, leads to the recognition that cognitive mechanisms are essential and that routines play a major role in maintaining the internal coherence of the organization."(Amin & Cohendet, 2004, p.2).

La notion d'avantage concurrentiel est centrale dans la théorie des ressources et ses prolongements. Selon Barney (1991), "a firm is said to have a competitive advantage when it is implementing a value creating strategy not simultaneously being implemented by any current or potential competitors. A firm is said to have a sustained competitive advantage when it is implementing a value creating strategy not simultaneously being implemented by any current or potential competitors and when these other firms are unable to duplicate the benefits of this strategy." (p.102).

La majorité des travaux vise à établir des liens entre nature des connaissances et avantage concurrentiel. Ainsi, deux types essentiels de connaissances peuvent être distingués : la connaissance tacite et la connaissance explicite (Polanyi, 1966). Reprenant les travaux de Polanyi, Nonaka & Takeuchi (1994, 1995) définissent la connaissance explicite comme les informations et faits qui peuvent être articulés, codifiés et donc transférés de façon formelle, à travers des procédures et des règles. A l'inverse, la connaissance tacite peut difficilement être articulée et se caractérise par l'idée que : nous en savons plus que nous ne sommes capables de l'exprimer (Polanyi, 1966). Elle est une forme de connaissance très difficile (ou impossible) à traduire en discours, à ce titre elle est incommunicable par le langage. Dans cette perspective, c'est principalement dans ce dernier type de connaissance que réside l'avantage concurrentiel (Kogut & Zander, 1995), du fait du caractère stratégique de la connaissance tacite, au sens de Barney (1986, 1991).

Comme nous l'avons évoqué précédemment dans la définition de la notion de compétence, les connaissances tacites deviennent l'élément basique dans le développement des compétences clés : « si la théorie des compétences fondamentales propose une réflexion sur la méthodologie à employer pour valoriser les compétences, cette valorisation passe d'abord par les processus de management, et ensuite par les concepts de connaissance et de savoir-faire individuels. Les compétences sont alors vues en tant que processus de management et éléments organisationnels construits autour de la connaissance.» (Pesqueux, 2006, p.4). Dans cette approche, les compétences clés rassemblent plusieurs compétences et c'est le couplage des connaissances et leur incorporation à des pratiques qui engendre les compétences organisationnelles. Les managers sont donc amenés à chercher une meilleure coordination des connaissances (Prahalad & Hamel, 1990), afin que celles-ci soient transférées et diffusées dans l'entreprise. Ils doivent aussi établir un environnement encourageant l'apprentissage pour renforcer et stimuler les connaissances accumulées.

2.2. L'approche évolutionniste de la connaissance

L'approche évolutionniste conçoit l'entreprise comme un lieu de routines et d'apprentissage (Nelson & Winter, 1982). Les routines contribuent aux connaissances qui permettent de différencier les entreprises les unes des autres et qui constituent la base de leurs performances respectives. Selon Dosi & al. (1990), les routines peuvent être « dynamiques » (orientées vers de nouveaux apprentissages) ou « statiques » (orientées vers la répétition des pratiques antérieures). Trois caractéristiques fondamentales peuvent être attribuées à l'apprentissage : Il se présente comme un processus cumulatif (ce qui est appris pendant une période donnée s'appuie largement sur ce qui a été appris au cours des périodes antérieures), il représente une dimension collective (l'apprentissage individuel ne prend de valeur que s'il est expérimenté, diffusé et partagé au sein de l'organisation), il engendre la connaissance qui se matérialise et se concrétise dans des routines organisationnelles. Ces dernières comportent une forte dimension tacite.

Dans l'approche évolutionniste, les individus et les organisations agissent suivant des représentations et des habitudes qui définissent les routines organisationnelles. Ces dernières sont considérées comme des "repeated patterns of behavior that are bound by rules and customs and that do not change very much from one iteration to another" (Feldman, 2000, p. 611). L'accent est donc porté sur les règles et modes d'action empreints du contexte et indépendants de l'avenir. Cette vision met en avant le rôle joué par la dépendance de sentier "path dependancy" (213) qui repose sur l'idée d'irréversibilité dans les prises de décisions : l'organisation se comporte dans la continuité de son passé suivant des routines qu'elle a développées (Nelson & Winter, 1982).

Dans cette approche, la notion de routines renvoie à des aspects culturels et des comportements qui se transmettent dans les organisations par l'intermédiaire des individus. Trois catégories de routines peuvent être distinguées (Nelson & Winter, 1982) : les procédures opérationnelles, les routines qui déterminent les comportements, et les processus délibérés qui visent à trouver de meilleures pratiques. L'organisation est vue comme un « stock » de connaissances ancrées dans les routines organisationnelles où l'effort cognitif est partagé par tous les membres de l'organisation. Elle n'attribue pas de rôle particulier au manager. Les comportements de l'organisation sont structurés par différentes forces internes et externes. Il en résulte que l'intelligibilité de ces comportements suppose l'existence d'une condition préalable qui concerne la capacité d'apprentissage au cours de leurs interactions (Dosi & al., 2003). Suivant ce courant, la connaissance s'exprime dans les actions et les comportements des acteurs. Les organisations peuvent de ce fait adopter le même comportement des autres organisations en les imitant (March & Levitt, 1988). Cette perspective s'intéresse à la fois sur l'individu et l'organisation. Cependant, les modes de passage de l'un à l'autre restent peu claires dans la littérature.

---

(213) – L'importance du concept de dépendance de sentier se manifeste durant la dernière décennie par le nombre de publications dans des revues spécialisées telles que Adiministrative Science Quarterly, Organization Science et Organization Studies... Dans ce cadre, Sydow & al., (2005), dénombrent plus de 60 articles publiés en dix ans (1995-2004) qui se réfèrent à ce concept, soit 6% de l'ensemble des articles publiés dans les revues citées ci-dessus.

2.3. La connaissance : une conception sociale et dynamique

L'approche sociale des connaissances est inspirée des travaux de Lave & Wenger (1991) et de Brown & Duguid (1991). Elle consiste à comprendre comment les connaissances sont formées par les interactions sociales dans un contexte spécifique. Suivant cette perspective, la connaissance est liée à la pratique qui se forme dans l'interaction. Selon Amin & Cohendet (2004), les connaissances sont créées dans des communautés d'acteurs qui agissent sous des conditions d'échange volontaire et dans le respect des normes sociales définies au sein de chacun de ses groupes. Les connaissances sont ainsi liées aux liens sociaux entre individus. Les personnes qui évoluent dans une même communauté partagent à peu près les mêmes informations et suivent des trajectoires similaires. L'information qui circule entre personnes proches reliées par des liens forts est redondante.

La pratique relève du « faire » dans ses dimensions historique et sociale et dans sa capacité à donner un sens aux actions. Selon Chanal (2000), la pratique est « le lieu où se négocient les significations liées à l'action. Pour que la pratique soit source d'apprentissage collectif et de structure sociale, ce qui est un des arguments principaux de Wenger [1998], il faut une certaine continuité des significations, ce qui n'empêche pas leur évolution dans le temps.» (p.6). La communauté est le lieu social de l'échange d'expériences et de construction des connaissances. Elle est fondée sur le principe de collaboration dans la participation. Quand au concept de communauté de pratique, il est défini comme un groupe d'individus qui partage un intérêt, un ensemble de problèmes ou une passion pour un sujet et qui approfondit ses connaissances et son expertise dans ce domaine en interagissant de manière continue (Cohendet & Gaffard, 2012). Il est compris par trois dimensions (Wenger, 1998) : l'engagement mutuel (la volonté de chaque individu de mettre à la disposition de la communauté ses savoirs et savoir-faire), une action commune (l'implication volontaire et spontanée des individus de la communauté dans une action collective et négociée), un répertoire partagé (l'ensemble d'expériences partagées par l'ensemble des individus mobilisés pour accomplir une action). L'appartenance à la communauté de pratique n'empêche en rien les individus de poursuivre leur cheminement professionnel et personnel. Avec leur expérience, ils peuvent même vouloir remettre en question les connaissances de la communauté. En considérant la communauté de connaissance comme base de tout système d'apprentissage social, Wenger (2000) introduit deux autres concepts fondamentaux à savoir les frontières et l'identité. Les frontières qui sont souvent implicites permettent de connecter facilement les différentes communautés entre elles et de combiner les compétences internes de la communauté à des expériences externes. L'identité de l'individu affectera la façon selon laquelle seront confrontées compétences et expériences. Elle influencera par conséquent le transfert de connaissances entre individus car ces derniers choisissent habituellement des destinataires qui leur ressemblent et à qui ils font confiance. L'identité est susceptible de faire des liens entre plusieurs communautés auxquelles l'individu peut appartenir.

D'autres auteurs (Cohendet & al., 2003) distinguent entre deux types de communautés: les communautés épistémiques et les communautés de pratique qui représentent les lieux où la création de connaissances à la plus forte chance de survenir. La principale différence entre les deux notions est que les communautés de pratique sont orientées vers la réussite d'une activité et la création de connaissances est un processus involontaire, tandis que les communautés épistémiques sont largement orientées vers la création de nouvelles connaissances. Dans la même perspective, Von Krogh & al. (2001) propose une taxinomie des communautés dans laquelle nous distinguons entre les communautés occupationnelles composés d'individus ayant la même profession, et les communautés virtuelles fondées sur des compétences techniques et des intérêts et objectifs communs entre individus. Il existe par ailleurs des micro-communautés de connaissances dans lesquelles l'identité collective se construit autour d'un projet d'innovation (Von Krogh & al., 2001).

Les auteurs de l'approche sociale de la connaissance, ont développé une conception de la connaissance organisationnelle fondée sur quatre caractéristiques fondamentales : elle est située dans un système de pratiques continues, elle est relationnelle et médiatisée par des artéfacts, elle est enracinée dans un contexte d'interactions et s'acquièrent à travers la participation à des communautés de pratique, elle est dynamique et temporaire (Gherardi & Nicolini, 2000). Selon Albino & al. (1998), la connaissance organisationnelle est abordée au travers trois dimensions en interaction : structurelle (la connaissance provient de l'interprétation donnée à l'information), processuelle (les interprétations évoluent pour développer de nouvelles connaissances) et fonctionnelle (les connaissances définissent les capacités nécessaires pour réaliser les tâches).

Dans l'approche sociale, la connaissance est alors une construction sociale et dynamique ancrée dans la pratique (Stacey, 2000 ; McElroy, 2000) qui intègre des activités multiples (culturelles, émotionnelles, etc.). Elle naît dans des groupes d'individus en interaction qui partagent des intérêts communs, des problèmes à résoudre ou une passion sur un sujet qui approfondit leurs connaissances et leur expertise. L'intérêt de cette perspective semble surtout lié à la mise en œuvre de possibilités d'apprentissage collectif au cours du processus d'interactions sociales, par l'enrichissement des modèles organisationnels et par la création de connaissances.

En résumé, nous estimons important de récapituler, dans le tableau suivant, les principaux enseignements des trois approches théoriques de la connaissance.

Tableau de synthèse

Approches	Stratégique	Évolutionniste	Sociale
La connaissance est :	Une ressource, une compétence organisationnelle	Un comportement Une action	Une pratique
La connaissance est ancrée dans :	Les structures	Les routines	Les interactions sociales entre individus
Niveau d'analyse	Organisation Inter-organisation	Individu Organisation	Groupes d'individus Communautés

Bien que les concepts (ressource, compétence, capacité dynamique et connaissance) soient souvent transversaux, les principaux d'entre eux tendent à représenter plus spécifiquement l'une ou l'autre des différentes approches dans le cadre de la théorie des ressources. Nous proposons ci-dessous une représentation schématique des concepts et des liens principaux entre ces concepts.

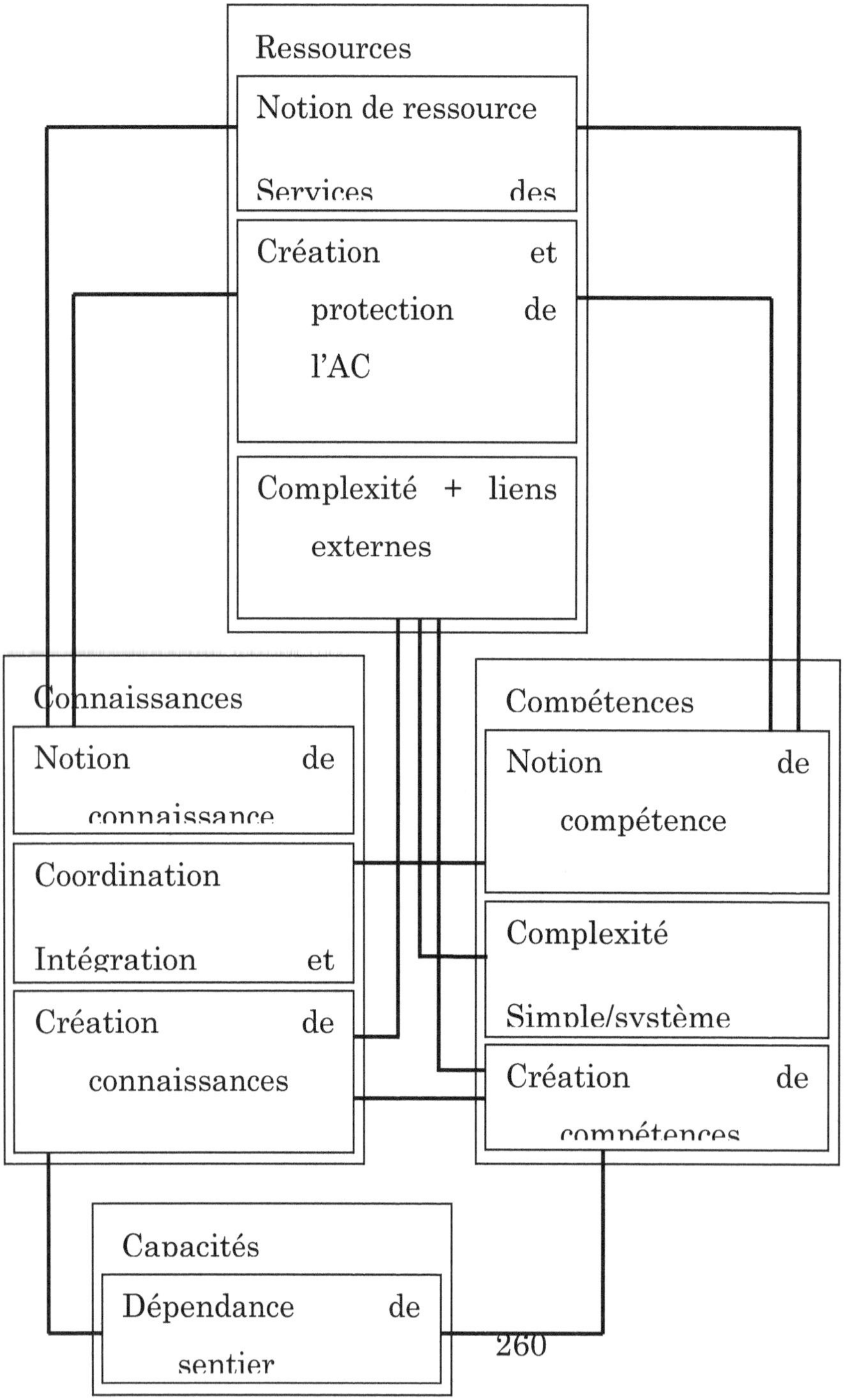
Ressources
Notion de ressource
Services des
Création et protection de l'AC
Complexité + liens externes
Connaissances
Notion de connaissance
Coordination
Intégration et
Création de connaissances
Compétences
Notion de compétence
Complexité
Simple/système
Création de compétences
Capacités
Dépendance de sentier

Conclusion

Comme le notent Foss & Eriksen (1995), les caractéristiques de l'environnement externe ne peuvent être des conditions suffisantes pour expliquer l'avantage concurrentiel durable des entreprises. Tout au plus, elles permettent à ces dernières de réaliser des profits normaux. Les profits durablement supérieurs de certaines entreprises ne peuvent être expliqués qu'en considérant les ressources des firmes et leur combinaison dans l'exploitation.

Le cadre théorique présenté dans cet article autorise à analyser et construire les liens entre les ressources, compétences, capacités dynamiques et connaissances. Ainsi, les définitions des ressources prennent en compte la notion de complexité (certaines ressources reposent sur des interactions entre facteurs) -ce qui peut être relié à la notion de complexité des compétences, elles prennent également en compte l'importance des liens avec d'autres organisations –ce qui peut être relié à la création de connaissances et à celle de compétences (l'accès à des ressources externes permet d'imaginer de nouvelles combinaisons entre ressources). L'importance de l'aspect de coordination dans la théorie de la connaissance est reliée à la notion de compétence (dont la définition repose sur cette notion de coordination). Le lien entre création de compétences et création de connaissances souligne l'existence de similarités entre les processus de création. Le concept de capacité dynamique, par essence, entretient des liens étroits avec les notions de création de compétences et de création de connaissances.

Ce travail de synthèse nous permet également de proposer une définition de la « connaissance » faisant la distinction entre trois approches : l'approche stratégique, l'approche évolutionniste et l'approche sociale. Ainsi, les tenants des approches stratégique et évolutionniste traitent-t-ils de déplacement d'une connaissance dans des optiques de reproduction et/ou intégration ; alors que les tenants de l'approche sociale ont recours à des théories empruntant beaucoup à la sociologie pour évoquer la création de connaissances comme une construction dynamique, évolutive et sociale.

Bibliographie

Acedo, F-J., Barroso, C., Galan, J-L., (2006), "The resource based theory: dissemination and main train", Strategic Management Journal, Vol.27, N°7, pp.621-636.

Ambrosini, V., Bowman, C., (2009), "What are dynamic capabilities and are they a useful construct in strategic management?", International Journal of Management Reviews, Vol.11, N°1, pp.29-49.

Amin, A., Cohendet, P., (2004), "Architectures of knowledge. Firms, capabilities and communities", New York: Oxford University Press.

Amit, R., Schoemaker, P-J-H., (1993), "Strategic Assets and Organizational Rent", Strategic Management Journal, Vol.14, pp.33-46.

Arend, R-J., (2003), "Revisiting the logical and research considerations of competitive advantage" Strategic Management Journal, Vol.24, N°2, pp.279-284.

Arrègle, J-L., Quélin, B., (2001). « L'approche fondée sur les ressources », In A.C. Martinet & R.A. Thiétart (Eds.), Stratégies - Actualité et futurs de la recherche, pp.273-289, Paris, Vuibert - FNEGE.

Arrègle, J-L., (1995), « Le savoir et l'approche Resource-Based : une ressource et une compétence », Revue Française de Gestion, N°105, pp.84-94.

Arrègle J-L., (2006), "Analyse Resource-Based et Identification des Actifs Stratégiques", Revue Française de Gestion, N°160, pp.241-259.

Augier, M., Teece, D-J., (2009), "Dynamic Capabilities and the Role of Managers in Business Strategy and Economic Performance", Organization Science, Vol.20, N°2, pp.410-421.

Barney J-B., (1991), "Firm Resources and Sustained Competitive Advantage", Journal of Management, Vol.17, pp.99-120.

Barney J-B., (1986), "Strategic Factor Markets: Expectations Luck and Business Strategy", Management Science, Vol.32, pp.1231-1241.

Barney, J., (2001), "Is the Resource-Based view a useful Perspective for Strategic Management Research? Yes", Academy of Management Review, Vol.26, pp.41-57.

Bayad, M., Schmitt, Ch., (2003), « GRH et changement organisationnel : quelle relation à travers les théories des organisations », les actes de la conférence annuelle de l'AGRH, 20-22 novembre, Grenoble.

Bell, M., (1999), "Knowledge systems and technological dynamism in industrial clusters in developing countries", World Development, Vol.27, N°9, pp.1715-1734.

Birkinshaw, J., Nobel, R., Ridderstrale, J., (2002), "Knowledge as a contingency variable: do the characteristics of knowledge predict organization structure?", Organization Science, Vol.13, N°3, pp.274-289.

Brown, J-S. Duguid, P., (1991), "Organizational learning and communities-of-practices: toward a unified view of working, learning, and innovation", Organization Science, Vol.2, N°1, pp.40-57.

Brulhart, F., Guieu, G, Maltese L., (2010), « Théorie des ressources : débats théoriques et applicabilités », Revue Française de Gestion, N°204, pp.83-86.

Chanal, V., (2000), « Communautés de pratique et management par projet : A propos de l'ouvrage de Wenger (1998) : Communities of practice : learning, meaning and identity », M@n@gement, Vol.3, N°1, pp.1-30.

Charles-Pauvers, B., Schieb-Bienfait, N., (2010), « Analyser l'articulation des compétences individuelles, collectives et stratégiques : propositions théoriques et méthodologiques », Working paper, N° 2010/02, LEMNA - Université de Nantes.

Cohendet, P., Creplet, F., Dupouët, O., (2003), « Innovation organisationnelle, communautés de pratique et communautés épistémiques : le cas de Linux », Revue Française de Gestion, N°146, pp.99-121.

Cohendet, P., Gaffard, J-L., (2012), « Coordination, citation et création de connaissance », Revue Management International, Vol.16, Numéro spécial, pp.11-19.

Conner, K-R., Prahalad, C-K., (1996), "A resource-based theory of the firm: knowledge versus opportunism", Organization Science, Vol.5, pp.477-501.

Danneels, E., (2010),"Trying to become a different type of company: Dynamic capability at Smith Corona", Strategic Management Journal, Vol.32, N°1, pp.1-31.

Dosi, G., Teece, D., Winter, S., (1990), « Les frontières des entreprises : vers une théorie de la cohérence de la grande entreprise », Revue d'Economie Industrielle, N°51, pp.238-254.

Dosi, G., Faillo, M. Marengo, L., (2003): "Organizational capabilities, patterns of knowledge accumulation and governance structures in business firms: an introduction", Working paper, Laboratory of Economics and Management (LEM).

Doz, Y., (1994), « Les dilemmes de la gestion du renouvellement des compétences clés », Revue Française de Gestion, N°97, pp.92-104.

Durand, T., (2006), « L'alchimie de la compétence », Revue Française de Gestion, N°160, pp.261-292.

Easterby-Smith, M-P-V., Lyles, M., Peteraf, M., (2009), "Dynamic capabilities: current debates and future directions", British Journal of Management, Vol.20, pp.51-58.

Eisenhardt, K., Martin, J., (2000), "Dynamic capabilities: what are they?", Strategic Management Journal, Vol.21, pp.1105-1121.

Feldman, M., (2000), "Organizational routines as a source of continuous change", Organization Science, Vol.11, N°6, pp.611-629.

Foss, N., Knudsen, T., (2000): "The resource-based tangle: towards a sustainable explanation of competitive advantage ", working paper, N°2000-1, Copenhagen Business School, University of Shouthern Denmark.

Foss, N-J., (1996), "Knowledge-based approaches to the theory of the firm: some critical comments", Organization science, Vol.7, N°5, pp.470-476.

Foss N.J. et Eriksen B. (1995), "Competitive advantage and industry capabilities", in Resource-based and evolutionnary theories of the firm, coordonné par Montgomery C.A., Kluwer Academic Publishers, Massachusetts, p.43-69.

Gherardi, S., Nicolini, D., (2000), "To Transfer is to Transform: The Circulation of Safety Knowledge", Organization, Vol.7, N°2, pp.329-348.

Grant, R., Spender, J-C., (1996), "Knowledge and the firm: An overview", Strategic Management Journal, Vol.17, (Winter Special Issue), pp.3-9.

Grant, R-M., (1991), "Resource-Based Theory of Competitive Advantage: Implication for Strategy Formulation", California Management Review, Vol.33, N°3, pp.114-135.

Grant, R-M., (1996), "Toward a knowledge-based theory of the firm", Strategic Management Journal, Vol.17, winter special issue, pp.109-122.

Helfat, C., Finkelstein, S., Mitchell, W., Peteraf, M-A., Harbir, S., Teece, D-J., Winter, S-G., (2007), "Dynamic Capabilities: Understanding Strategic Change in Organizations", Blackwell publishing, Oxford.

Helfat, C-E., Peteraf, M-A., (2003), "The dynamic resource-based view: capability lifecycles" Strategic Management Journal, Vol.24, Special Issue, pp.997-1010.

Kale, P., Singh, H., (2007), "Building Firm Capabilities through Learning: The Role of the Alliance Learning Process in Alliance Capability and Firm-Level Alliance Success", Strategic Management Journal, Vol.28, N°10, pp.981-1000.

Kogut, B., Zander, U., (1996), "What firms do? Coordination, identity, and learning", Organization Science, Vol.7, N°5, pp.502-518.

Kogut, B., Zander, U., (1992), "Knowledge of the firm, Combinatie Capabilities and the Replication of Technology", Organization Science, Vol.3, N°3, pp.383-397.

Kogut, B., Zander, U., (1995), "Knowledge and the speed of the transfer and imitation of organizational capabilities: an empirical test", Organization Science, Vol.6, N°1, pp.76-92.

Lave, J., Wenger, E., (1991), "Situated learning: Legitimate peripheral participation", Cambridge University Press.

Liouville, J., (2008), « Une tautologie peut-elle générer une théorie fertile ? Les leçons de l'évolution de la théorie RBV », Revue Sciences de Gestion, N°68, pp.21-61.

March, J., Levitt, B., (1988), "Organizational learning", Annual review of sociology, N°14, pp.19-40.

McElroy, M-W., (2000), "Integrating complexity theory, knowledge management and organizational learning", Journal of Knowledge Management, Vol.4, N°3, pp.195-203.

Meschi, P-X., (1997), « Le concept de compétence en stratégie : perspectives et limites », Actes de la conférence annuelle de l'AIMS, Montréal.

Nelson, R., Winter, S-G., (1982), "An Evolutionary Theory of Economic Change", Cambridge (Mass.), Belknap Press/Harvard University Press.

Newbert, S-L., (2007), "Empirical Research on the resource-based view of the firm: An assessment and suggestions for future research", Strategic Management Journal, Vol.28, N°2, pp.121-146.

Nonaka, I., Toyoma, R., Nagata, A., (2000), "A firm as a knowledge creating entity: a new perspective on the theory of the firm", Industrial and Corporate Change, Vol.9, N°1, pp.1-20.

Nonaka, I., Takeuchi, H., (1994), "A dynamic theory of organizational Knowledge Creation", Organization Science, Vol. 5, N°1, pp.14-37.

Nonaka, I., Takeuchi, H., (1995), "The knowledge-Creating Company: how the Japanese Companies Create the Dynamic of Innovation", Oxford University Press.

Nonaka, I., (1994), "A dynamic Theory of Organizational Knowledge Creation", Organization Science, Vol.5, N°1, pp.14-37.

Pablo, A-L., Reay, T., Dewald, J-R., Casebeer, A-L., (2007), "Identifying, enabling and managing dynamic capabilities in the public sector", Journal of Management Studies, Vol.44, N°5, pp.687-708.

Penrose, E-T., (1959), "The Theory of Growth of the Firm", John Wiley New York.

Peteraf, M-A., (1993), "The cornerstones of competitive advantage: a resource-based view", Strategic Management Journal, Vol.14, N°3, pp.179-191.

Polanyi, M., (1966), "The tacit dimension", New York: Doubleday.

Polanyi, M., (1962), "Personal Knowledge", London, Routledge and Kegan Paul.

Prahalad, C-K., Hamel, G., (1990), "The core competence of the corporation", Harvard Business Review, Vol.3, pp.79-91.

Prévot, F., Brulhart, G., Guieu, L., (2010), « Perspectives fondées sur les ressources : proposition de synthèse », Revue Française de Gestion, N°204, pp.87-103.

Priem, R-L., Butler, J-E., (2001), "Tautology in the resource-based view and the implications of externally determined resource value: Further comments", The Academy of Management Review, Vol.26, N°1, pp.57-66.

Puthod, D. et C. Thévenard, "La Théorie de l'Avantage Concurrentiel fondé sur les Ressources : Une Illustration avec le Groupe Salomon." Actes de la Conférence AIMS, pp. 1-19, 1997

Quélin, B., Arrègle, J-L., (2000), « Le management des compétences », Ellipses, Paris.

Quélin, B., (1997), "Appropriability and the creation of new capabilities through strategic alliances", in Sanchez, R., Heene, A., (Eds), Strategic learning and knowledge management. John Wiley & Sons, Chichester, chap.8, pp.139-160.

Reix, R., (1995), « Savoir tacite et savoir formalisé dans l'entreprise », Revue Française de Gestion, N°105, pp.17-28.

Rolland, N., (2000), « l'apprentissage organisationnel de compétences managériales dans les alliances stratégiques : une approche par le management de la connaissance », Actes de la conférence annuelle de l'AIMS, Montpellier, 24-26 Mai.

Pesqueux, Y., (2006), « La dualité compétence et connaissance », Working paper.
http://hal.archives-ouvertes.fr/docs/00/50/96/77/PDF/dualitA_comp_connYP.pdf

Sanchez, R., (2000), « Une comparaison des approches de la ressource, des capacités dynamiques et de la compétence : une contribution à la théorie du management stratégique », in Quélin, B., Arrègle, J-L., (Coord), Le management stratégique des compétences. Ellipses, Paris, 2000, chap 2, pp.55-81.

Spender, J-C., Grant, R-M., (1996), "Knowledge and the firm: overview", Strategic Management Journal, Vol.17, winter special issue, pp.5-9.

Spender, J-C., (1996) "Making Knowledge the Basis of a Dynamic Theory of the Firm" Strategic Management Journal, Vol.17, winter special issue, pp.45-62.

Stacey, R-D., (2000), "The Emergence of Knowledge in Organizations", Emergence, Vol.2, N°4, pp.23-39.

Sydow, J., Schreyogg, G., Koch, J., (2005): "Organizational path: path dependency and beyond", 21ème EGOS Colloque, Berlin, Allemagne.

Tampoe, M., (1994), "Exploiting the core competences of your organization", Long Range Planning, Vol.27, N°4, pp.66-77.

Teece, D., Pisano, G., Shuen, A., (1997), "Dynamic capabilities and strategic management", Strategic Management Journal, Vol.18, N°7, pp.509-533.

Teece, D., (2007), "Explicating dynamic capabilities: the nature and micro-foundations of (sustainable) enterprise performance", Strategic Management Journal, Vol.28, N°13, 1319-1350.

Tywoniak, S., (1997), « Le modèle des ressources et compétences : un nouveau paradigme pour le management stratégique ? », Actes de la conférence annuelle de l'AIMS, Montréal.

Von Krogh, G., Nonaka, I., Aben, M., (2001), "Making the most of your company's knowledge: a strategic framework", Long Range Planning, Vol.34, N°4, pp.421-439.

Weick, K-E., (1995), "Sensemaking in organizations", Thousand Oaks, CA: Sage Publications, Inc.

Wenger, E., (1998), "Communities of Practice, Learning, Meaning, and Identity", Cambridge University Press.

Wenger, E., (2000), "Communities of practice and social learning systems", Organization, Vol.7, N°2, pp.225-246.

Wernerfelt, B., (1984), "A Resource-Based View of the Firm", Strategic Management Journal, Vol.5, pp.171-180.

Williamson, O., (1999), "Strategy research: governance and competence perspective", Strategic Management Journal, Vol.20, N°12, pp.1087-1108.

Winter, S-G., (2003), "Understanding dynamic capabilities", Strategic Management Journal, Vol.24, N°10, pp.991-995.

Zander, U., Kogut, B., (1995), "Knowledge and the speed of the transfer of organizational capabilities: an empirical test", Organization Science, Vol.6, N°1, pp.76-92.

Zollo, M., Winter, S-G., (2002), "Deliberate learning and the evolution of dynamic capabilities", Organization Science, Vol.13, N°3, pp.339-351.

7) L'EFFET TRANSLATIF CONSOLIDÉ DE LA SUBROGATION DE L'AGS DANS LES DROITS DES SALARIÉS

Kouassi Efrahime N'GUESSAN
Docteur en droit privé et sciences criminelles
Chercheur au CRDP/ Université de Lille
Enseignant-chercheur contractuel à l'université de Tours

Décision commentée : 15 janvier 2025, Cour de cassation Pourvoi n° 23-19.653, Chambre commerciale financière et économique - Formation restreinte hors RNSM/NA

Résumé : Le 15 janvier 2025, la chambre commerciale, financière et économique de la Cour de cassation a rendu un arrêt concernant le pourvoi n° 23-19.653. Cette affaire opposait l'Unédic (délégation AGS) aux liquidateurs de la société Alvance Foundry Poitou. L'AGS avait avancé des sommes aux salariés de cette entreprise en liquidation judiciaire et sollicitait le remboursement de sa créance superprivilégiée. La Cour de cassation a cassé partiellement l'arrêt de la cour d'appel de Paris du 6 juillet 2023, en rappelant que la subrogation permet à l'AGS de recevoir un paiement sur les premières rentrées de fonds, sans attendre la répartition entre créanciers. Elle a ainsi affirmé que le super privilège n'est pas exclusivement attaché aux salariés.

Abstract : On January 15, 2025, the Commercial, Financial, and Economic Chamber of the French Court of Cassation issued a ruling on appeal No. 23-19.653. This case involved Unédic (AGS delegation) and the liquidators of the company Alvance Foundry Poitou. The AGS had advanced funds to the employees of this company, which was under judicial liquidation, and was seeking reimbursement of its super-privileged claim.

The Court of Cassation partially overturned the judgment of the Paris Court of Appeal dated July 6, 2023, reiterating that subrogation allows the AGS to receive payment from the first available funds without having to wait for distribution among creditors.

Thus, the Court affirmed that the super-privilege is not exclusively attached to employees.

Mots clés : subrogation, créance, salaire, superprivilège, liquidation, paiement.

Introduction

La liquidation judiciaire d'une entreprise entraîne une hiérarchie stricte des créances à rembourser. Parmi ces créances, les salaires impayés bénéficient d'un "super privilège", leur conférant une priorité de paiement. Lorsque l'AGS avance des fonds aux salariés, elle est subrogée dans leurs droits et peut revendiquer le paiement immédiat de ces créances, indépendamment du classement général des créanciers

En effet une entreprise aura été placée en redressement judiciaire le 23 avril 2021, puis en liquidation judiciaire le 23 juillet 2021. En tant que garantie des salaires, l'AGS (Association pour la gestion du régime de garantie des créances des salariés) avait avancé aux salariés certaines rémunérations bénéficiant ainsi du super privilège prévu par les articles L. 3253-2 et L. 3253-4 du Code du travail. Cependant, un litige est né quant à l'application du paiement immédiat de ces créances. Le juge-commissaire avait ordonné aux liquidateurs de payer à l'AGS une somme provisionnelle correspondant à une partie des avances effectuées. L'AGS a contesté ce caractère provisionnel et demandé le paiement intégral de sa créance superprivilégiée.

L'arrêt de la Cour d'Appel de Paris, en date du 6 juillet 2023 aura retenu que le paiement immédiat d'une créance salariale était un droit exclusivement attaché à la personne du salarié et que l'AGS, bien que subrogée dans les droits des salariés, ne pouvait bénéficier du paiement immédiat.

L'AGS a donc formé un pourvoi en cassation, soutenant que la subrogation dont elle bénéficie implique un droit identique à celui du salarié, y compris le paiement immédiat de la créance garantie. La cour de cassation aura été saisie aux fins de répondre à la question suivante. Une institution de garantie comme l'AGS, subrogée dans les droits des salariés, peut-elle bénéficier du paiement immédiat de sa créance superprivilégiée sans attendre la clôture de la procédure collective ?

Par sa décision la Cour entend « *mettre définitivement fin aux divergences persistantes de la* jurisprudence *des juges du fond sur l'étendue de l'effet translatif de la subrogation de l'AGS dans les droits des salariés*[214] »

Or dans plusieurs décisions[215] déjà, la Cour de cassation aura fixé sa position estimant que l'AGS était subrogée dans les droits des salariés et qu'à ce titre elle bénéficiait du droit au paiement immédiat de sa créance (I). L'implication de cette décision (II) sera de renforcer la position des institutions de garantie dans les procédures collectives, leur permettant de récupérer rapidement les sommes avancées au titre des salaires impayés.

---

[214] Christine GAILHBAUD, Étendue de l'effet translatif de la subrogation de l'AGS dans les droits des salariés : fin de partie, D.A. 1 février 2024.

[215] Cass. com., 24 mai 2018, n° 16-27.029 : « La subrogation opérée par l'AGS a pour effet de lui transmettre l'intégralité des droits du salarié, y compris les garanties et privilèges attachés aux créances salariales ».

Cass. soc., 4 juillet 2012, n° 10-26.290 : « L'AGS, subrogée dans les droits des salariés, bénéficie du même régime de paiement immédiat prévu pour ces derniers ».

I. – La position de la Cour de cassation

Dans plusieurs décisions rendues auparavant la Cour de cassation aura jugé que le super privilège n'est pas exclusivement attaché à la personne du salarié, mais suit la créance subrogée à l'AGS (A). Il faudra également convenir que la décision du 15 janvier 2025 s'inscrit dans un contexte plus large d'évolution du droit des entreprises en difficulté et de protection des créances salariales (B).

A. Rattachement du super privilège à la créance et non à la personne

Dans cette décision, la Cour de cassation a cassé partiellement l'arrêt de la cour d'appel, estimant que l'AGS, en tant que subrogée dans les droits des salariés, avait droit au paiement immédiat de sa créance superprivilégiée. Elle aura ainsi rappelé que le super privilège n'est pas exclusivement attaché à la personne du salarié et que la subrogation permet à l'AGS de recevoir un paiement sans attendre la répartition entre les créanciers. Il s'en suit que, le paiement devait être effectué sur les premières rentrées de fonds, indépendamment du classement général des créances.

La Cour de cassation casse l'arrêt de la cour d'appel en affirmant que :

La subrogation transmet tous les droits attachés à la créance salariale

L'article L. 3253-16 du Code du travail prévoit que l'AGS est subrogée dans les droits des salariés. L'AGS, en tant qu'institution de garantie, bénéficie de **tous les droits et accessoires** liés à la créance salariale. L'AGS est une institution de garantie qui avance aux salariés les sommes dues en cas de redressement ou liquidation judiciaire de leur employeur. En contrepartie, elle est subrogée dans les droits des salariés sur les créances couvertes par le super privilège prévu aux articles L. 3253-2 et L. 3253-4 du Code du travail.

Cette subrogation implique que l'AGS hérite de tous les avantages de la créance salariale, y compris le super privilège qui garantit son paiement prioritaire. Comme le soutient le Maître de conférences *Christine GAILHBAUD, « Il s'agit bien, à partir du paiement, de substituer le* solvens *subrogé, dans les droits de l'*accipiens *subrogeant, dans les rapports avec le débiteur. En faisant l'avance des créances superprivilégiées des salariés, l'AGS se trouve subrogée dans leurs droits pour le remboursement de ces créances, auprès de l'employeur, débiteur de la procédure collective* [216]».

Or, comme le font remarquer CHANTEPIE et LATINA « *sont exclus de l'effet translatif opéré par la subrogation, comme de manière commune à d'autres actions fondées sur la même logique, les droits exclusivement attachés à la personne du créancier subrogeant. Cette exclusion a d'abord été retenue par la jurisprudence, puis a formellement intégré le code civil à l'article 1346-4 alinéa* 1er (Ord. n° 2016-131 du 10 févr. 2016, JO 11 févr., n° 26) : « *La subrogation transmet à son bénéficiaire, dans la limite de ce qu'il a payé, la créance et ses accessoires, à l'exception des droits exclusivement attachés à la personne du créancier* »[217]. L'argument selon lequel le droit au paiement immédiat serait "personnel" au salarié est donc erroné.

Le paiement immédiat doit être accordé à l'AGS sur les premières rentrées de fonds

---

[216] Christine GAILHBAUD, Étendue de l'effet translatif de la subrogation de l'AGS dans les droits des salariés : fin de partie, https://www.dalloz-actualite.fr/flash/etendue-de-l-effet-translatif-de-subrogation-de-l-ags-dans-droits-des-salaries-fin-de-partie

[217] G. Chantepie et M. Latina, *La réforme du droit des obligations*, Dalloz, 2016, n° 1002 ; (par ex., l'exception de minorité, Civ. 2e, 25 nov. 1992, n° 91-13.251 P, RTD civ. 1993. 128, obs. J. Mestre

L'effet translatif consolidé de la subrogation de l'AGS dans les droits des salariés

En application des articles L. 625-8 et L. 641-14 du Code de commerce, les créances bénéficiant du super privilège doivent être payées dans les 10 jours suivant l'ouverture de la procédure, si les fonds sont disponibles. Les créances couvertes par le super privilège doivent être payées **en priorité** dès que des fonds sont disponibles, sans attendre la répartition entre créanciers.

En cas d'insuffisance de trésorerie, elles doivent être réglées dès les premières rentrées de fonds, avant même toute répartition entre créanciers.

Le paiement immédiat de l'AGS ne relève pas d'une avance provisionnelle

L'arrêt de la cour d'appel avait conditionné le paiement immédiat à une décision du juge-commissaire sur le fondement de l'article L. 643-3 du Code de commerce (qui permet des avances provisionnelles dans certains cas).

La Cour de cassation rejette cette interprétation en affirmant que le super privilège de l'AGS est de plein droit et que son paiement n'est pas conditionné à une autorisation spécifique du juge-commissaire.

La décision du 15 janvier 2025 (Pourvoi n° 23-19.653) s'inscrit dans une ligne jurisprudentielle constante de la Cour de cassation sur l'application du super privilège des créances salariales et la subrogation de l'AGS[218]. Cette subrogation signifie que l'AGS récupère la créance avec tous ses accessoires, y compris. Ainsi, le super privilège devra lui conférer un paiement prioritaire[219] à l'AGS indépendamment de sa naissance régulière ou pas. On

[218] Cass. com., 20 mai 2020, n° 18-25.513 : reconnaissance du droit de subrogation pleine et entière de l'AGS.

[219] Cass. com., 13 févr. 2019, n° 17-26.221 : affirmation du paiement prioritaire des créances superprivilégiées

observera d'ailleurs que dans un arrêt du 13 juillet 2010, la Cour de cassation a, en effet, estimé que quand bien même une créance de salaire serait née irrégulièrement dans le cadre d'une procédure de liquidation judiciaire, elle pouvait, malgré tout, bénéficier du régime des créances privilégiées[220]. Cela impliquerait que le principe d'interdiction des paiements ne lui est pas applicable[221].

Dès lors, le paiement prioritaire emporterait pour son bénéficiaire le droit au paiement immédiat des créances superprivilégiées dès que les liquidateurs disposent de fonds. En effet, selon l'article L. 625-8 du Code de commerce « *Les créances superprivilégiées des salariés correspondent aux salaires des 60 jours précédant le jugement d'ouverture. Lorsque le débiteur dispose des fonds, les salaires non réglés doivent être payés dans les 10 jours suivant l'ouverture et, à défaut d'avoir les fonds, sur les premières rentrées d'argent* ». Dans deux arrêts du 17 janvier, la Chambre commerciale venait de rappeler d'abord que selon l'article L. 625-8 du Code de commerce, rendu applicable à la liquidation judiciaire par l'article L. 641-14, alinéa 1er, nonobstant l'existence de toute autre créance, les créances que garantit le super privilège des salaires (C. trav., art. L. 3253-2, L. 3253-3, L. 3253-4 et L. 7313-8) doivent, sur ordonnance du juge-commissaire, être payées dans les dix jours du prononcé du jugement ouvrant la procédure par le débiteur ou, lorsqu'il a une mission d'assistance, par l'administrateur, si le débiteur ou l'administrateur dispose des fonds nécessaires et que, à défaut de disponibilités, ces sommes doivent être acquittées sur les premières rentrées de fonds.

La Cour ajoutait par ailleurs qu', « *il résulte du 2° de l'article L. 3253-16 du Code du travail, que, lors d'une procédure de redressement ou de liquidation judiciaire, les institutions de garantie*

---

220 Cass. soc., 13 juillet 2010, n° 08-45-305 ; reconnaissance du régime de super privilège indépendamment de la naissance régulière ou pas de la créance.

221 L'article L. 622-17 du Code de commerce prévoit que les créances privilégiées « *sont payées à leur échéance* ».

mentionnées à l'article L. 3253-14 de ce code sont subrogées dans les droits des salariés pour lesquels elles ont réalisé des avances, pour les créances garanties par le privilège prévu aux articles L. 3253-2, L. 3253-4 et L. 7313-8, et les créances avancées au titre du 3° de l'article L. 3253-8 du même code ».

Il appert que le super privilège n'est pas limité aux seuls salariés. L'AGS en bénéficie pleinement de plein droit. Or l'argument de la cour d'appel de Paris reposait sur une distinction entre le paiement immédiat, réservé aux salariés pour des raisons de "survie économique, d'une part"[222], et le paiement différé, applicable à l'AGS car il ne s'agit pas d'un créancier "alimentaire", d'autre part.

Mais la chambre commerciale de la cour de cassation avait déjà rejeté une distinction entre les salariés et l'AGS pour l'application du super privilège, affirmant que "la subrogation entraîne la transmission intégrale du droit au paiement immédiat"[223]. Cette position se comprend aisément car de bon sens. En effet, comme le soutient monsieur Clotaire MOULOUNGUI dans son ouvrage doctoral, le paiement subrogatoire ne serait pas incompatible avec l'idée de profit[224]. Même si nous ne partageons pas totalement cette idée, il une question, qui s'y pose en filigrane, et qui sera toujours souvent restée sous silence. Il s'agit de l'étendue réelle des droits du subrogé, lequel est le nouveau créancier, pour avoir payé (sans volonté définitive de bienfaisance) à la place du débiteur. Ce dernier devra dès lors le rembourser. Ainsi, à défaut de s'enrichir le subrogé devra à minima hériter du rang et des privilèges du subrogeant aux droits duquel il est subrogé par son paiement.

---

222 Cass. soc., 10 juill. 2019, n° 18-14.826 : protection du droit des salariés à un paiement rapide de leurs créances.

223 Cass. com., 28 juin 2016, n° 14-29.155

224 Clotaire MOULOUNGUI, L'admissibilité du profit dans la subrogation, t. 251, préf. GRUA, 1995, Bibl. dr. privé, LGDJ. Cet auteur aura entendu contredire un prestigieux devancier : Jacques Mestre, La subrogation personnelle, t. 160, préf. KAYSER, 1979, Bibl. dr. privé, LGDJ.

La Cour aura précédemment jugé dans une espèce que l'AGS, en tant que créancier bénéficiant du super privilège, devait être réglée en priorité sur les premières rentrées de fonds de la liquidation, sans distinction avec les salariés[225].

Dans le même sens, l'article L. 625-8 du Code de commerce impose le paiement des créances superprivilégiées dans les 10 jours suivant l'ouverture de la procédure collective, si les fonds sont disponibles. À défaut, ces créances doivent être réglées sur les premières rentrées de fonds, avant tout autre paiement. Il s'infère que l'AGS bénéficie du droit absolu au paiement immédiat de la créance superprivilégiée, sans attendre la répartition entre créanciers[226]. Un tel paiement doit intervenir dès que des fonds sont disponibles, sans qu'il soit nécessaire d'attendre une décision spécifique du juge-commissaire.

D'ailleurs, la Cour a confirmé que le super privilège de l'AGS est opposable aux autres créanciers, et que son paiement ne relève pas d'une simple avance provisionnelle mais d'un droit de priorité immédiate[227]. Elle confirmait déjà sa position que l'AGS devait être réglée avant tout autre créancier, sans attendre un jugement sur la répartition[228].

B. – Mise en perspective de la jurisprudence avec les réformes récentes

La décision du 15 janvier 2025 s'inscrit dans un contexte plus large d'évolution du droit des entreprises en difficulté et de protection des créances salariales. Plusieurs réformes récentes et

---

[225] Cass. com., 30 mars 2010, n° 09-11.121

[226] Cass. com., 12 juillet 2017, n° 15-29.036 :

[227] Cass. com., 5 janvier 2022, n° 20-17.411 :

[228] Cass. com., 14 novembre 2018, n° 17-22.291

comparaisons avec d'autres régimes permettent d'éclairer son importance.

Impact des réformes récentes sur la protection du super privilège

Depuis plusieurs années, le législateur a renforcé les garanties attachées aux créances salariales, notamment dans le cadre de la transposition de la directive (UE) 2019/1023 sur les restructurations et l'insolvabilité.

Loi PACTE (2019) et l'amélioration de la protection des salariés

La loi PACTE a posé les bases d'une meilleure prise en charge des créances salariales en facilitant le rôle de l'AGS dans les procédures collectives. Cette loi a notamment renforcé la priorité du super privilège par rapport aux autres créances. Également, elle aura renforcé la protection des salariés en améliorant les dispositifs d'épargne salariale, en renforçant la protection des indépendants, en simplifiant la retraite complémentaire et en promouvant une meilleure prise en compte des enjeux sociaux et environnementaux par les entreprises. Elle a enfin de compte facilité la reprise d'entreprises par les salariés, contribuant ainsi à la sécurisation des emplois.

Ordonnance du 15 septembre 2021 (réforme du droit des entreprises en difficulté)

Cette réforme a introduit des ajustements dans le classement des créanciers en liquidation judiciaire. Toutefois, la Cour de cassation, dans sa décision du 15 janvier 2025, rappelle que : Le super privilège reste absolu et ne peut être concurrencé par d'autres créances, y compris fiscales ou bancaires.

L'AGS bénéficie d'un paiement immédiat, même après la réforme, ce qui empêche une dilution de sa créance dans la procédure de répartition.

En conséquence, la jurisprudence de la Cour de cassation vient confirmer et sécuriser l'application stricte du super privilège, malgré les réformes récentes qui auraient pu laisser place à une interprétation plus restrictive, confirmant ainsi cette évolution législative. En effet, comme l'expose fort justement un auteur « *si les chances de remboursement de l'AGS sont amoindries, elle aura tendance à invoquer le caractère subsidiaire pour éviter de faire l'avance, quand elle estimera que cette demande du mandataire n'est pas justifiée. À l'inverse, si elle peut obtenir le remboursement dans de meilleures conditions, ce principe de subsidiarité perd de son intérêt, ses finances étant finalement protégées* »[229]

Comparaison avec d'autres régimes de garantie en Europe

La question du traitement des créances salariales dans les procédures collectives n'est pas spécifique à la France. D'autres pays européens ont mis en place des régimes similaires, mais avec certaines différences notables[230].

Allemagne : une protection similaire mais avec un paiement plus rapide

En Allemagne, le "Insolvenzgeld" (fonds de garantie des salaires en cas d'insolvabilité) prend en charge les salaires impayés des trois derniers mois précédant la procédure collective. L'Agence fédérale

[229] L. Fin-Langer, *Être ou ne pas être subsidiaire et subrogée, telle est la question posée à l'AGS !*, RDT, 2023, p. 167.

[230] Une analyse comparative des procédures de faillite : France, Allemagne, Royaume-Uni, OSEO, 2008 □ Entreprises en difficulté : quelle efficacité des procédures préventives ?, France Stratégie, 2020 □ Données publiques du CNAJMJ et de l'INSEE

pour l'emploi avance ces sommes immédiatement[231]. Contrairement à la France, ce paiement n'est pas conditionné à la disponibilité des fonds dans la procédure collective. Ce qui est une différence majeure. En effet, en Allemagne, le paiement de l'équivalent de l'AGS se fait sans attendre la liquidation, alors qu'en France, le paiement est prioritaire mais dépend des disponibilités[232].

Espagne : un paiement limité » en montant et en durée

En Espagne, le FOGASA (Fondo de Garantía Salarial) intervient dans les faillites d'entreprises, mais son intervention est limitée. Cette limitation tient d'abord, au plafond de paiement. En effet, le montant couvert est plafonné à 2 fois le salaire minimum interprofessionnel. Ensuite elle tient à la durée limitée. Dans sa réalisation le FOGASA ne couvre que 120 jours de salairc impayć, contre l'intégralité des créances couvertes par le super privilège en France. Il en résulte une différence majeure avec le régime français. On relèvera qu'en Espagne, le régime est moins protecteur pour les salariés, et le super privilège de l'AGS français constitue une protection plus large[233].

Royaume-Uni : un régime plutôt proche du modèle allemand

---

[231] Code allemand de la sécurité sociale - SGB III, § 323 Abs. 1 Satz 1, § 324 Abs. 3 Satz 1, § 327 Abs. 3

[232] Aux termes du code social (§ 165 Abs. 1 SGB III), la garantie du salaire en cas de défaillance de l'entreprise couvre toutes les créances de salaire pour la période couverte par la garantie.

[233] Cour d'appel de Versailles, 13 juillet 2023, n° 23/04003 ; la CA exclut les créances superprivilégiées et les créances avancées au titre du 3° de l'article L.3253-8 du code du travail détenues par l'Unédic délégation AGS CGEA IDF Ouest, dans le cadre de la procédure collective de la société LGHA auto, des classes de parties affectées

Le National Insurance Fund (NIF) garantit le paiement des salaires impayés en cas d'insolvabilité. Il prend en charge jusqu'à 8 semaines de salaire, mais avec un plafond de 571 £ par semaine (environ 670 €). Comme en Allemagne, le paiement est assuré indépendamment de la procédure collective. On observera une différence majeure avec le système britannique. La protection britannique est moins étendue en termes de montant que le super privilège français. Mais l'AGS français est tributaire des liquidateurs et des fonds disponibles, ce qui n'est pas le cas du NIF[234].

Conséquences pratiques et perspectives d'évolution

La décision du 15 janvier 2025 évite une remise en cause du rôle de l'AGS et renforce sa capacité à recouvrer ses avances rapidement. Elle le mérite d'assurer la viabilité financière du régime de garantie des salaires. Ce qui est très important puisqu'elle évite que l'AGS se retrouve en concurrence avec d'autres créanciers, ce qui pourrait retarder le remboursement et mettre en difficulté le système[235].

Une évolution souhaitable vers un paiement immédiat sans condition ?

Comparé à d'autres pays (Allemagne, Royaume-Uni), le système français est plus protecteur en termes de montant, mais il reste dépendant des liquidateurs pour le paiement. Une réforme pourrait garantir un paiement immédiat et systématique de l'AGS, indépendamment de la disponibilité des fonds, comme en Allemagne.

---

[234] Quelle attractivité à l'international pour les procédures françaises de restructuration de dettes ? https://www.optionfinance.fr/entreprise-expertise/quelle-attractivite-a-linternational-pour-les-procedures-francaises-de-restructuration-de-dettes.html

[235] Cass. com., 14 novembre 2018, n° 17-22.291, *op. cit*

Un possible alignement sur la directive européenne ?

La directive (UE) 2019/1023[236] encourage les États membres à améliorer la protection des salariés en cas d'insolvabilité. Une future réforme pourrait prétendre supprimer la nécessité d'attendre les rentrées de fonds pour payer l'AGS, d'une part, et renforcer la priorité absolue de l'AGS, même en cas de conflits avec d'autres créanciers privilégiés, d'autre part.

Créance salariales par l'AGS et position de la CJUE

L'exclusion de la couverture des créances salariales par l'AGS lorsque le travailleur a pris acte de la rupture de son contrat de travail en raison de manquements suffisamment graves de son employeur empêchant la poursuite dudit contrat est contraire au droit de l'Union européenne[237]. Comme le faisait constater à juste titre un auteur la position de la cour de cassation est contraire à celle de CJUE en cas d'exclusion de la garantie de l'AGS des créances salariales lorsque le salarié a pris acte de de la rupture de son contrat de travail[238].

II. – Les implications de la décision de la Cour

La décision de la Cour de cassation du 15 janvier 2025 renforce la position des institutions de garantie dans les procédures collectives en précisant les modalités d'exercice du super privilège au bénéfice de l'AGS (Association pour la gestion du régime de garantie des

---

236 https://eur-lex.europa.eu/legal-content/FR/TXT/HTML/?uri=CELEX:32019L1023

237 CJUE, 22 février 2024, aff. C-125/23 N° Lexbase : A56692PN

238 V. Téchené, *Exclusion de garantie de l'AGS lorsque le salarié a pris acte de la rupture de son contrat de travail : la position de la Cour de cassation jugée contraire au droit de l'Union européenne*, Lexbase Social, février 2024, n° 975

créances des salariés) (A). Cette décision s'inscrit dans une ligne jurisprudentielle protectrice des créances salariales et consolide la faculté pour l'AGS de récupérer rapidement les sommes avancées, sans attendre la clôture de la procédure collective (B).

A. – Renforcement du droit de subrogation de l'AGS

L'un des apports majeurs de cette décision est la reconnaissance claire du droit de subrogation totale de l'AGS dans les droits des salariés en matière de créances superprivilégiées. La Cour confirme que le paiement effectué par l'AGS au titre des salaires impayés transfère intégralement les droits des salariés à cette institution, y compris le bénéfice du super privilège.

En effet, dans une décision en date du 20 mai 2020, la chambre commerciale de la Cour de cassation avait déjà affirmé que l'AGS, en tant que subrogée aux droits des salariés, pouvait exercer les garanties attachées aux créances avancées, y compris le super privilège[239].

En reprenant ce principe, la Cour rappelle que la subrogation ne se limite pas au simple remboursement des sommes avancées mais inclut tous les accessoires attachés à la créance initiale.

Cette affirmation empêche toute tentative de limitation du super privilège au seul bénéfice du salarié, ce qui aurait fragilisé l'AGS dans les procédures collectives[240].

Dans le même sens, la chambre commerciale soutient que la subrogation dont bénéficie l'AGS ayant pour effet de l'investir de la créance des salariés avec tous ses avantages et accessoires,

---

[239] Cass. com., 20 mai 2020, n° 18-25.513

[240] *ÉTUDE : La protection du salaire, Le domaine de principe de la garantie : les sommes dues en exécution d'un contrat de travail, in* Droit du travail, Lexbase ; également, *ÉTUDE : La garantie des créances salariales (AGS), Les créances exclues de la garantie, in* Entreprises en difficulté (dir. P.-M. Le Corre), Lexbase

présents et à venir, le super privilège garantissant le paiement de leurs créances, lequel n'est pas exclusivement attaché à la personne des salariés, est transmis à l'AGS qui bénéficie ainsi du droit à recevoir un paiement devant être acquitté sur les premières rentrées de fonds. En outre, les avances de l'AGS ayant été versées, en partie au titre du super privilège des salaires, l'ordonnance du juge-commissaire, qui a autorisé l'administrateur et la débitrice à transiger et à payer à un créancier une somme résultant d'une créance antérieure, a affecté les droits de l'UNEDIC-AGS, qui peut donc former un recours contre une ordonnance[241].

Une autre clarification importante de cette décision concerne le caractère immédiat du super privilège. La Cour écarte l'idée selon laquelle l'AGS devrait attendre la clôture de la procédure collective ou la répartition des fonds entre créanciers pour exercer son droit au paiement. Elle précise d'ailleurs que les créances superprivilégiées devaient être réglées en priorité et qu'elles ne pouvaient être diluées dans le plan de répartition des autres créances de la procédure collective[242].

Ainsi, que le soutient le professeur Pierre-Michel LECORE « *la loi nouvelle a étendu le domaine de la subrogation de l'AGS dans les droits des salariés. Pour toutes les sommes avancées, l'AGS sera désormais subrogée dans les droits des salariés. Par cet amendement, il s'est agi d'améliorer le taux de récupération de l'AGS, qui n'atteignait en 2003 que 34,9 % des sommes avancées* »[243].

---

[241] Cass. com., 6 mars 2024, n° 22-19.471, F-B

[242] Cass. com., 13 févr. 2019, n° 17-26.221

[243] La lettre juridique n°178 du 28 juillet 2005 : entreprises en difficulté ; le réforme des procédures collectives : la loi sauvegarde des entreprises 3è partie ; https://www.lexbase.fr/article-juridique/3207521-textes-la-reforme-des-procedures-collectives-commentaire-de-la-loi-de-sauvegarde-des-entreprises-3e

En tout état de cause il conviendra de retenir que la décision du 15 janvier 2025 aura eu le mérite de préciser deux points importants sur l'étendue de la subrogation de l'AGS dans les droits des salariés. Premièrement, le paiement des créances superprivilégiées doit être effectué dès que des fonds sont disponibles, sans attendre la phase de répartition entre créanciers. Deuxièmement, l'AGS n'est pas soumise au classement des créanciers chirographaires ou privilégiés ordinaires, ce qui assure un remboursement rapide et effectif.

Conséquemment, cette interprétation aura le mérite de protéger les salariés en garantissant que les fonds avancés par l'AGS seront recouvrés rapidement, ce qui permet de préserver l'équilibre financier du régime de garantie des créances salariales[244].

B. – Une protection plus grande des salariés impayés

Au regard de ce qui précède, l'objectif de cette décision aura été d'assurer que le régime de protection des salariés reste efficace et opérationnel, même en cas de difficultés financières majeures de l'employeur. La Cour avait insisté sur la nécessité d'un paiement rapide et prioritaire des salaires impayés afin de garantir la fonction alimentaire des créances salariales[245] **La décision du 15 janvier 2025 prolonge cette logique en appliquant le même raisonnement à l'AGS.**

La Cour confirme que l'AGS doit être payée en priorité, ce qui évite un effet d'attente préjudiciable à la continuité du régime de garantie. Cette décision s'aligne avec une tendance jurisprudentielle visant à

[244] *ÉTUDE : La garantie des créances salariales (AGS), Le remboursement des créances bénéficiant de la subrogation, in* Entreprises en difficulté, (dir. P.-M. Le Corre), Lexbase

[245] Cass. soc., 10 juill. 2019, n° 18-14.826

renforcer la protection des créances salariales et à garantir une exécution efficace du super privilège.

En conséquence, cette position protège l'AGS contre tout risque de fragilisation financière en lui assurant un recouvrement efficace de ses créances. Cela garantit que le dispositif de garantie salariale ne soit pas mis en péril par des délais trop longs dans les procédures collectives.

En cela, elle confirme la subrogation totale de l'AGS dans les droits des salariés, incluant le super privilège. De même, elle garantit un paiement immédiat, sans attendre la clôture de la procédure collective. Au total, cette décision préserve l'équilibre financier du régime de garantie des créances salariales, renforçant ainsi la confiance des salariés dans la protection de leurs droits.

Conclusion générale

La décision n° 23-19.653 de la Cour de cassation précise les modalités d'exercice du super privilège par l'AGS en cas de liquidation judiciaire. Elle garantit aux institutions de garantie le droit au paiement immédiat des créances superprivilégiées, renforçant ainsi la protection des salariés face aux défaillances de leur employeur. Cette jurisprudence clarifie les procédures à suivre et assure une meilleure sécurité juridique pour les créances salariales dans les procédures collectives. De ce fait elle constitue une avancée majeure pour la protection des créances salariales et le rôle de l'AGS.

Cette décision s'aligne avec une tendance jurisprudentielle visant à renforcer la protection des créances salariales et à garantir une exécution efficace du super privilège. Cette solution est également cohérente avec l'évolution du droit des entreprises en difficulté et les objectifs de protection des créances salariales.

En résonnance avec d'autres systèmes européens, le régime français apparaît plus favorable que l'Espagne ou le Royaume-Uni en termes de montant et de durée de couverture. Cependant, il reste moins efficace que l'Allemagne en raison de la contrainte liée à la disponibilité des fonds. Ce qui laisse augurer de perspectives d'amélioration. On imagine pour ce faire qu'une réforme future pourrait garantir un paiement automatique et immédiat de l'AGS, indépendamment des fonds disponibles dans la liquidation. Cela alignerait la France sur les modèles allemand et britannique, et répondrait aux objectifs de la directive européenne sur les restructurations et l'insolvabilité.

Bibliographie

1. AUCKENTHALER, Le droit du subrogé aux intérêts de la créance, D. 2000. Chron.
2. Hugo BARBIER, Des accessoires (ou non) de la créance transmis lors d'une subrogation, RTD civ. 2024.
3. Catherine BERLAUD, Étendue de la subrogation de l'assureur de responsabilité civile, GPL 16 juill. 2024, n° GPL465n0.
4. Diane BOUSTANI-AUFAN, Coup de grâce porté à l'affactureur subrogé dans les droits de l'acquéreur-revendeur en liquidation judiciaire, D.A. 26 mars 2024.
5. G. CHANTEPIE et M. LATINA, La réforme du droit des obligations, Dalloz, 2016, n° 1002
6. Patrick CHAUMETTE, La subrogation personnelle sans paiement ?, RTD civ. 1986. 33

7. ÉTUDE : La protection du salaire, Le domaine de principe de la garantie : les sommes dues en exécution d'un contrat de travail, in Droit du travail, Lexbase ; également,
8. ÉTUDE : La garantie des créances salariales (AGS), Les créances exclues de la garantie, in Entreprises en difficulté (dir. P.-M. Le Corre), Lexbase
9. L. FIN-LANGER, Être ou ne pas être subsidiaire et subrogée, telle est la question posée à l'AGS !, RDT, 2023,
10. Christine GAILHBAUD, Étendue de l'effet translatif de la subrogation de l'AGS dans les droits des salariés : fin de partie, D.A. 1 février 2024. https://www.dalloz-actualite.fr/flash/etendue-de-l-effet-translatif-de-subrogation-de-l-ags-dans-droits-des-salaries-fin-de-partie
11. Hubert GROUTEL, Réflexions sur la subrogation anticipée : D. 1987, chron. p. 283
12. Louis LORVELLEC (†) et François JACOB, JurisClasseur Civil Code, Art. 1346 à 1346-5, Fasc. 10 : RÉGIME GÉNÉRAL DES OBLIGATIONS. – Paiement avec subrogation. – Conditions générales et effets, n° 67, Première publication : 30 septembre 2017, Dernière mise à jour : 5 septembre 2024.
13. Jacques MESTRE, La subrogation personnelle, t. 160, préf. KAYSER, 1979, Bibl. dr. privé, LGDJ.

14. Clotaire. MOULOUNGUI, Le recul de la règle subordonnant la subrogation à un paiement préalable : Contrats, conc. consom. 1996, chron. 9.
15. Clotaire MOULOUNGUI, L'admissibilité du profit dans la subrogation, t. 251, préf. GRUA, 1995, Bibl. dr. privé, LGDJ.
16. Efrahime N'GUESSAN, Réflexions sur la Générosité et sur la Subrogation, DIDACTIJURIS (3 mars 2025)
17. Éric SAVAUX, La subrogation personnelle, Répertoire droit civil, 2017, n° 21.
18. Eric SAVAUX, Transmission des accessoires de la créance, Subrogation personnelle, Répertoire de droit civil, 2017.
19. Christel SIMLER, Le droit aux intérêts du créancier subrogé, D.A. 24 février 2009. Dommage que les archives du Dalloz ne donnent à lire que l'intitulé de l'étude, au demeurant probablement courte cette maîtresse de conférences.
20. V. TECHENE, Exclusion de garantie de l'AGS lorsque le salarié a pris acte de la rupture de son contrat de travail : la position de la Cour de cassation jugée contraire au droit de l'Union européenne, Lexbase Social, février 2024, n° 975
21. Une analyse comparative des procédures de faillite : France, Allemagne, Royaume-Uni, OSEO, 2008 □ Entreprises en difficulté : quelle efficacité des procédures préventives ?, France Stratégie, 2020 □ Données publiques du CNAJMJ et de

l'INSEE ; https://www.cnajmj.fr/wp-content/uploads/2021/11/Analyse-comparative-systemes-procedures-collectives-Europe_Annexes_vF.pdf

22. Quelle attractivité à l'international pour les procédures françaises de restructuration de dettes ? https://www.optionfinance.fr/entreprise-expertise/quelle-attractivite-a-linternational-pour-les-procedures-francaises-de-restructuration-de-dettes.html
23. https://eur-lex.europa.eu/legal-content/FR/TXT/HTML/?uri=CELEX:32019L1023
24. La lettre juridique n°178 du 28 juillet 2005 : entreprises en difficulté ; le réforme des procédures collectives : la loi sauvegarde des entreprises 3è partie ; https://www.lexbase.fr/article-juridique/3207521-textes-la-reforme-des-procedures-collectives-commentaire-de-la-loi-de-sauvegarde-des-entreprises-3e

Jurisprudence :

1. Cass. com., 24 mai 2018, n° 16-27.029
2. Cass. soc., 4 juillet 2012, n° 10-26.290 :
3. Cass. com., 20 mai 2020, n° 18-25.513
4. Cass. com., 13 févr. 2019, n° 17-26.221
5. Cass. soc., 13 juillet 2010, n° 08-45-305 ;

6. Cass. soc., 10 juill. 2019, n° 18-14.826
7. Cass. com., 28 juin 2016, n° 14-29.155
8. Cass. com., 30 mars 2010, n° 09-11.121
9. Cass. com., 12 juillet 2017, n° 15-29.036 :
10. Cass. com., 5 janvier 2022, n° 20-17.411 :
11. Cass. com., 14 novembre 2018, n° 17-22.291
12. Cour d'appel de Versailles, 13 juillet 2023, n° 23/04003 ;
13. Cass. com., 14 novembre 2018, n° 17-22.291, op. cit
14. https://eur-lex.europa.eu/legal-content/FR/TXT/HTML/?uri=CELEX:32019L1023
15. CJUE, 22 février 2024, aff. C-125/23 N° Lexbase : A56692PN
16. Cass. com., 20 mai 2020, n° 18-25.513
17. Cass. com., 6 mars 2024, n° 22-19.471, F-B
18. Cass. com., 13 févr. 2019, n° 17-26.221
19. Cass. soc., 10 juill. 2019, n° 18-14.826

8) L'IMPACT DU CONTRÔLE DE GESTION SUR LA PERFORMANCE GLOBALE ET DURABLE DES ENTREPRISES

EL IDRISSI Rkia
Ecole Supérieure de Technologie – Safi
rkelidrissi@yahoo.fr

Résumé :

Le contrôle de gestion contribue à l'amélioration continue de la performance globale et durable des entreprises. Cependant, il est de plus en plus l'objet de remises en cause. Dans la pratique, il est souvent confondu avec le simple contrôle budgétaire en oubliant sa propre finalité qui est de décrire la performance et proposer les moyens de son amélioration.

Dans ce cadre, le contrôle gestion doit rénover ses méthodes pour jouer à nouveau son rôle déterminant dans toute entreprise. Ceci dit, il ne devrait pas viser uniquement la performance économique longtemps privilégiée par les dirigeants de l'entreprise comme critère d'appréciation de la performance. Il est devenu primordial, selon les théoriciens et les praticiens de considérer la maîtrise de la performance sociale comme un thème majeur des recherches en contrôle de gestion.

L'objectif est de traiter, à partir d'une revue de la littérature, la problématique du contrôle de gestion et son impact sur la performance globale et durable des entreprises.

Les mots clés : contrôle de gestion ; performance durable ; performance économique ; performance sociale…

Introduction

La mesure de la performance est une fonction essentielle au sein de toute organisation. Il est très important de comprendre comment le contrôle de gestion influence cette mesure. Pour Merchant (1998)[246], le contrôle par les résultats comptables consiste à fixer un objectif, définir un indicateur de performance, mesurer la réalisation de l'objectif fixé et attribuer une récompense ou une sanction.

Le contrôle de gestion limité au contrôle par les résultats, basé essentiellement sur l'information comptable, semble très répandu dans la pratique et constitue un processus d'évaluation et de rétribution de la performance. Toutefois, il présente des limites pour la mesure de la performance globale des entreprises. Ces limites sont liées plus particulièrement aux mesures comptables traditionnelles comme leur incompréhension par les dirigeants, leur imprécision et leur caractère à court terme.

La remise en cause du contrôle de gestion « traditionnel » par de nombreux praticiens et chercheurs a conduit à la nécessaire évolution du contrôle de gestion compte tenu des mutations de l'environnement des entreprises. Ceci s'est traduit ces dernières décennies par l'émergence des systèmes de mesure de la performance via le renouvellement des outils de contrôle de gestion.

Ce denier ne devrait pas viser uniquement la performance économique longtemps privilégiée par les dirigeants de l'entreprise, mais également, il conviendrait de considérer la maîtrise de la performance sociale comme un thème majeur des recherches en contrôle de gestion.

---

246 W. CHEFFI & A. BELDI « Conception d'un outil de mesure de la performance : divergences entre contrôleurs de gestion et managers : cas d'un groupe industriel français ».

Notre objectif dans cette communication est de traiter, à partir d'une revue de la littérature, la problématique du contrôle de gestion et son impact sur la performance globale et durable des entreprises. Dans un premier point nous abordons la définition du contrôle de gestion et ses objectifs. Quant au deuxième point, il sera consacré à la définition de la notion de performance globale des entreprises. Enfin, nous traiterons, dans le dernier point, l'impact du contrôle de gestion sur la performance globale des entreprises et plus particulièrement la relation contrôle de gestion – performance globale.

I. – Définition et objectifs du contrôle de gestion

1.1. Définition du contrôle de gestion

Le contrôle de gestion est une notion anglo-saxonne. Pour définir ce terme, il est nécessaire de revenir sur le sens du mot contrôle. Ainsi, comme le souligne P. Drücker, « le mot contrôle est ambigu. Il signifie la capacité à se diriger soi-même et à diriger son travail. Il peut aussi signifier la domination d'une personne par une autre ». En fait, pour une définition correcte du contrôle de gestion, il convient de se démarquer du premier sens du terme contrôle qui laisse supposer que l'objet du contrôle, ce sont les individus appartenant à une organisation et de se rapprocher d'un deuxième sens du terme contrôle, à savoir l'idée de maîtrise. Ainsi, le contrôle s'apprécie fondamentalement par rapport aux effets des actions, c'est-à-dire aux résultats obtenus.

Encore faut-il, pour aborder la définition du contrôle de gestion, repartir sur le terme anglais de *management control* ou de *management audit*. Le terme anglais de *« control »* a un sens bien plus riche en anglais (piloter, maîtriser, manager, évaluer) que son équivalent français « contrôler » et, à la différence de ce dernier, n'est pas connoté négativement.

Il existe de nombreuses définitions du contrôle de gestion dont nous citons les plus connues. Selon Anthony (1965)[247] « le contrôle de gestion est le processus par lequel les managers obtiennent l'assurance que les ressources sont obtenues et utilisées de manière efficace et efficiente pour la réalisation des objectifs de l'organisation ». En 1988, il ajoute une autre définition selon laquelle, «le contrôle de gestion est le processus par lequel les managers influencent d'autres membres de l'organisation pour appliquer les stratégies».

Ouchi (1979)[248] considère le système de contrôle de gestion comme un processus de mesure, d'évaluation et de rétribution de la performance. Puis en 1995, Simon conçoit le contrôle de gestion de l'avenir comme « les processus et les procédures fondés sur l'information que les managers utilisent pour maintenir ou modifier certaines configurations des activités de l'organisation ».

Bouquin (1996)[249] identifie les finalités du contrôle comme étant la nécessité de relier la stratégie au quotidien de l'entreprise, d'orienter les comportements des individus, et d'identifier les relations entre finalités et ressources. Ainsi, pour cet auteur, « on conviendra d'appeler contrôle de gestion les dispositifs et processus qui garantissent la cohérence entre la stratégie et les actions concrètes et quotidiennes ».

(Gervais et Thenet, 1998), quant à eux, ils ont cherché à redéfinir les rôles du contrôle budgétaire lorsqu'il est confronté à une turbulence accrue. C'est la nature même du contrôle budgétaire qui se trouve

---

247 H. ZIAN ; «Contribution à l'étude des tableaux de bord dans l'aide à la décision des PME en quête de performances » ; Thèse de doctorat en sciences de gestion ; Université Montesquieu - Bordeaux IV ; Janvier 2013.

248 H. ZIAN ; «Contribution à l'étude des tableaux de bord dans l'aide à la décision des PME en quête de performances » ; Thèse de doctorat en sciences de gestion ; Université Montesquieu - Bordeaux IV ; Janvier 2013.

249 H. ZIAN ; «Contribution à l'étude des tableaux de bord dans l'aide à la décision des PME en quête de performances » ; Thèse de doctorat en sciences de gestion ; Université Montesquieu - Bordeaux IV ; Janvier 2013.

modifiée. On passe d'une conception d'allocation et de contrôle des ressources à une conception plus orientée vers le pilotage.

Ces dernières années, face aux contraintes de l'environnement des entreprises, à la mondialisation des marchés et à la nouvelle économie, le système de contrôle de gestion ne doit plus assurer la régulation interne de l'entreprise uniquement, mais doit s'intéresser aussi à l'adaptation de l'entreprise aux fluctuations de son environnement, ainsi le contrôle de gestion a été contraint de changer dans sa conception, ses missions et ses outils.

Le contrôle de gestion peut être défini comme une démarche de pilotage de la performance de l'entreprise, expression qui restitue toute sa richesse au terme contrôle et indique clairement la nature de l'objectif visé. Ainsi, dans toute organisation, le contrôle de gestion est utilisé pour le déploiement de la stratégie ainsi que son exécution par tous ses membres.

De nos jours, le contrôle de gestion n'est pas seulement une discipline qui associe comptabilité et gestion mais il s'est étendu au-delà de ses fonctions traditionnelles décrites comme instrumentales, pour devenir un outil global de pilotage des organisations (Bouquin, 2010; Guy et Rouby, 2003; Lorino, 2001 ; Simons, 1994).

Ainsi le renouveau du contrôle de gestion est passé par une réflexion stratégique pour mieux prendre en compte les souhaits des parties prenantes entraînant une remise en cause de l'organisation et des systèmes de pilotage. Des indicateurs non financiers ont été introduits à côté des indicateurs financiers ou comptables. On parle davantage de contrôle de gestion pour le pilotage de la performance des entreprises que de reporting ou contrôle par les résultats.

1.2. Objectifs du contrôle de gestion

Toute organisation doit assigner un plan d'action stratégique regroupant les différentes actions qui ont été choisies. De ce plan d'action doivent être déclinés les objectifs, les moyens, la (ou les) date (s) de réalisation, le (ou les) responsable (s) et le système de pilotage. A cette fin, le contrôle de gestion remplissait de multiples objectifs[250] parmi lesquels, nous pouvons citer :

- s'assurer que la construction des plans d'action est conforme avec le plan stratégique ;
- aider les responsables à choisir les hypothèses nécessaires à l'application des plans d'action;
- effectuer une consolidation des plans pour préparer les négociations budgétaires;
- procéder à l'établissement des budgets sur la base des plans retenus;
- sélectionner des critères pertinents de mesure de performance des responsables ;

Autrement dit, le contrôle de gestion avait pour mission de définir les finalités et les objectifs généraux de l'entreprise à long terme d'une part, et d'autre part la stratégie à adopter pour orienter la gestion vers la réalisation des objectifs fixés dans les meilleures délais et au moindre coût et avec une qualité maximale conformément aux prévisions. Dans ce cadre, il devait assurer plusieurs tâches : la prévision, le conseil, le contrôle, et la mise au point des procédures.

Actuellement, suite à la remise en cause du contrôle de gestion « traditionnel » et à la logique de pilotage uniquement financière qui lui est associée, les objectifs du contrôle de gestion ont changé. Il doit s'efforcer de mettre en place des dispositions qui conduisent à une convergence des intérêts individuels avec l'objectif de l'organisation. Le contrôle de gestion s'est complété et enrichi. On peut dire que son objectif principal consiste à piloter la performance globale des entreprises.

---

250 L. ZOUIDI ; « La contribution du contrôle de gestion à l'amélioration de la performance dans le secteur public : le cas du Maroc » ; Mémoire présenté comme exigence partielle de la maîtrise en comptabilité, contrôle, audit ; Université du Québec à Montréal ; Décembre 2013.

II. – Définition de la notion de performance globale

Le terme performance, dont l'origine remonte au milieu du 19ème siècle dans la langue française, désigne les résultats obtenus ou le succès réalisé par un athlète par exemple. Transposée au domaine de la gestion, la performance d'entreprise a toujours été une notion ambiguë, rarement définie de manière explicite. De nombreux chercheurs se sont intéressés à la définir (Bouquin, 1986 ; Bescos et al, 1993 ; Bourguignon, 1995 ; Lebas, 1995 ; Bessire, 1999)[251]. La performance devrait contenir « à la fois l'action, son résultat et éventuellement son exceptionnel succès » (Bourguignon, 1995).

En effet, La performance en tant que succès n'existe pas en soi. Elle est fonction des représentations de la réussite et varie selon les entreprises et les acteurs. La performance, résultat d'une action, ne contient pas de jugement de valeur, contrairement à la performance-succès. La performance-action est un processus et non un résultat qui apparaît à un moment donné dans le temps. Cette performance contient et dépasse largement la performance-résultat.

Lorino (2001) définit la performance comme étant l'ensemble des éléments qui contribuent à la création de la valeur de l'entreprise, ou plus exactement, à l'amélioration de la valeur nette de cette dernière par la contribution de chaque individu ou groupe d'individus. Solle et Rouby (2003) sont parvenus à cette même conclusion en affirmant que la performance se construit dans le temps et dans l'action collective.

Il convient de noter que la performance n'est pas ponctuelle, elle ne se comprend que de façon dynamique, dans le long terme. Elle ne devient significative que si l'entreprise se donne la capacité à renouveler pour le futur et de façon récurrente ses résultats

---

[251] H. ZIAN ; «Contribution à l'étude des tableaux de bord dans l'aide à la décision des PME en quête de performances » ; Thèse de doctorat en sciences de gestion ; Université Montesquieu - Bordeaux IV ; Janvier 2013.

favorables. La notion de performance est toujours attachée aux notions d'efficacité, d'efficience et de responsabilité.

La performance a été longtemps réduite à son aspect financier. Cette performance uniquement financière consistait à réaliser la rentabilité souhaitée par les actionnaires avec le chiffre d'affaires et la part de marché qui préservaient la pérennité de l'entreprise. Mais depuis quelques années, on est passé d'une représentation financière de la performance à des approches plus globales qui intègrent les dimensions sociale et environnementale. D'autres acteurs doivent être pris en compte lors de la définition de la notion de performance. La pérennité des entreprises ne dépend plus actuellement de la seule dimension financière de leurs activités, mais également de la manière dont elles se comportent envers les autres parties prenantes (ONG, syndicats, clients, fournisseurs, ...). De cet élargissement de la responsabilité des entreprises est né le concept de performance globale.

2.1. Le contrôle de gestion et la performance globale

L'étude de l'impact du contrôle de gestion sur la performance globale revêt un intérêt capital au sein de toute entreprise et dans le domaine de la recherche. Ainsi, le contrôle de gestion est au cœur du processus de suivi de la performance et contribue à son amélioration.

Au cours de la dernière décennie, plusieurs recherches théoriques et empiriques ont été menées pour étudier la relation entre le contrôle de gestion et la performance des entreprises.

En effet, Meyssonnier et Rasolofo-Dastler (2008)[252] ont essayé de montrer la relation entre le contrôle de gestion et la performance économique dans le cas où l'entreprise fixe en même temps des objectifs de responsabilité sociale ou globale. Dans le cadre de leur

[252] L. ZOUIDI ; « La contribution du contrôle de gestion à l'amélioration de la performance dans le secteur public : le cas du Maroc » ; Mémoire présenté comme exigence partielle de la maîtrise en comptabilité, contrôle, audit ; Université du Québec à Montréal ; Décembre 2013.

étude, le système de pilotage examiné a montré que l'entreprise utilise des indicateurs de gestion financiers et non financiers d'une manière intégrée et cohérente. Le but était d'atteindre une performance économique.

Cappelletti et Khouatra (2008) ont examiné les apports du système de contrôle de gestion dans des entreprises de petite taille considérées comme « non concernées par le contrôle de gestion ». L'objectif était de montrer qu'un système de contrôle de gestion « adapté » c'est-à-dire conçu selon une méthodologie miniaturisée peut être un vecteur d'amélioration des performances sociales et économiques pour des petites structures.

2.2. L'APPROCHE FINANCIÈRE DE LA MESURE DE LA PERFORMANCE

Le contrôle de gestion s'est traditionnellement appuyé sur des mesures financières de la performance. Ceci est vrai pour appréhender la performance globale de l'organisation, mais s'observe également pour les mesures de performance des entités. Si on se focalise sur les systèmes propres au contrôle de gestion, on peut identifier trois systèmes de mesure de type financier :

– le reporting financier : le processus de remontée de mesures des entités vers la direction générale, pour les besoins de la gestion de l'entreprise. Cependant, le reporting de gestion est longtemps resté constitué d'indicateurs comptables et financiers. En fait, le reporting financier est insuffisant dans la perspective d'un pilotage décentralisé, notamment parce qu'il est focalisé sur les seuls indicateurs de résultat.

– la comptabilité de gestion : alors que la comptabilité générale produit des informations sur les résultats globaux au niveau des entreprises, la comptabilité de gestion, longtemps appelée comptabilité « analytique », s'attache à détailler ces informations à des niveaux d'analyse plus fins comme les produits, les sections, les projets, etc. En ce sens, elle est un outil très utile pour les responsables d'entités, à qui elle offre la possibilité de piloter leurs coûts de façon détaillée. Elle distingue par ailleurs plusieurs types de coûts et donc de résultats : coûts variables/fixes (marge sur coûts variables), coûts directs/indirects (marge sur coût direct), coût complet (résultat analytique), coût marginal, etc. On considère en général que les types de coûts sont liés aux types de décisions managériales envisagées : par exemple, le coût complet est pertinent pour les décisions de pricing, le coût variable pour la gestion prévisionnelle, etc.

– les prix de cession internes : Un prix de cession interne, parfois appelée prix de transfert, se définit comme le prix auquel sont valorisées les transactions réalisées entre les entités d'un même groupe. Ils constituent un prix de vente pour l'entité vendeuse et un prix d'achat pour l'entité acheteuse. Leur impact est immédiat sur la mesure de performance des entités.

2.3. L'APPROCHE NON FINANCIÈRE DE LA MESURE DE PERFORMANCE

Le contrôle de gestion constitue une réponse à la performance globale en proposant la nécessité de mesurer et d'analyser des indicateurs financiers et autres non financiers. Certes, les limites fréquemment invoquées des indicateurs financiers ont milité en faveur du développement de nouveaux types d'indicateurs de gestion ou Key Performance Indicators (KPIs). Toutefois, la mise en œuvre des approches non financières n'est pas sans risque. Elles gagnent donc être appuyées par des méthodologies rigoureuses. Il existe à ce titre des méthodologies variées, mais proches : la plus connue au niveau international est le Balanced Scorecard (BSC) ou tableau de bord anglo-saxon[253].

Pour Robert Kaplan et David Norton la réussite de la mise en œuvre de la stratégie, dépend de la qualité du management selon quatre perspectives de performance bien précises :

---

[253] F. GIRAUD ; O. SAULPIC ; G. NAULLEAU ; M. DELMOND ; P.L. BESCOS « Contrôle de Gestion et Pilotage de la Performance » ; Gualino Editeur ; 2005

1. *perspective financière :* Quelle est la performance au sens des actionnaires ?
2. *perspective client* : Quelle est la performance au sens des clients ?
3. *processus internes :* Quels sont les avantages internes ?
4. *apprentissage et croissance* : l'entreprise va-t-elle progresser et comment ?

Kaplan et Norton préconisent des indicateurs types pour chacune de ces perspectives : Pour la perspective financière, ils suggèrent trois grands types d'objectifs de performance : la croissance et la diversification du chiffre d'affaires, la réduction des coûts, la maîtrise de l'actif engagé. Selon que l'entreprise se trouve en phase de croissance, de maintien ou maturité, les indicateurs ne seront pas les mêmes dans chaque sous-perspective. Par exemple, les indicateurs liés à l'objectif de réduction des coûts pourront être, en phase de croissance, le chiffre d'affaires par employé, en phase de maintien, le coût de revient par rapport aux concurrents et le taux de réduction des coûts, en phase de maturité les coûts unitaires.

Pour la perspective satisfaction des clients, cinq catégories de mesures génériques sont suggérées : les parts de marché, la conservation de la clientèle, l'acquisition de nouveaux clients, la satisfaction des clients, la rentabilité par segment…

Dans la perspective processus internes, un accent particulier est mis sur certains processus clés comme l'innovation, la production, le service après-vente, la qualité…

Enfin, la perspective apprentissage est elle-même décomposée en trois catégories : le potentiel des salariés, les capacités du système d'information et le climat au sein de l'entreprise.

Kaplan et Norton ont opté pour le terme de "balanced" scorecard afin de mettre l'accent sur la notion d'équilibre :

- équilibre entre les objectifs à court et à moyen/long terme ;
- équilibre entre les indicateurs financiers et non-financiers ;
- équilibre entre les indicateurs de mesure de la performance passée et les indicateurs « prospectifs ».

Conclusion

En environnement fortement perturbé et concurrentiel, il est primordial de mesurer la performance sous tous ses aspects et ne plus se contenter de ne mesurer que la performance financière. Ceci, parce que la performance financière est une boucle particulièrement lente dont les effets ne sont pas perceptibles à court terme. L'exclusivité de la mesure de la performance financière ne permet pas de percevoir en temps réel les signaux essentiels suggérant l'imminence d'une correction de trajectoire ou d'un changement d'orientation.

Au niveau global de l'organisation, les limites des indicateurs financiers ont conduit au développement de tableaux de bord, c'est-à-dire d'ensembles d'indicateurs plus diversifiés pour piloter la performance de l'entreprise. Le Balanced Scorecard, est un outil permettant d'appréhender plusieurs catégories d'indicateurs au niveau global d'une entreprise.

Dans cette perspective, le contrôle de gestion connaît depuis quelques années des mutations importantes. Son rôle a progressé d'un contrôle de la fiabilité des chiffres à un soutien au management et à l'analyse de la performance. De nombreux chercheurs et professionnels parlent de plus en plus souvent de mesure et pilotage de la performance.

Enfin, nous proposons quelques pistes de recherches sur le plan empirique :

- le contrôle de gestion : outil de mesure de la performance pour :
  - pour les organisations sans but lucratif ;
  - les entreprises publiques ;
  - les petites et moyennes entreprises.
- le contrôle de gestion : outil de mesure de la performance pour différents secteurs (immobilier, agroalimentaire, industrie pharmaceutique, grande distribution…)

BIBLIOGRAPHIE

F. GIRAUD ; O. SAULPIC ; G. NAULLEAU ; M. DELMOND ; P.L. BESCOS

« Contrôle de Gestion et Pilotage de la Performance » ; Gualino Editeur ; 2005.

H. ZIAN ; «Contribution à l'étude des tableaux de bord dans l'aide à la décision des PME en quête de performances » ; Thèse de doctorat en sciences de gestion ; Université Montesquieu - Bordeaux IV ; janvier 2013.

L. ZOUIDI ; « La contribution du contrôle de gestion à l'amélioration de la performance dans le secteur public : le cas du Maroc » ; Mémoire présenté comme exigence partielle de la maîtrise en comptabilité, contrôle, audit ; Université du Québec à Montréal ; décembre 2013.

T. NOBRE & D. RISKAL « L'évolution des pratiques de contrôle de gestion dans les entreprises russes après 1992 » ; https : //halshs.archives-ouvertes.fr/halshs-00582807 ; 2011.

W. CHEFFI & A. BELDI « Conception d'un outil de mesure de la performance : divergences entre contrôleurs de gestion et managers : cas d'un groupe industriel français ».

Y. PESQUEUX « La notion de performance globale » ; https : //halshs.archives-ouvertes.fr/halshs-00004006 ; 2005.

9) L'UNIVERSITÉ ET L'ENTREPRENEURIAT : NOUVEAUX PARADIGMES DE L'ENSEIGNEMENT ?

BELGOUM Farid
Laboratoire LARAFIT
Université d'Oran 2
Algérie

Résumé : L'enseignement de l'entrepreneuriat est devenu un champ de recherche de plusieurs études ces dernières années. Ces études ont analysé trois paradigmes différents : cognitif, expérientiel et socioconstructiviste.

L'expérience actuelle de l'enseignement de l'entrepreneuriat s'oriente vers le paradigme socioconstructiviste. Ce paradigme repose sur l'idée que les étudiants apprennent en interagissant avec leur environnement et en collaborant avec les autres.

L'objet de cette communication est de présenter les pratiques de l'enseignement de l'entrepreneuriat avec l'expérience de l'université d'Oran 2 en Algérie. Cette université s'est focalisée sur l'approche socioconstructiviste, à la fois dans le programme de l'université et dans l'incubateur.

L'approche socioconstructiviste permet aux étudiants d'apprendre en réalisant des projets concrets et en collaborant avec les autres. Cela leur permet de développer des compétences entrepreneuriales telles que la créativité, l'innovation, le leadership et la gestion de projet.

L'expérience de l'université d'Oran 2 montre que l'approche socioconstructiviste est efficace pour l'enseignement de l'entrepreneuriat. Elle permet aux étudiants d'apprendre en réalisant des projets concrets et en collaborant avec les autres. Cela leur permet de développer des compétences entrepreneuriales qui leur seront utiles dans leur vie professionnelle.

Mots clefs : Entrepreneuriat, Université, Startup, Projets, Algérie.

Introduction

L'université est considérée depuis sa création comme un centre de formation et une source d'apprentissage à travers des programmes qui s'évoluent selon les exigences du marché de travail et les facteurs imposés par la politique économique adoptée de chaque pays.

Avec l'évolution économique et le progrès technologique, le rôle de l'Université s'est développé pour accompagner les politiques de développement économiques, et assumer de nouvelles responsabilités en proposant des formations sur les mécanismes de création et de gouvernance de l'entreprise.

On constate que le rôle de l'université ces dernières années reflète une convergence plus ouverte par rapport à l'entrepreneuriat, comme le décrit Barnett (Barnett, 2005). Shattock (2003) définit l'entrepreneuriat en des termes similaires, notamment comme « un moyen d'identifier et de mettre en œuvre un programme d'action spécifique à l'établissement concerné et ne découlant pas d'une formule de financement par l'état ».

En Algérie, plusieurs mesures ont été prises ces dernières années au niveau de l'Université pour promouvoir l'activité entrepreneuriale, à savoir la création des maisons de l'entrepreneuriat ayant pour missions de diffuser de la culture entrepreneuriale par la sensibilisation, formation des étudiants à l'entrepreneuriat et pré-accompagnement des étudiants porteurs de projets.

Egalement, la création de l'incubateur universitaire qui vise à promouvoir l'activité entrepreneuriale à travers un processus de trois étapes ; le pré incubation (former des entrepreneurs scientifiques pour fonder et manager une entreprise). L'incubation permet la transformation des idées de projet en « Start-Up ». La post incubation d'entreprise est un processus d'appui des entreprises en phase de démarrage.

L'objet de cette communication est d'analyser le paradigme de l'enseignement de l'entrepreneuriat en Algérie à travers les mécanismes mobilisés pour accompagner la création des entreprises et des startups.

I. – L'enseignement de l'entrepreneuriat

La formation à l'entrepreneuriat est offerte dans un nombre croissant des universités dans les pays développés et émergents économiques. Ce type d'enseignement est dispensé sous forme d'enseignement individuel cours ou diplômes, présentiel et même en ligne. Par exemple, aux Etats-Unis il existe 262 cours liés à l'entrepreneuriat offerts par des universités telles que l'Université de Pennsylvanie et l'Université d'État du Michigan sur Coursera, une plateforme mondiale d'apprentissage en ligne. (Shiri & Qiantao , 2021),

D'autre part, la formation à l'entrepreneuriat n'est pas seulement enseignée dans les universités, les individus et les entreprises pouvant suivre des cours d'entrepreneuriat dans des incubateurs, des accélérateurs ou des programmes gouvernementaux.

Dans ce cadre, l'une des difficultés fondamentales à lier la formation à l'entrepreneuriat au comportement entrepreneurial en général par l'analyse post hoc ou même par l'analyse expérimentale des programmes d'enseignement existants est le souci qu'il y ait un biais de sélection au départ pour les étudiants choisissant de s'engager dans l'entrepreneuriat (Dickson, Solomon, & Weaver, 2008). Cette situation impose d'adapter la démarche d'enseignement selon certains paradigmes.

A. – Paradigme d'enseignement de l'entrepreneuriat

L'école classique de management avait pour mission pendant plusieurs années de former les managers intermédiaires (entre les dirigeants et les employés dans une organisation). Ils sont responsables de la mise en œuvre des stratégies et des politiques de l'entreprise, ainsi que du suivi des performances des employés. Cette école était loin de former des personnes contribuant à la création d'entreprise. Elle a probablement évolué aujourd'hui vers une forme différente, mais c'est difficile d'intégrer des matières axées sur la gestion intermédiaire au programme d'entrepreneuriat. Le paradigme dominant serait différent et les cours axés sur la gestion intermédiaire ne pourraient pas s'y adapter. (Vesper, Ed McMullan, & Ray, 1989).

Aujourd'hui, il n'existe pas de paradigme unique d'enseignement de l'entrepreneuriat. Chaque école ou université développe son propre programme d'études, en fonction de ses propres objectifs et de ses propres ressources.

Malgré cette diversité, il existe quelques éléments communs à tous les programmes d'enseignement de l'entrepreneuriat. Ces éléments comprennent :

La théorie : les étudiants doivent apprendre les concepts et les théories fondamentaux de l'entrepreneuriat, tels que la création d'entreprise, le financement, le marketing, la gestion, etc.

La pratique : les étudiants doivent également avoir l'occasion de mettre en pratique leurs connaissances et leurs compétences dans des projets réels. Cela peut se faire par le biais de stages, de concours d'entrepreneuriat, ou encore de création d'entreprises fictives.

L'accompagnement : les étudiants doivent être accompagnés par des enseignants ou des mentors expérimentés. Ces derniers peuvent les aider à développer leurs compétences, à résoudre des problèmes, et à prendre des décisions.

B. – Les différents paradigmes d'enseignement de l'entrepreneuriat

Le paradigme cognitif (transfert de connaissances) : Ce paradigme repose sur l'apprentissage classique sous forme de cour, séminaires.....

Le paradigme expérientiel (l'apprentissage par l'expérience) : Ce paradigme repose sur l'expérience de création des entreprises par les étudiants, en les mettant dans un environnement d'affaires à travers les simulations et les jeux de rôle. Ce paradigme est considéré comme plus efficace que le paradigme cognitif, car il permet aux étudiants d'acquérir des compétences entrepreneuriales plus rapidement et plus profondément.

Le paradigme socioconstructiviste (l'apprentissage par la collaboration) : Ce paradigme est basé sur l'idée que les étudiants peuvent apprendre à entreprendre en collaborant avec d'autres étudiants. Ce paradigme est de plus en plus populaire, et il repose sur l'utilisation de méthodes d'enseignement telles que le travail en équipe, les projets collaboratifs et les Hackathons.

C. – Le paradigme socioconstructiviste et l'écosystème entrepreneurial dans l'éducation

Le paradigme socioconstructiviste s'est évolué avec l'incération de plusieurs éléments de l'écosystème.

L'écosystème entrepreneurial dans l'éducation (EEE) apparaît comme un système complexe de liens de collaboration entre les principales parties prenantes (par exemple, université, entreprise, gouvernement local, étudiants, chercheurs, etc.) avec plusieurs éléments connexes qui favorisent ou entravent transfert des connaissances par l'industrie et l'université (Wright, 2006). Nous utilisons également la définition de (Autio, Kenney, Mustar, Siegel, & Wright, 2014) d'un écosystème entrepreneurial comme une dynamique, interaction institutionnellement ancrée entre l'université et les entrepreneurs caractérisée par les attitudes, les capacités et les aspirations entrepreneuriales, qui déterminent l'allocation des ressources par la création de nouvelles entreprises (spin-offs) ou de nouvelles technologies (université-industrie Partenariat).

La notion d'EEE recoupe le concept d'« université entrepreneuriale », puisque l'EEE présente un programme ambitieux pour les universités, les entrepreneurs, le gouvernement et l'industrie qui s'engager de manière proactive avec leur environnement commercial immédiat au sein de leurs économies. Le modèle positionne l'université au centre des relations université-industrie-gouvernement et décrit le rôle de premier plan que les universités peuvent jouer pour l'innovation et le développement économique dans une société du savoir. Le MIT, l'exemple mondial, a créé 30 200 entreprises, employant 4,6 millions et générant près de 2 000 milliards de dollars de revenus annuels (Matheson, 2015).

L'éducation entrepreneuriale de l'écosystème est une approche holistique de l'enseignement entrepreneuriale qui se concentre sur l'ensemble de l'écosystème entrepreneurial, y compris les individus, les organisations et les institutions qui soutiennent les entrepreneurs. Cette approche reconnaît que l'entrepreneuriat ne consiste pas seulement à créer une entreprise, mais aussi à créer un environnement florissant pour que les entrepreneurs réussissent.

D. – Le rôle de l'incubateur

Le premier incubateur scientifique et technologique a été développé aux États-Unis dans les années 1960 (Lose & Tengeh, 2006).

Depuis, les incubateurs se sont progressivement développés et sont devenus un phénomène en raison de leur rôle dans le soutien au développement régional et au soutien aux nouvelles entreprises et entrepreneurs.

Les incubateurs sont des outils essentiels pour l'entrepreneuriat, le développement des affaires, le développement technologique et la politique d'innovation, en particulier dans les États-Unis et Europe (Caiazza, 2014). Ils offrent aux entrepreneurs un environnement favorable pour développer leurs entreprises, en leur fournissant des ressources telles que des bureaux, des services de soutien, des conseils et un réseau de contacts.

Les incubateurs jouent un rôle important dans l'économie en stimulant la création d'emplois, l'innovation et la croissance. Ils sont également un moteur important du développement régional en aidant à créer de nouvelles entreprises et à stimuler l'économie locale.

D'après l'étude de (Shiri & Qiantao , 2021), qui compare dans l'un de ses volets les formations universitaires en entrepreneuriat et des formations offerts dans les incubateurs/accélérateurs. L'analyse constate que les cours de formation à l'entrepreneuriat des incubateurs/accélérateurs ont un impact plus fort que les cours universitaires d'entrepreneuriat sur la création d'entreprises en général et notamment les entreprises étudiantes. Ce constat suggère qu'il y a des différences entre les cours offerts par les universités et incubateurs/accélérateurs.

Les incubateurs hébergés par les universités offrent aux chercheurs et aux étudiants du premier, du deuxième cycle (master) et du troisième cycle (doctorat) de nombreuses opportunités de réalisation de soi. Cependant, ces incubateurs offrent principalement un soutien dans le conseil et le développement de nouveaux projets, tels que la création de compétences dans la recherche et l'application de nouvelles technologies. Ils ne fournissent pas pleinement la culture entrepreneuriale et les compétences en leadership nécessaires aux jeunes entrepreneurs pour concrétiser leurs idées.

À cet égard, il est très important d'élaborer et de créer la structure des processus internes et externes de l'incubateur dès le début. Il est nécessaire de justifier en détail la répartition de chaque élément et de déterminer les acteurs et le type d'activité, qui forment le modèle de structure et de fonctionnalité d'un incubateur hébergé par une université (Doga-Mîrzac, 2021).

Sur le plan d'objectifs, les études récentes montrent que les ressources humaines sont le facteur le plus important dans la politique de formation des incubateurs, suivi par les ressources technologiques, financières et organisationnelles. Les managers et les employés talentueux sont la pierre angulaire de toutes les organisations, en particulier des incubateurs. Les entreprises se font concurrence pour acquérir les personnes hautement compétentes pour gérer l'entreprise, ainsi que pour la croissance et l'avantage concurrentiel (Mavi, Gheibdoust, Khanfar, & Mavi, 2019).

D'après les études existantes, nous savons que les incubateurs et les accélérateurs se concentrent sur les informations pratiques, fournissant des informations plus pertinentes pour établissement et gestion de l'entreprise.

II. – L'expérience algérienne de l'enseignement de l'entrepreneuriat

A. – Au niveau de l'université

Pendant des années, l'enseignement de l'entrepreneuriat dans les différentes facultés en Algérie s'est focalisé sur des cours et des séminaires. Cependant, l'expérience de l'université d'Oran 2 a montré que l'orientation vers un paradigme socioconstructiviste pour assurer un bon accompagnement des étudiants est plus efficace.

Les spécialités des sciences de gestion de la faculté des sciences économiques, commerciales et des sciences de gestion, bénéficient d'un programme riche basé sur :

- Business canevas
- Business plan
- Etude de marché
- Elaboration de budget

Après la formation, les étudiants présentent leurs projets devant un jury qui évalue le rapport sur la base de plusieurs dimensions : l'idée, l'innovation, la faisabilité, etc.

Ce paradigme socioconstructiviste permet aux étudiants d'apprendre en interagissant avec leurs professeurs et leurs pairs, de développer leurs compétences entrepreneuriales et de créer des projets innovants et viables.

B. – Au niveau de l'incubateur de l'université

Les nouvelles procédures d'enseignement de l'entrepreneuriat en Algérie font partie des dispositifs développés par le Ministère de l'Enseignement Supérieur afin de faire progresser le secteur des start-up et d'apporter un soutien et un accompagnement aux porteurs de projets innovants. Ces procédures ont pour objectif de créer une génération d'entrepreneurs capables d'innover et de créer des Startups capables d'opérer une révolution technologique et créative. Cela contribuera à résoudre le problème du chômage chez les diplômés universitaires et à créer de véritables opportunités d'emploi qui contribueront à l'augmentation du développement économique.

Les nouvelles procédures d'enseignement de l'entrepreneuriat en Algérie :

- Elles visent à développer les compétences entrepreneuriales des étudiants, telles que la créativité, la résolution de problèmes, la gestion du risque et la communication.
- Elles offrent aux étudiants l'opportunité de travailler sur des projets réels avec des entreprises et des organisations.
- Elles fournissent aux étudiants un soutien et un accompagnement tout au long du processus de création d'entreprise.

La Commission Nationale de Coordination du Suivi de l'Innovation et des Incubateurs Universitaires a défini les conditions dans lesquelles le projet l'idée doit répondre :

- Clarté de l'idée : l'idée du projet doit être clairement définie et formulée. Elle doit être facilement compréhensible par les investisseurs potentiels.
- Aspects innovants : le projet doit apporter une innovation significative sur le marché. Cela peut être un nouveau produit, un nouveau service ou une nouvelle manière de faire les choses.
- Validité du modèle économique : le projet doit avoir un modèle économique viable. Cela signifie que le projet doit être capable de générer des revenus et de dégager des bénéfices.
- Accès au prototype : le projet doit avoir accès à un prototype ou à un démonstrateur du produit ou du service proposé. Cela permet aux investisseurs potentiels d'évaluer le potentiel commercial du projet.

Les projets qui répondent à ces conditions sont plus susceptibles d'obtenir le label de start-up[254] ou de projet innovant et de bénéficier du soutien des incubateurs universitaires.

Dans ce contexte, l'université est considérée comme la première instance concernée par le développement des Start up accompagnant le développement économique et la participation à la créativité (LABOUDI, 2021). Et ces nouvelles procédures d'enseignement en Algérie viennent pour renforcer la création des startups notamment que plusieurs études montrent la relation positive entre la participation aux programme de formation de l'entrepreneuriat te la création des Start up (Shiri & Qiantao , 2021).

Ce projet de formation repose sur :

- **L'équipe de travail :**

L'équipe de travail est composée d'étudiants qui participent à un projet entrepreneurial. Elle peut être composée de :

- 2 à 6 étudiants d'une même spécialité.
- 2 à 6 étudiants de différentes disciplines.
- Un seul étudiant, à condition qu'il possède les qualifications et la capacité nécessaires.

La taille de l'équipe est déterminée par la nature du projet et les compétences des étudiants. Par exemple, un projet qui nécessite des connaissances techniques spécifiques sera mieux adapté à une équipe d'étudiants d'une même spécialité. Un projet qui nécessite des compétences en gestion, marketing et finance sera mieux adapté à une équipe d'étudiants de différentes disciplines.

---

[254] Le label startup est un document institutionnel qui vous servira de « passeport » pour accéder à toutes les facilitations que l'état met à disposition des startups

- **Projet de formation :**

Les étudiants entrepreneurs étant inscrits dans plusieurs disciplines, le programme de formation prend en compte les aspects techniques et administratifs du projet à travers une méthodologie générale liée aux domaines suivants :

- Une formation spécialisée intitulée « Générer des idées entrepreneuriales ».
- Une session de formation sur les techniques de communication et de négociation session de formation comment élaborer un business plan.
- Préparation de la (première) fiche technico-économique du projet de start-up.
- Une formation en marketing numérique.
- Cours d'intelligence artificielle niveau 1.
- Une formation à la création d'entreprise (procédures juridiques et gestion) animée par des formateurs spécialisés en fiscalité, droit des affaires et du droit commercial.
- Une session de formation sur la protection et l'enregistrement des droits de propriété industrielle et intellectuelle.

- **Préparation du mémoire** : Le mémoire de fin d'études est préparé de deux manières, soit :

Le mémoire de base est un document qui présente les aspects généraux d'un projet, tels que son objectif, ses objectifs, ses activités, son organisation, son budget et son calendrier. L'annexe BMC est un document qui présente le modèle d'affaires de la société, y compris sa proposition de valeur, son segment de clientèle, ses canaux de distribution, ses relations avec les clients, ses sources de revenus et ses coûts. La fiche technique est un document qui présente les aspects techniques du projet, tels que son architecture, sa technologie, ses exigences et ses risques.

Ou la préparation du BMC : Une étude de faisabilité économique complète doit inclure une étude de marché, une étude technique et une étude technico-économique, l'étude de marché doit évaluer la demande potentielle pour le produit ou le service, les concurrents et les prix

- **Encadrement** : Le comité d'encadrement peut être formé selon les cas possibles suivants :

  - Un directeur de mémoire spécialisé dans le sujet principal de l'idée.
  - Un directeur principal et un directeur de mémoire adjoint. Si le projet a besoin d'un soutien sur d'autres aspects techniques, le directeur de mémoire adjoint peut être l'un des responsables de l'incubateur ou de la Maison de l'entrepreneuriat.
  - Deux directeurs de mémoire principaux et un directeur adjoint. En cas ou le projet nécessitait l'intégration de différents spécialistes et un soutien technique.

Les directeurs de mémoire sont responsables de guider les étudiants dans le développement de leurs projets. Ils les aident à définir leurs objectifs, à développer leur plan d'affaires et à surmonter les défis. Ils peuvent également fournir des conseils et un soutien financier.

- **Soutenance** : Le jury de soutenance est composé de :
  - Directeur de mémoire ou équipe de direction de mémoire.
  - Professeur examinateur spécialisé dans le domaine projet.

- Professeur spécialisé en BMC.
- Un expert des partenaires économiques et sociaux.

- **L'évaluation** : l'idée de projet est évaluée sur la base des critères suivants :

Figure 1. Critères d'évaluation

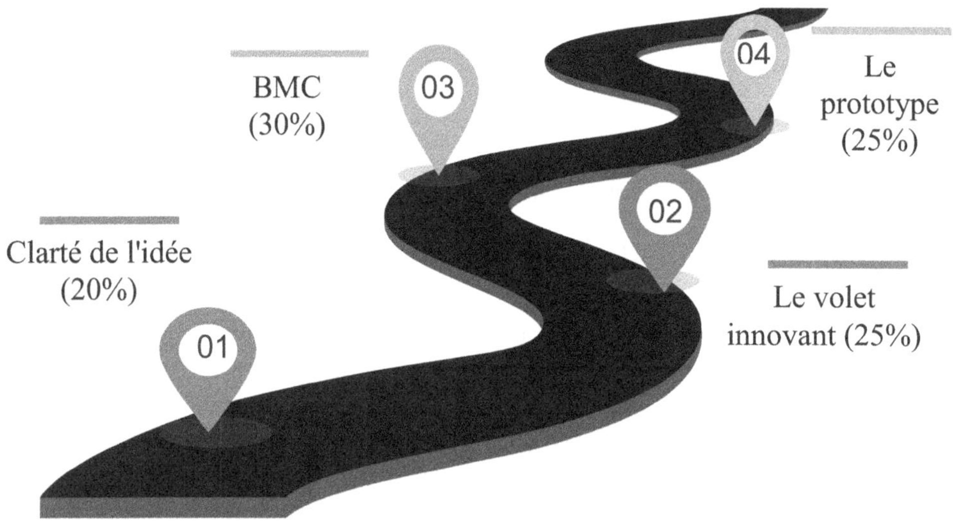

Source : élaboré par l'auteur

L'évaluation de cette première expérience a donné des résultats satisfaisants en enregistrant à l'université d'Oran 2, 52 projet startups et 84 projets de type entrepreneuriat classique destinés à la création des PME.

Conclusion

Aujourd'hui, l'université a de nombreux rôles qui vont au-delà de l'activité classique de centre de formation. Elle doit également préparer les étudiants aux défis du marché du travail et les aider à devenir des acteurs du développement économique. Cela passe par l'encadrement direct des étudiants, la mise en place de programmes de formation entrepreneuriale et la facilitation des modes de financement, avec la contribution des partenaires économiques et sociaux.

Dans ce contexte, à la rentrée 2022/2023, l'Université algérienne a introduit une nouvelle approche d'accompagnement des porteurs de projets. Cette approche repose sur le paradigme socioconstructiviste comprend des mécanismes facilitant la concrétisation de ces projets d'une manière qui transforme l'étudiant en investisseur qui contribue à la création d'emplois, répond aux besoins du marché et contribue au développement de l'activité économique.

Cette nouvelle approche est une avancée importante pour l'Université algérienne. Elle permettra de renforcer l'employabilité des étudiants, de stimuler l'innovation et de contribuer à la croissance économique du pays.

Bibliographie

Al Mamun, A., Binti Che Nawi, N., Muhammad Mohiuddi, M., Binti Shamsudin, F., & Ali Fazal, S. (2017). Entrepreneurial intention and startup preparation: A study among business students in Malaysia,. *Journal of Education for Business , 9* (2), 296-314.

Autio, E., Kenney, M., Mustar, P., Siegel, D., & Wright, M. (2014). Entrepreneurial innovation ecosystems and context. *Research Policy , 43* (7), 1097-1108.

Caiazza, R. (2014). Benchmarking of business incubators. *Benchmarking: An International Journal , 21* (6), 1062-1069.

Dickson, P., Solomon, G., & Weaver, K. (2008). Entrepreneurial selection and success: does education matter? *Journal of Small Business and Enterprise Development , 15* (2), 239–258.

Doga-Mîrzac, M. (2021). Methodological Aspects Oriented to Structure the University Incubators. *Accounting and Finance* .

LABOUDI, S. (2021). L'UNIVERSITE ALGERIENNE : RAPPORTS SOCIAUX ET MOUVEMENT CORPORATIF. *The journal of El-Ryssala for studies and research in humanities , 6* (4).

Lose, T., & Tengeh, R. (2006). The sustainability and challenges of business incubators in the Western Cape province, South Africa. *Sustainability , 7* (10), 14344-14357.

Matheson, R. (2015). New report outlines MIT's global entrepreneurial impact. *MIT News* .

Mavi, R., Gheibdoust, H., Khanfar, A., & Mavi, N. (2019). Ranking factors influencing strategic management of university business incubators with ANP. *Management Decision* (57), 3492-3510.

Shiri , M., & Qiantao , Z. (2021). Entrepreneurship education and firm creation. *Regional Studies* .

Vesper, K., Ed McMullan, W., & Ray, D. (1989). Entrepreneurship Education: More Than Just an Adjustment to Management Education. *International Small Business Journal* , *8* (1), 61-65.

10) RENFORCER LA GOUVERNANCE DES PME PAR L'AUDIT INTERNE : ENJEUX ET PERSPECTIVES DANS LE CONTEXTE ALGÉRIEN

Nissa OUSSAID
Maître de conférences, ENSSEA, IRDE, Alger, Algérie
oussaidnissa@gmail.com /oussaid.nissa@enssea.edu.dz

Résumé : *Ce chapitre examine la problématique du développement de l'audit interne dans les petites et moyennes entreprises (PME), en mettant l'accent sur le contexte algérien. Bien que l'audit interne soit reconnu comme un levier essentiel de gouvernance et de maîtrise des risques dans les grandes organisations, il demeure faiblement implanté dans les PME, en raison notamment de contraintes structurelles, culturelles et réglementaires. L'objectif est d'analyser les conditions favorisant l'intégration d'une fonction d'audit adaptée aux spécificités des PME algériennes et d'identifier les freins propres à leur environnement. S'appuyant sur l'étude du tissu entrepreneurial, des pratiques managériales et des dispositifs institutionnels existants, ce chapitre propose des pistes d'action pour encourager une démarche d'audit proportionnée, progressive et génératrice de valeur. Les recommandations formulées tiennent compte des orientations du rapport audit interne : Vision 2035, dans une perspective stratégique et prospective.*

Mots clés :

gouvernance ; petites et moyennes entreprises ; audit interne.

Classification JEL

G34 ; L26 ; M42

Renforcer la gouvernance des PME par l'audit interne : enjeux et perspectives dans le contexte algérien

Abstract : *The present chapter undertakes an examination of the issue of developing internal auditing in small and medium-sized enterprises (SMEs), with a focus on the Algerian context. Although internal auditing is recognised as an essential component of governance and risk management in large organisations, it remains underdeveloped in SMEs, due in particular to structural, cultural and regulatory constraints. The objective of this study is twofold: firstly, to analyse the conditions that favour the integration of an audit function adapted to the specificities of Algerian SMEs; and secondly, to identify the obstacles specific to their environment. The present chapter is predicated on a comprehensive study of the entrepreneurial fabric, managerial practices and extant institutional mechanisms. The chapter proposes courses of action to encourage a proportionate, progressive and value-generating audit approach. The recommendations made herein are consistent with the guidelines set out in the internal audit report. The document entitled 'Vision 2035' is examined here from the perspective of strategic thinking and forward-looking analysis.*

Keywords :

Governance, small and medium-sized enterprises, internal audit.

Introduction

Dans un environnement économique de plus en plus complexe et incertain, marqué par des exigences croissantes en matière de gouvernance, de transparence et de gestion des risques, les petites et moyennes entreprises (PME) sont appelées à renforcer leurs capacité de pilotage organisationnel et de maîtrise des vulnérabilités acteurs essentiels de la croissance économique, de la création d'emplois et de l'innovation, les PME ne peuvent plus se contenter de pratiques informelles ou empiriques dans leur gestion interne. À ce titre, l'audit interne, longtemps considéré comme une fonction réservée aux grandes entreprises, émerge aujourd'hui comme un levier stratégique au service de la performance, de la maîtrise des risques et du pilotage de la gouvernance dans les PME.

Cependant, malgré l'importance croissante accordée à l'audit interne dans le discours managérial et académique, son intégration au sein des PME demeure inégale, partielle et parfois mal comprise. Plusieurs interrogations subsistent quant à l'utilité réelle de l'audit interne dans ce type de structure : constitue-t-il un simple mécanisme de contrôle ou un véritable outil stratégique ? Peut-il être adapté à la taille réduite, aux ressources limitées et à la culture entrepreneuriale propre aux PME ? Quelles sont les conditions nécessaires à son efficacité, ainsi qu'à son acceptabilité au sein de ces organisations ?

Ces questionnements revêtent une acuité particulière dans le contexte des économies émergentes, où les PME jouent un rôle structurant dans le tissu productif, mais demeurent souvent vulnérables aux aléas conjoncturels, aux défaillances internes et aux pressions concurrentielles. C'est notamment le cas en Algérie, où la densité du secteur des PME s'est fortement accrue au cours des deux dernières décennies, sans que cela ne s'accompagne toujours d'une amélioration des pratiques de gestion et de contrôle.

Dans cette perspective, ce chapitre se propose d'analyser la place et le rôle de l'audit interne dans les PME, en interrogeant son évolution conceptuelle, ses spécificités opérationnelles, ainsi que ses apports potentiels en matière de performance, de gouvernance et de création de valeur. Il s'agira notamment d'examiner les modalités concrètes de mise en œuvre de l'audit interne dans ce type de structure, d'identifier les défis spécifiques auxquels il se heurte, et de mettre en lumière les leviers susceptibles d'en faire une véritable nécessité stratégique, au-delà d'une simple obligation administrative.

Pour ce faire, notre réflexion s'articulera autour de quatre axes principaux. Dans un premier temps, nous reviendrons sur les fondements conceptuels et l'évolution de l'audit interne (Section 1). Ensuite, nous définirons les spécificités des PME en termes structurels, juridiques et économiques, et analyserons leurs implications pour l'organisation d'un audit interne (Section 2). Nous proposerons par la suite une lecture stratégique de l'audit interne adapté aux PME (Section 3). Enfin, une attention particulière sera accordée à la situation des PME algériennes, à travers une analyse statistique et contextuelle de leur développement et de leur environnement de contrôle (Section 4). Et enfin, la conclusion générale synthétisera les principaux apports et proposera des recommandations.

Section 1. – Fondements conceptuels de l'audit interne

Dans un environnement organisationnel de plus en plus complexe et incertain, l'audit interne s'impose comme un levier essentiel de maîtrise, d'anticipation et de performance. Pour appréhender pleinement les enjeux actuels de cette fonction, il est nécessaire d'en retracer les fondements, de comprendre son évolution historique et de cerner les principes qui structurent son rôle au sein des organisations contemporaines. Cette section revient ainsi sur les origines, les missions, les méthodes et les spécificités de l'audit interne, en mettant en lumière sa dimension stratégique, en particulier dans le contexte des petites et moyennes entreprises.

1.1. Évolution historique et conceptualisation de l'audit interne

L'audit interne, en tant que discipline organisée, s'est progressivement imposé comme une fonction essentielle de gouvernance au sein des organisations. Si les premières formes de contrôle remontent à l'Antiquité – notamment chez les sumériens, les romains et dans la civilisation islamique à travers la pratique du *Hisba* –, l'audit, dans son acception moderne, a pris forme au XIXe siècle, avec l'émergence de l'entreprise capitaliste, la montée des risques opérationnels, et la nécessité de garantir la fiabilité de l'information financière.

Historiquement, les premières formes de normalisation et de contrôle des comptes remontent à l'Antiquité. Dès le deuxième millénaire avant J.-C., les Sumériens avaient déjà perçu l'intérêt d'instaurer une information objective entre partenaires économiques, notamment à travers des systèmes d'enregistrement rudimentaires mais relativement structurés(Kahn.J, 2003). Cette démarche trouve un écho particulier dans le célèbre code d'Hammourabi, promulgué vers 1800 avant J.-C. par Hammourabi, sixième roi de la première dynastie babylonienne. Bien que les tablettes cunéiformes de son règne soient postérieures à celles d'Uruk (datant d'environ 5000 ans avant J.-C.) ou au tombeau de Negadah en Égypte vers 3000 avant J.-C. (Dégos, J.-G., 2010), elles témoignent néanmoins d'un effort structuré de régulation sociale et économique.elles n'en demeurent pas moins significatives. Ce code, considéré comme l'un des premiers corpus législatifs structurés, ne se limitait pas à énoncer des règles générales d'ordre commercial et social ; il comprenait également des dispositions explicites relatives à l'usage d'un plan comptable et au respect de normes de présentation, afin de garantir la fiabilité de l'information financière.

Par la suite, au IIIe siècle avant J.-C., les gouverneurs romains mirent en place des dispositifs de contrôle plus institutionnalisés, en confiant à des questeurs la mission de superviser la comptabilité des provinces. C'est à cette époque que l'on trouve l'origine du terme « audit », dérivé du latin *audire*, signifiant « écouter » : les questeurs devaient rendre compte de leur gestion devant une assemblée « d'auditeurs »(Herrbach. O, 2000), chargés d'examiner et de valider les comptes présentés.

Dans la civilisation islamique, le contrôle s'exerçait notamment à travers l'institution de la Hisba, un mécanisme de régulation sociale et économique en vigueur du VIIIe siècle jusqu'au début du XXe siècle, période marquée par la colonisation de la majorité des pays musulmans(Benhayoun Sadafi. M. A., 2001). Cette institution visait à promouvoir le bien (*al-maʿrūf*) et à prévenir le mal (*al-munkar*), conformément aux principes éthiques de l'islam.

Le responsable de cette fonction, appelé *Muḥtasib*, jouait un rôle essentiel dans la régulation des activités commerciales et civiles. Dans le domaine transactionnel, il veillait au respect des règles d'équité, notamment en inspectant les instruments de mesure (poids, balances), en surveillant les pratiques des artisans, des commerçants et des producteurs de biens essentiels tels que les aliments, les vêtements ou les outils. Sur le plan moral et civil, l'audit interne encourage les comportements vertueux, comme l'honnêteté et le conseil loyal. En cas d'infractions dépassant ses compétences, il a l'obligation de transmettre les dossiers aux autorités judiciaires compétentes, notamment au juge (*qāḍī*), afin que des mesures adéquates soient prises.

L'évolution des pratiques de contrôle des comptes s'est progressivement alignée sur les transformations des structures économiques ainsi que sur la montée en complexité des organisations administratives et commerciales. Ce n'est toutefois qu'à partir du XIXe siècle que ces pratiques ont connu un développement systématique, à la fois en termes d'envergure et de méthodes, en lien avec l'émergence de l'entreprise moderne et l'essor du capitalisme industriel.

C'est au cours de cette période que l'audit a commencé à se structurer sous la forme contemporaine qu'on lui reconnaît aujourd'hui (Herrbach. O, 2000). Jusqu'à la fin du XIXe siècle, l'objectif principal de l'audit demeurait la détection de la fraude. En conséquence, les approches de contrôle étaient centrées sur une vérification détaillée, souvent exhaustive, des pièces comptables (Herrbach. O, 2000), dans une logique essentiellement préventive et de conformité (Herrbach. O, 2000).

À partir du début du XXe siècle, l'audit prend une nouvelle dimension avec l'émergence de la nécessité d'émettre une opinion sur la validité globale des états financiers, en complément de la détection des fraudes et des erreurs. Cette évolution s'accompagne de l'introduction progressive des techniques de sondage appliquées aux pièces justificatives, en rupture avec les pratiques antérieures de vérification exhaustive.

Ce changement méthodologique s'est imposé en réponse à l'accroissement rapide de la taille et de la complexité des entités auditées, qui a considérablement alourdi le coût (Herrbach. O, 2000)et la faisabilité des audits traditionnels. Dès lors, l'audit s'oriente vers une approche plus stratégique, fondée sur l'évaluation des risques et l'efficacité des procédures de contrôle, marquant ainsi une étape décisive dans la professionnalisation de la fonction.

Aujourd'hui, l'audit s'est affranchi de sa seule fonction financière et comptable pour devenir un levier stratégique transversal. Il s'applique désormais à des domaines variés tels que le marketing, l'environnement, la gouvernance, ou encore les ressources humaines, illustrant ainsi la montée en puissance de l'audit interne. Ce dernier s'impose comme un dispositif clé de pilotage organisationnel, orienté vers l'évaluation des processus, la gestion des risques, la conformité réglementaire et l'amélioration continue des performances. Cette évolution reflète la maturité croissante des systèmes de gouvernance, dans un environnement toujours plus complexe et exigeant.

Initialement centré sur la détection des fraudes, l'audit a connu une évolution continue vers une logique d'évaluation globale, passant d'un audit purement comptable à un audit opérationnel, puis stratégique. À partir du XXe siècle, et notamment après la création de l'Institut des Auditeurs Internes (IIA) (Lampe, 2003) en 1941, l'audit interne s'est institutionnalisé en tant que fonction indépendante et intégrée à la structure organisationnelle.

Les définitions successives proposées par l'IIA témoignent de cette transformation. L'une des plus abouties, formulée en 2001 puis consolidée en 2017, stipule que :« *L'audit interne est une activité indépendante et objective qui donne à une organisation une assurance sur le degré de maîtrise de ses opérations, lui apporte des conseils pour les améliorer, et contribue à la création de valeur ajoutée. Il aide cette organisation à atteindre ses objectifs en évaluant, par une approche systématique et méthodique, ses processus de management des risques, de contrôle et de gouvernance.* »(Auditing, 2017).

De son côté, l'Institut Français de l'Audit et du Contrôle Internes (IFACI) propose une formulation complémentaire, en insistant sur la double mission d'assurance et de conseil, et sur l'objectif de création de valeur. « *L'audit interne est une activité indépendante et objective qui fournit à l'organisation des assurances sur le degré de maîtrise de ses opérations, émet des conseils pour les améliorer et contribue à la création de valeur ajoutée* »(Reding, et al., 2015).

1.1. Missions et portée de l'audit interne

L'audit interne joue un rôle essentiel dans le dispositif de gouvernance des organisations. Conformément aux normes internationales, notamment celles de l'Institute of Internal Auditors (IIA), il s'agit d'une activité indépendante et objective, conçue pour apporter une assurance, formuler des conseils et contribuer à la création de valeur. Sa mission dépasse le simple cadre du contrôle, en s'inscrivant dans une logique d'amélioration continue et de renforcement des capacités organisationnelles. L'audit interne vise à :

- Évaluer la qualité du système de contrôle interne, en identifiant les forces et les faiblesses susceptibles d'affecter l'atteinte des objectifs stratégiques ;
- Analyser les processus de gestion des risques, en identifiant les risques critiques, en évaluant leur niveau de couverture, et en mesurant la résilience de l'organisation face à ces menaces ;
- Contribuer à l'amélioration de la gouvernance, en s'assurant de la transparence des décisions, de l'intégrité des mécanismes de supervision et de la conformité aux normes, lois et règlements en vigueur ;
- Proposer des conseils à valeur ajoutée, à travers des recommandations opérationnelles, issues de diagnostics rigoureux, objectifs et documentés.

Ainsi, l'audit interne ne se limite plus à une fonction de contrôle ex post. Il constitue aujourd'hui un levier stratégique, au service de la performance durable, de la maîtrise des risques et de la bonne gouvernance.

Les étapes clés d'une mission d'audit interne

Selon la norme internationale 2020, l'ordre de mission est considéré comme l'acte fondateur de toute mission d'audit interne. Il marque le point de départ de cette dernière en formalisant le mandat confié par la direction générale à la fonction d'audit interne(Renard, 2017). Cet acte inaugural s'inscrit dans le respect des principes fondamentaux qui régissent l'audit interne. L'audit interne n'exerce pas ses missions de sa propre initiative, audit internes agit dans le cadre des tâches qui lui sont confiées.

Le processus d'audit interne peut être structuré en trois grandes phases : la planification, l'exécution et la conclusion. Le schéma ci-dessous en illustre les principales étapes.

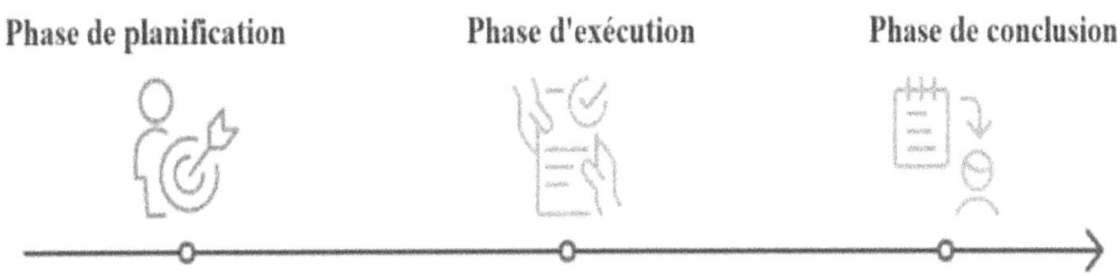

Source : Auteure.

1.1. Les étapes clés d'une mission d'audit interne

Elle comprend :

- L'ordre de mission, formalisant l'autorisation d'intervention et précisant les objectifs de la mission ;
- La prise de connaissance du domaine audité, via des entretiens préliminaires, l'analyse documentaire, et l'identification des processus ;
- L'évaluation préliminaire des risques, permettant de concentrer l'audit sur les zones critiques ;
- L'élaboration du plan de mission, qui définit les objectifs spécifiques, les ressources, les outils, et le périmètre de la mission.

Phase d'exécution (ou de réalisation)

Cette phase repose sur :

- La réunion d'ouverture, qui officialise la mission et établit les modalités de collaboration avec les entités auditées ;
- L'examen du système de contrôle interne, à travers des questionnaires, des observations, des tests de conformité et des tests substantifs ;
- L'identification des dysfonctionnements, documentée à l'aide d'outils comme les fiches FRAP (Fiche de Repérage et d'Analyse des Problèmes) ou FRABOP (Bonnes Pratiques);
- La collecte des preuves, via des preuves matérielles, documentaires, personnelles ou analytiques.

Phase de conclusion

Elle comprend :

- La rédaction du projet de rapport, contenant les constats, les recommandations, et les éléments de preuve ;
- La réunion de clôture, permettant une discussion transparente avec les responsables audités ;
- Le rapport final d'audit, validé selon les normes de clarté, d'objectivité, de concision et d'exactitude ;
- Le suivi de mise en œuvre, garantissant l'effectivité des actions correctrices, conformément à la norme 2500 de l'IIA((IIA), 2024).

Par ailleurs, l'auditeur interne, dans sa volonté d'accompagner au mieux les attentes évolutives du management, est de plus en plus conduit à coproduire ses missions avec l'audité, devenu un acteur clé des résultats de l'audit interne. Dès lors, la performance de cette fonction apparaît étroitement liée à la culture d'entreprise dans laquelle elle s'inscrit(Cassiers, 2012).

Il convient de souligner que l'audit interne ne dispose pas de l'autorité nécessaire pour imposer l'application des recommandations formulées dans son rapport final de mission. Quelle que soit la nature de la réponse apportée par la direction aux conclusions de l'audit, l'auditeur en charge du suivi est tenu de rédiger un rapport écrit à l'attention de son supérieur hiérarchique, dans lequel il évalue le degré de prise en compte des recommandations par les parties auditées. Ce rapport de suivi est ensuite transmis à la direction générale ainsi qu'au conseil d'administration, afin de les informer des mesures adoptées pour remédier aux dysfonctionnements identifiés, susceptibles de compromettre l'atteinte des objectifs de l'entreprise.

Section 2. – Les spécificités des PME et leurs implications en matière d'audit

L'application de l'audit interne dans les PME pose des enjeux spécifiques. Ces structures, souvent caractérisées par une centralisation du pouvoir, une informatisation limitée, et une gouvernance peu formalisée, peuvent percevoir l'audit comme un coût plutôt qu'un investissement. Pourtant, son adaptation pragmatique peut leur permettre de :

- Formaliser des procédures internes,
- Réduire les risques de fraude et d'erreurs,
- Améliorer la gestion de la trésorerie,
- Renforcer la confiance des partenaires externes (banques, investisseurs, clients).

La prise en compte des spécificités des petites et moyennes entreprises (PME) constitue un préalable indispensable à toute réflexion sur la mise en œuvre de l'audit interne dans ce type d'organisation. En effet, les PME se distinguent des grandes entreprises par leurs caractéristiques structurelles, juridiques, organisationnelles et sectorielles, qui influencent directement leurs modes de fonctionnement, leur gouvernance et leur rapport au contrôle interne. Ces singularités, souvent marquées par une centralisation du pouvoir décisionnel, des ressources limitées et des pratiques informelles, imposent une adaptation des approches et des outils de l'audit.

La présente section propose d'examiner successivement la définition et les principales caractéristiques des PME, leur typologie juridique et sectorielle, ainsi que les implications organisationnelles et les enjeux de gouvernance que ces spécificités soulèvent pour l'audit interne.

2.1. Définition et caractéristiques structurelles des PME

La notion de petite et moyenne entreprise (PME) varie selon les contextes institutionnels, économiques et juridiques. Elle fait généralement l'objet d'une double approche, qualitative et quantitative, que l'on retrouve dans la plupart des classifications nationales et internationales.

Sur le plan qualitatif, la PME se caractérise par une structure organisationnelle souple, une forte centralisation des décisions autour du dirigeant-propriétaire(Julien & Marchesnay, 1988), une proximité avec le marché local, et une gestion souvent intuitive ou empirique. Ces caractéristiques influencent profondément la manière dont les fonctions de contrôle, de gouvernance et de pilotage stratégique sont exercées.

Sur le plan quantitatif, la Commission européenne (Union européenne, 2003) définit les PME selon trois critères : l'effectif salarié, le chiffre d'affaires et le total du bilan. Ainsi, une entreprise est considérée comme :

- Micro-entreprise si elle emploie moins de 10 personnes et réalise un chiffre d'affaires ou un total de bilan inférieur à 2 millions d'euros ;
- Petite entreprise si elle emploie moins de 50 personnes et enregistre un chiffre d'affaires ou un total de bilan inférieur à 10 millions d'euros ;
- Moyenne entreprise si elle emploie moins de 250 personnes, avec un chiffre d'affaires n'excédant pas 50 millions d'euros ou un total de bilan inférieur à 43 millions d'euros(européenne, 2003).

En Algérie, la loi n° 17-02 du 10 janvier 2017 définit les PME comme toute entreprise employant entre 1 et 250 salariés, dont le chiffre d'affaires n'excède pas 4 milliards de dinars algériens, ou dont le total du bilan annuel n'excède pas 1 milliard de dinars (algerienne02, 2017).

2.2. Typologie juridique et sectorielle des PME

Les PME peuvent adopter différentes formes juridiques, telles que :

- Entreprise unipersonnelle à responsabilité limitée (EURL) : caractérisée par une gestion simplifiée maudit internes une forte dépendance au propriétaire -dirigeant.
- Société à responsabilité limitée (SARL) : forme la plus répandue dans les PME en raison de la limitation du risque au capital investi. Elle reste en activité malgré la faillite d'un associé. Les parts sociales sont difficilement cessibles, et le nombre d'associés est compris entre deux et cinquante.
- Société en nom collectif (SNC) : plus rare, mais adaptée à certain secteur à forte cohésion sociale. Elle regroupe des associés

indéfiniment responsables des dettes sociales, y compris sur leur patrimoine personnel, quelle que soit la part de leurs apports.

- L'entreprise individuelle : elle est simple à créer, audit interne expose le propriétaire à des risques élevés en raison de l'absence de distinction entre ses biens personnels et ceux de l'entreprise.

En raison de leur souplesse de fonctionnement ainsi que de la simplicité de leur constitution et du transfert des parts sociales, les formes juridiques de la SARL et de l'EURL sont généralement privilégiées pour la création de PME.(Berchiche, 1999).

Du point de vue sectoriel, les PME se répartissent dans trois grandes catégories :

- Secteur primaire (agriculture, pêche),
- Secteur secondaire (industrie, BTP),
- Secteur tertiaire (commerce, services), ce dernier regroupant la majorité des PME, en particulier dans les économies en développement.

2.3. Spécificités organisationnelles et implications pour l'audit interne

Les caractéristiques propres aux PME ont des implications directes sur la mise en place et l'efficacité de l'audit interne. Parmi les principales spécificités à considérer :

a. Centralisation du pouvoir

La concentration des fonctions de décision entre les mains d'un dirigeant unique peut limiter la séparation des tâches et entraver la mise en œuvre de mécanismes de contrôle formels. Cela rend l'organisation vulnérable aux erreurs et aux fraudes, en l'absence de contre-pouvoirs internes.

b. Ressources limitées

Les contraintes budgétaires restreignent souvent l'investissement dans des fonctions transversales comme l'audit, la conformité ou le contrôle de gestion. L'audit interne est alors perçu comme un luxe ou une charge plutôt que comme un outil de performance.

c. Informalité des procédures

De nombreuses PME fonctionnent sans documentation systématique des processus. Cela complique la cartographie des risques, l'identification des points de contrôle, et l'évaluation objective des performances.

d. Proximité hiérarchique

La communication directe entre le dirigeant et les salariés peut être un atout en matière de réactivité, audit interne elle réduit aussi la traçabilité des décisions et rend difficile l'objectivation des responsabilités.

Ces spécificités requièrent une adaptation méthodologique de l'audit interne, en favorisant des approches proportionnées, flexibles et orientées vers la création de valeur(IIA/IFACI (trad), 2014).

2.4. Rôle économique des PME et enjeux en matière de gouvernance

Les PME jouent un rôle central dans les économies contemporaines. Elles représentent plus de 90 % du tissu entrepreneurial mondial, génèrent jusqu'à 70 % de l'emploi formel dans de nombreux pays et contribuent à plus de 50 % du produit intérieur brut(Coke-Hamilton, 2023).

En Algérie, selon les statistiques du ministère de l'industrie(pharmaceutique, 2023.), le nombre de PME a atteint près de 1,36 million en 2022, avec une prédominance nette du secteur privé (plus de 99 % des PME).

Pour vraiment comprendre leur importance dans le commerce et la croissance économique, il faut aller au-delà des chiffres.

Assurer une meilleure gestion des risques dans un environnement incertain, leur poids économique croissant suscite l'amélioration de leur gouvernance. L'introduction de l'audit interne apparaît alors comme un outil essentiel pour :

- Améliorer la transparence et la responsabilité des dirigeants,
- Assurer une meilleure gestion des risques dans un environnement incertain,
- Renforcer la confiance des partenaires (banques, investisseurs, clients),
- Stimuler la croissance et la pérennité de l'entreprise à long terme.

Cependant, l'implémentation de l'audit interne dans les PME exige une approche graduée, pédagogique, et adaptée à leurs spécificités internes. La logique n'est pas de transposer mécaniquement les modèles des grandes entreprises, audit interne de concevoir un audit « à taille humaine », fondé sur la proximité, la simplification des outils, et l'accompagnement du changement.

Section 3. – L'audit interne comme levier stratégique pour les PME

Dans un environnement entrepreneurial de plus en plus complexe et incertain, les PME ne peuvent plus se contenter d'une gestion empirique ou d'un pilotage intuitif. Loin d'être un simple outil de vérification, l'audit interne se révèle désormais comme un levier stratégique, capable de renforcer la résilience, la performance et l'agilité des petites structures.

La présente section propose d'examiner cette reconfiguration du rôle de l'audit interne dans les PME, en mettant en lumière ses fonctions stratégiques, ses apports en matière de gouvernance, de maîtrise des risques, d'innovation organisationnelle et d'accompagnement à la transformation numérique. Elle s'attachera également à identifier les conditions nécessaires son efficacité, en tenant compte des contraintes spécifiques aux PME et des modalités d'adaptation qui en découlent.

Vers une reconfiguration du rôle de l'audit interne

L'audit interne, souvent perçu comme une fonction de vérification *ex post* ou un mécanisme de conformité réglementaire, connaît depuis deux décennies une profonde revalorisation de son rôle stratégique. Selon l'Institut des Auditeurs Internes (IIA), l'audit interne « contribue à créer de la valeur en apportant une assurance sur la maîtrise des opérations, des conseils pour les améliorer, et en facilitant l'atteinte des objectifs» (International Standards for the Professional Practice of Internal Auditing, 2017).

Ce repositionnement est d'autant plus primordial pour les PME, qui évoluent dans un environnement marqué par l'intensité concurrentielle, la transformation numérique, la vulnérabilité aux risques externes, et la nécessité d'un pilotage efficace des ressources limitées. Dans ce contexte, l'audit interne ne doit plus être perçu comme un simple outil de contrôle, audit interne comme un dispositif de gouvernance stratégique orienté vers la pérennité de l'entreprise.

Les fonctions stratégiques de l'audit interne dans les PME

L'introduction progressive de l'audit interne dans les PME permet d'atteindre plusieurs finalités stratégiques :

Maîtriser les risques opérationnels

Les PME sont souvent exposées à des risques non maîtrisés en raison de l'absence de procédures formalisées et de la centralisation des responsabilités. L'audit interne audit aide à:

- Cartographier les risques critiques,
- Evaluer leur impact potentiel,
- Proposer des mécanismes de prévention et de contrôle adaptés.

Cette démarche permet de limiter les pertes, les litiges, ou les erreurs qui peuvent compromettre la survie même de l'entreprise (Beeler & Hunton, 2002).

Renforcer la transparence et la gouvernance

Dans les PME, la gouvernance est fréquemment informelle et personnalisée. L'audit interne favorise la mise en place de règles de fonctionnement claires, la traçabilité des décisions et la responsabilisation des acteurs. Il contribue également à instaurer une culture de contrôle, compatible avec les exigences des partenaires financiers (banques, investisseurs) et institutionnels (fiscalité, régulation).

Optimiser les processus et améliorer la performance

L'audit ne se limite pas à la détection des dysfonctionnements. Il propose aussi des axes d'amélioration des processus de gestion, de production, de logistique ou de finance. Grâce à des diagnostics opérationnels, il permet :

- De réduire les coûts cachés,
- De repérer les inefficacités organisationnelles,
- Et d'accompagner les dirigeants dans la prise de décisions fondées sur des données fiables.

La norme 2100 de l'Institut des Auditeurs Internes (IIA) concerne la nature du travail de l'audit interne, et elle stipule que l'audit interne doit évaluer et contribuer à l'amélioration des processus de gouvernance, de gestion des risques et de contrôle (Renard, 2010).

Dans ce cadre, lorsque l'organisation est en train de mettre en place un processus de management des risques (et que ce processus n'est donc pas encore mature ou pleinement opérationnel), la norme précise que l'audit interne ne doit pas rester passif ou simplement évaluateur a posteriori. Il est appelé à jouer un rôle proactif, c'est-à-dire à s'impliquer activement pour accompagner et conseiller l'organisation dans la conception et l'implémentation de ce processus. Ce rôle proactif se concrétise par des missions de conseil (et non d'assurance), ce qui signifie que l'audit interne peut :

- Fournir des recommandations sur les bonnes pratiques de gestion des risques,
- Aider à définir les objectifs, les rôles et responsabilités dans le dispositif de gestion des risques,

- Faciliter des ateliers de réflexion stratégique ou de cartographie des risques, ou encore sensibiliser les dirigeants aux enjeux du *risk management*.

Cependant, cette implication doit toujours respecter l'indépendance et l'objectivité de la fonction d'audit : l'auditeur interne peut conseiller, l'audit interne il ne doit pas prendre de décisions à la place du management (Renard, 2010).

Stimuler l'innovation organisationnelle

Contrairement aux idées reçues, l'audit interne peut être un vecteur d'innovation. En évaluant l'adéquation entre les ressources, les processus et la stratégie, il peut alerter sur les écarts, proposer des ajustements, et encourager la formalisation de nouvelles pratiques. Cette fonction est particulièrement importante dans les PME en croissance ou en phase de transition numérique.

En d'autres termes, loin de se réduire à une fonction de vérification ou de conformité, l'audit interne peut jouer un rôle déterminant dans la stimulation de l'innovation organisationnelle. En évaluant l'articulation entre les ressources, les processus opérationnels et les objectifs stratégiques, il est en mesure d'identifier des dysfonctionnements, de signaler les écarts potentiels et de proposer des ajustements pertinents. Cette capacité d'analyse systémique permet à l'audit interne de contribuer activement à l'émergence de pratiques innovantes, mieux alignées avec les exigences évolutives de l'environnement interne et externe de l'organisation.

Dans les petites et moyennes entreprises, en particulier celles confrontées à une phase de croissance ou engagées dans une transition numérique, cette fonction prend une dimension stratégique. En effet, l'audit interne peut accompagner la structuration des processus, favoriser l'adoption de nouveaux outils ou modes de gouvernance, et encourager une culture d'amélioration continue. Il devient alors un acteur clé de l'adaptabilité organisationnelle, en facilitant la formalisation et l'ancrage de pratiques renouvelées au service de la performance globale.

Les limites du benchmarking face à l'exigence d'innovation

Si le benchmarking peut constituer un outil pertinent d'apprentissage organisationnel (Renard, 2010), il ne saurait se substituer à une véritable dynamique d'innovation. En effet, un recours excessif au benchmarking risque de freiner l'initiative individuelle, la créativité et l'innovation. Au lieu de chercher des solutions originales, les organisations peuvent se contenter de reproduire les pratiques existantes, ce qui peut constituer un frein au véritable progrès.

Plusieurs critiques mettent en évidence la contradiction inhérente à un processus fondé sur l'imitation de pratiques considérées comme exemplaires : en reproduisant systématiquement les mêmes modèles, les organisations s'exposent à un risque d'uniformisation, compromettant ainsi leur capacité à se différencier et à innover de manière authentique(Renard, 2010).

Le progrès organisationnel ne saurait se réduire à la simple reproduction, même améliorée, des performances d'un tiers. Il réside avant tout dans la capacité à faire mieux, à inventer, à proposer des solutions nouvelles adaptées à son propre contexte. Or, un usage excessif du benchmarking peut inhiber cette dynamique en décourageant l'initiative interne, la créativité et l'expérimentation.

De ce fait, le benchmarking est parfois critiqué pour encourager la copie plutôt que l'innovation. Bien qu'il soit utile d'observer les meilleures pratiques développées ailleurs, le véritable progrès réside dans la capacité à aller au-delà de ce qui existe déjà. Un appui excessif sur les pratiques des autres peut freiner la créativité, l'initiative et la capacité d'innovation.

L'histoire économique et sociale montre que certaines organisations ou civilisations ont basé leur évolution essentiellement sur l'imitation, tandis que d'autres ont progressé par la recherche, la découverte et l'innovation. Ce sont ces dernières qui, en créant de nouvelles voies, ont véritablement façonné l'avenir. Dans cette perspective, l'audit interne, loin de se contenter d'un rôle de comparateur ou de prescripteur de bonnes pratiques, peut jouer un rôle stratégique en stimulant la réflexion critique et en favorisant l'émergence de solutions originales, portées par les spécificités et les ambitions propres à chaque organisation.

Accompagner la transformation numérique et la digitalisation

De nombreuses PME amorcent un virage vers la digitalisation, sans toujours disposer de repères méthodologiques ou de dispositifs de contrôle adéquats. L'audit interne peut alors jouer un rôle central en :

- Evaluant les risques liés aux systèmes d'information,
- Accompagnant le déploiement de logiciels ERP[255],
- Renforçant la cybersécurité,
- Et assurant la conformité aux normes (RGPD[256], fiscalité électronique, etc.).

[255]Enterprise Resource Planning (ERP), ou en français Progiciel de Gestion Intégré (PGI), est un logiciel de gestion qui permet de centraliser, intégrer et automatiser l'ensemble des processus d'une entreprise sur une plateforme unique.

Dans ce contexte, l'audit interne s'impose comme un levier du changement organisationnel, en jouant un rôle actif dans l'orientation des choix technologiques. En effet, il ne se limite plus à une fonction de vérification ex post, l'audit interne accompagne les transformations numériques en veillant à ce qu'elles répondent à des objectifs stratégiques de maîtrise des processus, de conformité réglementaire et d'amélioration de la performance organisationnelle.

2.3 Conditions de succès de l'audit interne dans les PME

Le succès de l'audit interne dans les petites et moyennes entreprises (PME) repose sur une série de conditions interdépendantes, à la fois organisationnelles, méthodologiques et culturelles. Contrairement aux grandes entreprises disposant de structures formalisées, les PME rencontrent des contraintes spécifiques qui nécessitent une adaptation contextuelle de la fonction d'audit. L'audit interne permet aux PME de structurer leur gouvernance, de mieux gérer les risques et de renforcer leurs mécanismes de contrôle, à condition que certaines conditions fondamentales soient réunies.

Reconnaissance du rôle stratégique de l'audit interne

L'acceptation de l'audit interne comme un outil de gouvernance stratégique plutôt qu'un simple mécanisme de vérification est une condition sine qua non de son efficacité. Selon Mihret (Dessalegn Getie, 2014) et Roussy (M, 2013), l'audit interne s'est transformé pour devenir un partenaire du management, favorisant la prise de décision éthique, la transparence et la performance durable. Dans cette optique, l'engagement de la direction générale est

---

[256] Le RGPD exige que les traitements de données à caractère personnel soient conformes aux principes de licéité, de loyauté, de transparence, de limitation des finalités, de minimisation des données, d'exactitude, de limitation de la conservation, ainsi que de sécurité et de confidentialité.

fondamental pour assurer l'autonomie, la légitimité et l'impact réel des missions d'audit (Canestrari-Soh, 2011).

Reconnaissance du rôle stratégique de l'audit interne

Les contraintes budgétaires et le manque de personnel qualifié représentent des obstacles majeurs à la mise en œuvre de l'audit interne dans les PME. Plusieurs auteurs (Baracet Motubatse (Karin, 2009) ; Mjoli (Mjoli, 1997) ; Zhang et Gao (J & Gao S, 2012)) soulignent que la pénurie d'auditeurs expérimentés et les capacités internes limitées conduisent souvent à l'externalisation partielle de la fonction d'audit. L'outsourcing, lorsqu'il est encadré, peut s'avérer bénéfique en apportant une expertise ciblée, tout en assurant une certaine indépendance (Inua et Abianga (Ofe, 2015) ; Tazilaha et al. ; (Tazilaha, et al., 2019).Toutefois, comme le précise Lihuan (Zhang, 2022), la qualité de l'audit interne est étroitement liée aux compétences disponibles, que ce soit en interne ou en oxtorno.

Formalisation méthodologique et recours aux technologies

L'un des leviers de succès réside dans l'élaboration d'une démarche structurée reposant sur des normes d'audit reconnues, des processus formalisés et des outils numériques adaptés. Moll et Yigitbasioglu (Moll & Ogan, 2019) mettent en évidence l'impact croissant des technologies numériques sur les pratiques de l'audit interne. Le recours à des systèmes d'analyse de données, de gestion des risques et de reporting permet d'améliorer significativement l'efficience et la pertinence des audits. Alotaibi (Alotaibi, 2024) recommande l'intégration des nouvelles technologies et des plateformes de pilotage pour renforcer l'efficience de la fonction audit dans les PME.

Ces constats soulignent une dynamique commune : face à des environnements de plus en plus complexes, les fonctions d'audit interne doivent évoluer vers des pratiques plus structurées et technologiquement outillées. L'adoption de référentiels reconnus, combinée à l'usage stratégique des outils numériques, ne constitue plus une option mais une nécessité pour accroître l'efficience et la valeur ajoutée des missions d'audit. Cette exigence est d'autant plus marquée dans le cas des PME, souvent confrontées à des contraintes de ressources, mais qui peuvent tirer un avantage compétitif de la digitalisation de leurs processus de contrôle.

Développement d'une culture organisationnelle propice

La réussite de l'audit interne ne repose pas uniquement sur des aspects techniques ou normatifs, mais aussi sur des dimensions relationnelles et culturelles au sein de l'organisation. Plus précisément :

- Le climat organisationnel joue un rôle central : la confiance, la capacité à accepter la critique constructive et l'appropriation des recommandations sont des conditions essentielles pour que l'audit interne ait un impact réel.
- Le rôle de l'auditeur interne évolue : selon De Zwaan et al.(De Zwaan L & Subramaniam N, 2011) et Roussy (Mélanie, 2013), il ne se limite plus à un simple contrôle, mais tend vers un rôle de facilitateur, inscrit dans une logique de collaboration avec les autres fonctions de l'organisation.
- Ce repositionnement requiert un environnement propice : fondé sur la transparence, la responsabilité et un apprentissage continu, afin de favoriser l'intégration des missions d'audit dans les dynamiques de progrès de l'organisation.

La dimension humaine et la qualité des interactions organisationnelles sont des leviers majeurs de l'efficacité de l'audit interne. L'auditeur devient un acteur du changement, à condition d'évoluer dans un cadre de confiance et de collaboration constructive.

Agilité face aux mutations de l'environnement externe

Enfin, le succès durable de l'audit interne repose sur sa capacité à s'ajuster aux évolutions de l'environnement, notamment en matière de risques émergents, de réglementations, de digitalisation ou de soutenabilité. Khan et Liu (Umair & Liu, 2023)soulignent que l'audit interne contribue à la performance environnementale et à la résilience organisationnelle, en accompagnant les entreprises dans leur adaptation stratégique. La fonction audit doit audit ainsi développer une posture anticipatrice, soutenue par une veille active et une formation continue.

De ce fait, les conditions de succès de l'audit interne dans les PME s'articulent autour de cinq axes complémentaires : l'engagement stratégique, la mobilisation des ressources, la structuration méthodologique, l'ancrage culturel et l'agilité stratégique. Comme le suggèrent plusieurs travaux récents (Iqbal (Mohammad, 2015); Ganesan et al. (Yuvaraj, et al., 2017) ; Boamah (Kofi, 2020)), seule une approche holistique permet à la fonction d'audit interne de devenir un véritable levier de gouvernance, de performance et de pérennité pour les PME.

Au-delà de ces axes stratégiques, la réussite de l'audit interne dans les PME requiert également des ajustements pratiques, adaptés à leurs réalités organisationnelles et structurelles. Plusieurs conditions opérationnelles méritent d'être soulignées :

- **Adéquation aux spécificités des PME :** les outils, référentiels et méthodes d'audit doivent être simplifiés, contextualisés et orientés vers des résultats concrets, afin de garantir leur applicabilité et leur efficacité dans des structures à taille réduite.
- **Préservation de l'indépendance et de l'objectivité :** même dans un environnement où les fonctions sont souvent concentrées, l'auditeur interne – ou l'intervenant externe – doit conserver une

autonomie d'analyse, sans interférence avec les responsabilités opérationnelles, afin d'assurer la crédibilité de ses travaux.

- **Sensibilisation et formation des dirigeants :** pour que l'audit soit perçu comme un levier d'aide à la décision plutôt que comme une contrainte bureaucratique, il est essentiel que les responsables de PME soient informés de ses apports en matière de gestion des risques, de conformité et de pilotage stratégique.
- **Maîtrise des coûts et proportionnalité de l'approche :** un audit pertinent pour une PME doit privilégier une démarche agile, ciblée sur les processus critiques, avec un retour sur investissement perceptible à court terme.
- **Recours à des dispositifs alternatifs :** face aux contraintes de ressources, certaines PME peuvent envisager des solutions hybrides, telles que l'externalisation partielle de la fonction d'audit, ou la mutualisation d'auditeurs internes entre plusieurs entreprises partageant des enjeux similaires.

Ainsi, la performance de l'audit interne dans les PME repose sur un équilibre subtil entre vision stratégique et adaptations opérationnelles. Une démarche globale fondée sur l'engagement de la direction, la mobilisation des ressources, la rigueur méthodologique, l'ancrage culturel et l'agilité stratégique permet d'en faire un véritable levier de gouvernance. Toutefois, la réussite de cette fonction dépend également de sa capacité à s'adapter aux spécificités des petites structures, à travers des approches proportionnées, flexibles et économiquement viables. Ces éléments doivent guider toute tentative d'implémentation ou de renforcement de la fonction d'audit interne dans les PME, en particulier dans les contextes où les contraintes structurelles sont fortes et les attentes en matière de performance accrues.

Si les fondements d'un audit interne efficace dans les PME peuvent être définis à travers des principes universels, leur mise en œuvre dépend fortement du contexte institutionnel, économique et culturel propre à chaque pays.

Tableau.1 : Cinq axes de succès de l'audit interne dans les PME

Axe	**Définition**	**Objectif principal**
1. Engagement stratégique	Implication active de la direction dans le pilotage et la valorisation de l'audit interne	Légitimer la fonction d'audit et favoriser l'appropriation des recommandations
2. Mobilisation des ressources	Allocation de moyens humains, financiers et technologiques adaptés à la mission d'audit	Garantir l'efficacité opérationnelle et la professionnalisation de la fonction
3. Structuration méthodologique	Mise en place de processus formalisés, basés sur des normes reconnues et des pratiques	Améliorer la qualité, la traçabilité et la crédibilité des audits

	rigoureuses	
4. **Ancrage culturel**	Développement d'une culture organisationnelle fondée sur la confiance, la transparence et la coopération	Favoriser l'acceptation de l'audit comme levier d'amélioration continue
5. **Agilité stratégique**	Capacité de l'audit à s'adapter aux évolutions de l'environnement interne et externe	Renforcer la résilience et la pertinence de la fonction dans un contexte changeant

Source : Auteure

Dans cette perspective, l'analyse du cas algérien permet d'illustrer de manière concrète les défis et les opportunités liés à l'intégration de cette fonction dans un environnement entrepreneurial en pleine mutation. La section suivante propose ainsi d'examiner l'évolution du tissu des PME en Algérie, leur contribution socio-économique, ainsi que l'état des lieux et les perspectives de développement de l'audit interne dans ce contexte spécifique.

Section 4. – Étude du cas algérien : évolutions, enjeux et perspectives

Dans un contexte mondial marqué par l'incertitude économique, la transition numérique et la recherche d'une gouvernance plus efficiente, les petites et moyennes entreprises (PME) occupent une place stratégique dans les dynamiques de développement. En Algérie, ces structures représentent un segment clé du tissu productif national, tant par leur poids économique que par leur potentiel d'innovation, d'emploi et de résilience territoriale.

Depuis les années 2000, le pays a connu une croissance soutenue du nombre de PME, portée par des politiques publiques de soutien à l'entrepreneuriat et une volonté progressive de diversification économique. Toutefois, cette expansion quantitative ne s'est pas toujours traduite par un renforcement des capacités organisationnelles, ni par une évolution significative des pratiques de gouvernance au sein de ces entreprises.

C'est dans ce cadre que la question de l'audit interne, en tant qu'outil d'appui au pilotage, à la maîtrise des risques et à l'amélioration continue, mérite une attention particulière. Bien que reconnue comme un levier stratégique dans les grandes organisations, cette fonction reste largement sous-exploitée dans les PME algériennes, en dépit des mutations en cours.

Afin d'appréhender les conditions de développement de l'audit interne dans ce contexte, il convient d'abord de retracer les évolutions récentes du secteur des PME en Algérie, d'en mesurer la contribution socio-économique, puis d'analyser l'état actuel de la gouvernance interne dans ces structures. Ce diagnostic permettra enfin d'identifier les leviers susceptibles de favoriser l'intégration progressive d'une fonction d'audit adaptée aux réalités algériennes.

Croissance du secteur des PME

Depuis le début des années 2000, l'Algérie a engagé plusieurs réformes économiques visant à encourager la création d'entreprises, à dynamiser le secteur privé et à réduire la dépendance aux hydrocarbures. Ces efforts se sont traduits par une expansion notable du tissu des petites et moyennes entreprises (PME), qui constituent désormais un maillon central de l'économie nationale.

Selon les données officielles du Ministère de l'Industrie (pharmaceutique, 2023), le nombre de PME est passé de 519 526 en 2008 à 1 359 803 en 2022, soit une croissance de plus de 161 % en l'espace de 14 ans. Cette dynamique est portée quasi exclusivement par le secteur privé, qui représente plus de 99 % des entités répertoriées. À l'inverse, les PME publiques ont connu un net recul, passant de 626 unités en 2008 à seulement 223 en 2022, illustrant ainsi le retrait progressif de l'État du secteur productif au profit de l'initiative entrepreneuriale privée.

Cette évolution témoigne d'une recomposition du tissu économique national, de plus en plus structuré autour d'entreprises individuelles, familiales ou de petite taille, majoritairement actives dans les secteurs du commerce, des services et du bâtiment. Elle traduit également un changement de paradigme, où la PME devient un vecteur privilégié de croissance locale, d'innovation sociale et de création d'emplois.

Toutefois, cette croissance quantitative ne doit pas occulter les défis qualitatifs qui subsistent, notamment en matière de structuration interne, de formalisation des processus de gestion, et d'intégration des fonctions de pilotage stratégique. Ces enjeux seront abordés dans les sections suivantes, à commencer par l'analyse de la contribution socio-économique des PME à l'économie algérienne.

Contribution socio-économique des PME

Les petites et moyennes entreprises jouent un rôle croissant dans la transformation de l'économie algérienne. Leur contribution dépasse désormais le simple cadre entrepreneurial pour s'étendre à des dimensions sociales, territoriales et structurelles. En tant que principal vecteur d'auto-emploi et de dynamisation locale, les PME participent activement à la diversification du tissu productif, à la réduction du chômage et à la stabilisation des revenus des ménages.

Sur le plan de l'emploi, leur impact est significatif. Entre 2012 et 2021, les PME ont permis la création de plus de 1,3 million d'emplois supplémentaires, passant de 1,8 million à plus de 3,1 millions de postes selon les données du ministère de l'industrie (pharmaceutique, 2023). Cette progression est essentiellement attribuée au dynamisme du secteur privé, tandis que les PME publiques ont vu leurs effectifs diminuer de moitié sur la même période. Ces chiffres témoignent de la capacité des PME à absorber une part importante de la main-d'œuvre active, en particulier dans les régions où les grandes entreprises et les investissements industriels se font rares.

Sur le plan économique, cependant, la contribution des PME au produit intérieur brut (PIB) reste relativement modeste. Les estimations les plus récentes situent leur part autour de 20 %, un niveau inférieur à celui observé dans de nombreux pays à revenu intermédiaire. Plusieurs facteurs structurels expliquent cette situation : une faible productivité globale, une forte prévalence de l'informalité, une dépendance marquée à la commande publique, ainsi qu'un accès restreint au financement bancaire et aux mécanismes de soutien à l'investissement.

Malgré ces contraintes, les PME demeurent un levier incontournable pour le développement inclusif et durable du pays. Leur renforcement organisationnel et leur accompagnement vers une plus grande formalisation sont donc des priorités, notamment en ce qui concerne l'amélioration de leur gouvernance interne. La section suivante s'attardera sur l'état des lieux de cette gouvernance et sur la place encore marginale qu'y occupe la fonction d'audit interne.

Audit interne et gouvernance des PME en Algérie : état des lieux

Malgré leur poids croissant dans l'économie nationale, les PME algériennes demeurent faiblement engagées dans des démarches de gouvernance formalisée. La fonction d'audit interne, pourtant reconnue à l'échelle internationale comme un levier de performance et de résilience organisationnelle, y reste marginale, voire absente. Ce déficit s'explique par un ensemble de facteurs à la fois culturels, institutionnels et structurels.

Tout d'abord, la culture managériale prédominante dans les PME algériennes est essentiellement tournée vers l'opérationnel. Les dirigeants concentrent leurs efforts sur la gestion quotidienne des urgences, au détriment de la planification stratégique, du contrôle interne et des dispositifs d'évaluation systématique. L'audit interne est souvent perçu comme superflu ou trop complexe, surtout en l'absence d'obligations réglementaires claires.

En effet, le cadre juridique et institutionnel ne prévoit pas de dispositif incitatif ou obligatoire pour l'instauration d'une fonction d'audit interne dans les PME. Contrairement aux grandes entreprises publiques, soumises à des exigences de conformité et à des contrôles externes réguliers, les PME ne disposent pas de mécanismes réglementaires qui les poussent à adopter des pratiques de gouvernance avancées. Cette lacune contribue au maintien d'un mode de gestion informel, faiblement structuré.

Par ailleurs, le manque de ressources humaines qualifiées constitue un obstacle majeur. Les profils spécialisés en audit interne sont rares, et les opportunités de formation continue adaptées aux réalités des PME restent limitées. Cette pénurie de compétences rend difficile la mise en place d'un audit crédible, rigoureux et adapté aux besoins spécifiques de ces structures.

Enfin, la réticence à recourir à des intervenants externes constitue un frein supplémentaire. Nombre de dirigeants de PME perçoivent encore l'audit comme un outil de surveillance ou de sanction, plutôt que comme un accompagnement à la prise de décision. Cette méfiance culturelle alimente une certaine résistance au changement et retarde l'adoption de pratiques de contrôle interne modernisées.

L'audit interne : un levier sous-exploité pour la pérennité des PME

Du point de vue de l'audit interne, la forte proportion de radiations enregistrées en 2022 parmi les PME privées, en particulier celles constituées en personnes physiques, met en exergue des défaillances systémiques en matière de gouvernance, de contrôle interne et de gestion des risques. En effet, durant l'année 2022, 19 179 PME privées ont été radiées, dont 4 799 sont des personnes morales14 et 14 380 PME personnes physiques (pharmaceutique, 2023).

Dans un environnement entrepreneurial caractérisé par l'incertitude et la complexité croissantes, l'audit interne joue un rôle stratégique en tant que mécanisme de prévention, d'anticipation et de pilotage des vulnérabilités opérationnelles et financières. L'absence ou la faiblesse de dispositifs d'audit interne dans la majorité des PME — souvent en raison de ressources limitées ou d'une méconnaissance de la fonction — prive ces entreprises d'un levier fondamental de résilience. En effet, l'audit interne ne se limite pas à la conformité : il contribue à structurer les processus, à évaluer la performance, à détecter les signaux faibles de défaillance et à formuler des recommandations correctives.

La prédominance des radiations chez les personnes physiques suggère également une gouvernance centralisée et peu formalisée, où la séparation des fonctions et le contrôle interne sont généralement absents. Cela limite la capacité de ces entités à anticiper les risques critiques, tels que la dépendance à un seul client, l'irrégularité des flux de trésorerie, ou encore l'exposition excessive aux évolutions réglementaires.

Ainsi, le renforcement de la fonction d'audit interne, même sous des formes allégées ou externalisées, devrait être envisagé comme une priorité stratégique pour améliorer la viabilité des PME. Cela passe par la sensibilisation des dirigeants, la formation à la culture du contrôle, ainsi que le développement de dispositifs adaptés à la taille et à la complexité des structures concernées.

L'ensemble de ces constats met en évidence la nécessité de repenser les modalités d'implantation de l'audit interne dans les PME algériennes. La section suivante proposera, dans cette perspective, des pistes d'action concrètes pour favoriser une appropriation progressive, contextualisée et durable de cette fonction.

Opportunités et perspectives d'intégration de l'audit interne

Face aux limites identifiées dans l'organisation des PME algériennes et à l'absence de structuration de la fonction d'audit interne, plusieurs leviers peuvent être activés pour favoriser son intégration progressive. L'objectif n'est pas de transposer mécaniquement des modèles conçus pour les grandes entreprises, mais de proposer une approche adaptée, pragmatique et évolutive, tenant compte des réalités économiques, culturelles et institutionnelles du contexte national.

Promouvoir une culture du contrôle interne simplifié

Il s'agit avant tout d'introduire des pratiques de contrôle adaptées aux capacités des PME. Cela passe par l'élaboration de guides pratiques, la diffusion de grilles de diagnostic allégées, et la mise à disposition d'outils de cartographie simplifiée des risques. Ces dispositifs, pédagogiques et accessibles, peuvent servir de point d'entrée vers une culture de l'amélioration continue et de la gestion maîtrisée.

Développer des dispositifs mutualisés d'audit externe

Dans un contexte marqué par des contraintes budgétaires et une faible disponibilité de compétences internes, la mutualisation apparaît comme une solution pertinente. Elle peut prendre la forme de prestations d'audit à temps partagé entre plusieurs PME d'un même territoire ou d'un même secteur d'activité. Ce modèle permet de réduire les coûts tout en assurant un accompagnement professionnel régulier.

Renforcer le rôle des structures d'appui et des acteurs intermédiaires

Les chambres de commerce, les associations professionnelles, les centres de gestion agréés et les cabinets d'expertise comptable peuvent jouer un rôle clé dans l'acculturation des PME à la gouvernance interne. En agissant comme relais techniques et pédagogiques, ces structures peuvent organiser des formations ciblées, des sessions de sensibilisation et offrir un accompagnement personnalisé pour la mise en place de dispositifs d'audit adaptés.

Créer des incitations institutionnelles et symboliques

La mise en place d'un cadre réglementaire volontaire — accompagné d'avantages fiscaux, de labels de bonne gouvernance ou de critères d'éligibilité à certains financements publics ou privés — pourrait encourager davantage de PME à s'engager dans une démarche structurée d'audit interne. L'intégration de cette fonction dans les programmes de certification (ISO, RSE, etc.) constituerait également un levier incitatif puissant. Cela renforce l'idée que l'audit interne n'est pas seulement un outil de conformité financière, mais aussi un levier de gouvernance responsable et durable.

Favoriser une approche graduelle et contextualisée

Enfin, toute initiative visant à promouvoir l'audit interne dans les PME doit être pensée selon une logique de progressivité. L'intensité, la forme et les outils de l'audit doivent être ajustés à la taille, au secteur d'activité, à la maturité organisationnelle et aux besoins réels de l'entreprise. Une approche trop normative ou standardisée risquerait d'engendrer des effets de rejet, voire de surcharge.

A la lumière de ce qui précède, le développement d'une fonction d'audit interne efficiente et accessible au sein des PME algériennes passe par un changement de regard, des appuis techniques adaptés, et une dynamique collective impliquant les acteurs publics, les organismes professionnels et les dirigeants eux-mêmes. Loin d'être un luxe réservé aux grandes entreprises, l'audit interne peut devenir, pour les PME, un outil stratégique de consolidation, de pérennisation et de création de valeur.

Applicabilité des recommandations de *Vision 2035* aux PME algériennes

Dans cette optique, il apparaît essentiel d'évaluer la portée réelle des recommandations formulées dans le rapport *Internal Audit: Vision 2035*(Internal audit foundation, s.d.) au regard des spécificités des PME algériennes. Si ces orientations offrent un cadre stratégique riche et prospectif, leur transposition directe dans le tissu entrepreneurial local nécessite une adaptation fine, tenant compte des contraintes structurelles, culturelles et économiques. Le tableau ci-dessous propose une synthèse des opportunités que ces recommandations pourraient offrir, des obstacles potentiels à leur mise en œuvre, ainsi que des conditions nécessaires pour en assurer une application effective et contextualisée.

Tableau 2 : Applicabilité des recommandations de Vision 2035 aux PME algériennes

Axes de Vision 2035	**Opportunités pour les PME algériennes**	**Contraintes spécifiques**	**Conditions d'applicabilité**
Agilité et audit créateur de valeur	Adaptation rapide, réactivité accrue, meilleure résilience face à l'instabilité	Absence de structuration formelle, logique de gestion court-termiste	Introduire des démarches d'audit allégées, ciblées sur les processus clés
Repositionnement de l'audit en tant que	Soutien à la transformation, à la performance	Culture managériale centrée sur	Initier des missions à portée concrète

conseil stratégique	et à l'innovation	l'opération nel, manque de vision stratégiqu e	(optimisati on, conformité, gestion des risques)
Digitalisation des pratiques d'audit	Automatisation des tâches, amélioration du reporting, gain d'efficacité	Faible accès aux outils numérique s, déficit d'infrastru ctures, coût élevé	Privilégier des outils simples, open source, mutualisés entre PME
Montée en compétence s et formation continue	Renforcement des capacités internes, professionnal isation de la fonction	Manque de profils qualifiés, accès limité à la formation spécialisée	Développer des modules courts, certifiants, via les chambres de commerce

			ou universités locales
Diversification des profils (ESG, technologie, stratégie)	Ouverture à de nouveaux enjeux (RSE, durabilité, innovation)	Maturité organisationnelle insuffisante, faible intégration des thématiques ESG	Approche progressive : introduire ces thématiques dans les audits existants
Feuille de route stratégique nationale	Cohérence des actions, mobilisation des parties prenantes	Fragmentation institutionnelle, absence de coordination ciblée sur les PME	Créer une initiative nationale dédiée à l'audit dans les PME, en lien avec les recomman

			dations Vision 2035

Source : Auteure

Conclusion générale et recommandations

L'analyse menée tout au long de ce chapitre a mis en lumière la nécessité de concevoir l'audit interne comme un levier stratégique de gouvernance, particulièrement dans le contexte des petites et moyennes entreprises (PME). Longtemps marginalisée dans ce type de structures, cette fonction tend à gagner en reconnaissance face à l'évolution des exigences en matière de gestion des risques, de performance organisationnelle et de transparence.

Les fondements conceptuels et normatifs de l'audit interne, portés par des institutions telles que l'IIA (Institute of Internal Auditors) ou l'IFACI, mettent en avant son rôle transversal : il s'agit non seulement d'une activité de vérification, mais aussi d'un dispositif d'accompagnement à la prise de décision, d'amélioration continue et de création de valeur. Toutefois, l'implémentation de cette fonction dans les PME requiert une adaptation profonde, afin de répondre à leurs spécificités : centralisation de la gestion, informalité des processus, contraintes de ressources et absence de structuration formelle.

Le cas algérien illustre avec pertinence ces enjeux. Bien que les PME y connaissent une croissance soutenue et contribuent de manière significative à l'emploi, leur gouvernance interne reste faiblement formalisée. La fonction d'audit interne y est encore embryonnaire, entravée par l'absence de cadre réglementaire incitatif, la pénurie de compétences spécialisées et une culture managériale davantage orientée vers l'opérationnel que vers la stratégie.

Dans ce contexte, il apparaît essentiel d'adopter une approche renouvelée et contextualisée de l'audit interne, fondée sur la simplicité, la progressivité et la pertinence. Il ne s'agit pas d'imposer un modèle rigide, mais de proposer des dispositifs souples, proportionnés et évolutifs, susceptibles de répondre aux besoins réels des PME tout en respectant leurs contraintes.

Pour y parvenir, plusieurs axes d'action sont à envisager. Il convient d'abord de concevoir des dispositifs d'audit proportionnés, simples, évolutifs et centrés sur les processus critiques, afin de garantir leur faisabilité dans un environnement contraint. Des outils pratiques tels que des grilles de contrôle, des tableaux de bord de risques ou des audits à périmètre réduit peuvent constituer des points d'entrée efficaces. La sensibilisation des dirigeants de PME à l'intérêt stratégique de l'audit interne est également indispensable. Cela implique l'intégration de modules de formation spécifiques dans les cursus de gestion, mais aussi le renforcement de l'offre de formation continue, notamment à travers des formats souples et accessibles.

Par ailleurs, le développement de mécanismes incitatifs — qu'ils soient fiscaux, réglementaires ou symboliques — apparaît comme une condition clé pour encourager l'adoption volontaire de cette fonction. La création d'un label de gouvernance, l'octroi d'avantages financiers aux entreprises dotées d'un audit structuré, ou l'inclusion de critères de gouvernance dans les dispositifs de financement public ou privé peuvent jouer un rôle catalyseur.

Dans un environnement de plus en plus digitalisé, l'usage des technologies doit également être encouragé. Il convient de faciliter l'accès à des outils numériques adaptés — tels que les systèmes de gestion d'audit, les outils d'analyse de données ou les plateformes collaboratives — tout en accompagnant la montée en compétences des auditeurs internes dans ces domaines. Cette évolution suppose également de repositionner l'audit comme une fonction de conseil stratégique, capable de contribuer à la transformation organisationnelle, à la gestion du changement et à l'anticipation des risques émergents, y compris en matière environnementale, sociale ou technologique.

Enfin, un effort particulier doit être consacré à la valorisation des expériences réussies. La documentation de bonnes pratiques, la diffusion d'études de cas locales, ainsi que la mise en réseau des PME autour de problématiques de gouvernance et d'audit pourraient nourrir une dynamique collective d'apprentissage et d'innovation. À terme, l'élaboration d'une feuille de route nationale en faveur de la structuration de l'audit interne dans les PME — construite en partenariat avec les institutions publiques, les organismes professionnels et les acteurs économiques — permettrait de donner une cohérence stratégique aux efforts de transformation engagés.

Au final, intégrer l'audit interne dans les pratiques des PME ne doit pas être perçu comme une contrainte supplémentaire, mais comme une opportunité de renforcer leur capacité à piloter, anticiper et se développer durablement dans un environnement incertain. Cette ambition suppose un engagement concerté de l'ensemble des parties prenantes, pour que l'audit interne devienne, dans les années à venir, un vecteur de confiance, de professionnalisation et de compétitivité au cœur du tissu entrepreneurial.

Bibliographie

Alotaibi, K., 2024. How internal auditing impacts governance mechanisms in small and medium-sized businesses. *International Journal of Advanced and Applied Sciences*, 11(7), pp.199–207.

Barac, K. & Motubatse, K.N., 2009. Internal audit outsourcing practices in South Africa. *African Journal of Business Management*, 3(13), pp.969–979.

Beeler, J.D. & Hunton, J.E., 2002. Contingent economic rents: Insidious threats to audit independence. *Advances in Accounting Behavioral Research*, 5, pp.21–50.

Benhayoun Sadafi, M.A., 2001. *L'audit interne : levier de performance dans les organisations publiques, étude du cas Drapor*. Rabat : Institut supérieur de commerce et d'administration des entreprises.

Berchiche, A., 1999. Typologie des sociétés commerciales : avantages et inconvénients. *Mutation*, revue trimestrielle, pp.39–44.

Boamah, K., 2020. *Impact of internal audit and corporate governance practices on the performance of state-owned enterprises in Namibia*. Ph.D. dissertation. Cape Town, South Africa : Cape Peninsula University of Technology.

Canestrari-Soh, D. & Martinov-Bennie, N., 2011. The internal audit function: Perceptions of internal audit roles, effectiveness and evaluation. *Managerial Auditing Journal*, 26(7), pp.605–622.

Cassiers, J.-M., 2012. A pragmatic approach to multi-cultural diversity in auditing. The Institute of Internal Auditors (IIA), s.l. : s.n.

Coke-Hamilton, P., 2023. Les microentreprises et les petites et moyennes entreprises sont la clé d'un avenir inclusif et durable. [en ligne] Disponible sur : https://www.un.org/fr/chronique-onu/les-microentreprises-et-les-petites-et-moyennes-entreprises-sont-la-cl%C3%A9-d%E2%80%99un-avenir [Consulté le 15 juin 2025].

Commission européenne, 2003. Recommandation 2003/361/CE.

De Zwaan, L., Stewart, J. & Subramaniam, N., 2011. Internal audit involvement in enterprise risk management. *Managerial Auditing Journal*, 26(7), pp.586–604.

Dégos, J.G., 2010. *Origine et histoire de la comptabilité française*. France.

Gao, S. & Z, J., 2012. How do SMEs build internal audit capabilities? A grounded theory approach. *World Review of Business Research*, 2(1), pp.98–108.

Herrbach, O., 2000. *Le comportement au travail des collaborateurs de cabinets d'audit financier : une approche par le contrat psychologique*. Toulouse : Université des sciences sociales de Toulouse.

IIA (Institute of Internal Auditors), 2024. *Normes internationales d'audit interne, 2024*. [en ligne] Disponible sur : https://www.theiia.org/globalassets/site/standards/editable-versions/global-internal-audit-standards-french.pdf [Consulté le 03 juin 2025].

IIA/IFACI (trad.), 2014. *Cadre de référence international des pratiques professionnelles de l'audit interne*, p.15.

International Standards for the Professional Practice of Internal Auditing, 2017. *International standards for the professional practice of internal auditing*. [en ligne] Disponible sur : https://www.theiia.org/en/content/guidance/mandatory/standards/international-standards-for-the-professional-practice-of-internal-auditing/ [Consulté le 15 juin 2025].

Iqbal, M., 2015. SME governance in Indonesia – A survey and insight from private companies. *Procedia Economics and Finance*, 31, pp.387–398.

Journal officiel de la République algérienne, 2017. Loi n°17-02 du 10 janvier 2017 portant loi d'orientation sur le développement de la petite et moyenne entreprise. *Journal officiel de la République algérienne*, n° 02, 11 janvier, art. 5, p. 5.

Julien, P.-A. & Marchesnay, M., 1988. *La petite entreprise : principes économiques et gestion*. Paris : Éditions Vuibert.

Kahn, J., 2003. *Professional practice*. États-Unis : s.n.

Khan, U. & Liu, W., 2023. The role of internal auditing on corporate governance: Its effects on economic and environmental performance. *Environmental Science and Pollution Research*, 30(52), pp.112877–112891.

Lampe, J.C. & Garcia, A., 2003. Professionalism in internal auditing. *Managerial Auditing Journal*, 18(6), p.15.

Mihret, D.G., 2014. How can we explain internal auditing? The inadequacy of agency theory and a labor process alternative. *Critical Perspectives on Accounting*, 25(8), pp.771–782.

Ministère de l'Industrie, 2023. *Bulletin statistique annuel de la PME*. Algérie.

Ministère de l'Industrie et de la Production pharmaceutique, 2023. *Bulletin d'information statistique de la PME*. Algérie, n° 42, données de l'année 2022, édition avril 2023.

Ministère de l'Industrie et de la Production pharmaceutique, 2023. *Bulletin d'information statistique de la PME (n° 42)*. [en ligne] Disponible sur : https://www.industrie.gov.dz/fr/bulletin-statistique/ [Consulté le 15 juin 2025].

Mjoli, P., 1997. *Perceptions of the role of internal audit and its value added*. Johannesburg : Master's in Business Administration, research report.

Moll, J. & Yigitbasioglu, O., 2019. The role of internet-related technologies in shaping the work of accountants: New directions for accounting research. *The British Accounting Review*, 51(6), p.100833.

Ofe, I.I. & Abianga, E.U., 2015. The effect of internal audit outsourcing on auditor independence: The Nigerian experience. *Research Journal of Finance and Accounting*, 6(10), pp.36–44.

Reding, K.F. et al., 2015. *Manuel d'audit interne*. Paris : Édition Eyrolles.

Renard, J., 2010. *Théorie et pratique de l'audit interne*. Paris : Groupe Eyrolles.

Renard, J., 2017. *Théorie et pratique de l'audit interne*. 10e éd. Paris : Eyrolles.

Roussy, M., 2013. Internal auditors' roles: From watchdogs to helpers and protectors of the top manager. *Critical Perspectives on Accounting*, 24(7–8), pp.550–557.

Tazilaha, M.D.A.A.K., Majid, M. & Suffari, N.F., 2019. Effects of outsourcing internal audit functions among small and medium enterprises (SMEs). *International Journal of Business and Technology Management*, 1(1), pp.17–22.

The Institute of Internal Auditors, 2017. *International standards for the professional practice of internal auditing.* [en ligne] Disponible sur : https://www.theiia.org/en/content/guidance/mandatory/standards/international-standards-for-the-professional-practice-of-internal-auditing/ [Consulté le 15 juin 2025].

The Institute of Internal Auditors, 2024. *Rapport de vision* (version française). [en ligne] Disponible sur : https://www.theiia.org/globalassets/site/foundation/latest-research-and-products/Vision-Report_French.pdf [Consulté le 12 juin 2025].

Union européenne, 2003. Recommandation 2003/361/CE de la Commission du 6 mai 2003 concernant la définition des micro, petites et moyennes entreprises. *Journal officiel de l'Union européenne*, L 124, 20 mai, art. 3.

Yuvaraj, G., Hwa, Y.W., Jaaffar, A.H. & Hashim, F., 2017. Corporate governance and sustainability reporting practices: The moderating role of internal audit function. *Global Business and Management Research*, 9(4s), pp.159–179.

Zhang, L., 2022. Factors affecting internal audit effectiveness: A research in China SMEs. *Academic Journal of Business and Management*, 4(15), pp.118–124.

Quatrième couverture

Quelles conditions permettent aujourd'hui à l'entreprise de naître, de se développer et de se pérenniser dans un monde marqué par l'incertitude et l'interdépendance ?

L'ouvrage intitulé Regards interdisciplinaires sur l'entreprise (trajectoires, défis et perspectives) réunit des chercheurs et des praticiens issus du droit, de l'économie et des sciences de gestion pour analyser cette question à partir de regards complémentaires. À travers des études théoriques, empiriques et appliquées, l'ouvrage met en évidence la diversité des facteurs qui influencent les trajectoires entrepreneuriales : politiques publiques, dynamiques financières, cadres juridiques, pratiques managériales et dispositifs de gouvernance.

L'ouvrage explore d'une part les dynamiques de création et les obstacles rencontrés par les entreprises, et d'autre part les instruments de gestion et les mécanismes de gouvernance qui conditionnent leur performance et leur adaptation.

La richesse de cet ouvrage tient à la pluralité de ses contributeurs – enseignants-chercheurs, experts et praticiens – qui conjuguent analyses conceptuelles et expériences de terrain. Ce croisement des disciplines et des approches permet d'apporter un éclairage sur les transformations de l'entreprise contemporaine.

Destiné aux étudiants, aux chercheurs et aux professionnels, cet ouvrage propose des clés de lecture utiles pour comprendre les mutations actuelles et identifier les leviers d'action susceptibles de renforcer la pérennité des entreprises.

Table des matières

1.65. ____ -
____ **204**

1.66. ____ -
____ **204**

1.67. ____ -
____ **204**

1.68. ____ **2002**
____ **204**

1.69. ____ **189 552**
____ **204**

1.70. ____ **5,37**
____ **204**

1.71. ____ **72,39**
____ **204**

1.72. ____ **9 659**
____ **204**

1.73. ____ -
____ **204**

1.74. ____ -
____ **204**

1.75. ____ -

____ 204

1.76. ____ 2003

____ 204

1.77. ____ 207 949

____ 204

1.78. ____ 9,71

____ 204

1.79. ____ 72,06

____ 204

1.80. ____ 18 397

____ 204

1.81. ____ 21 244

____ 204

1.82. ____ 1 942

____ 204

1.83. ____ 4 789

____ 204

1.84. ____ 2004

____ 204

1.85. ____ 225 449

____ 204

1.86. ______________________________ **8,42**

______________________________ **204**

1.87. ______________________________ **72,04**

______________________________ **204**

1.88. ______________________________ **17 500**

______________________________ **204**

1.89. ______________________________ **18 987**

______________________________ **204**

1.90. ______________________________ **1 920**

______________________________ **204**

1.91. ______________________________ **3 407**

______________________________ **204**

1.92. ______________________________ **2005**

______________________________ **204**

1.93. ______________________________ **245 842**

______________________________ **204**

1.94. ______________________________ **9,05**

______________________________ **204**

1.95. ______________________________ **71,71**

______________________________ **204**

1.96. ____ 20 393

____ 204

1.97. ____ 21 018

____ 204

1.98. ____ 2 863

____ 204

1.99. ____ 3 488

____ 204

1.100. ____ 2006

____ 204

1.101. ____ 269 806

____ 204

1.102. ____ 9,75

____ 204

1.103. ____ 99,81

____ 204

1.104. ____ 23 964

____ 204

1.105. ____ 24 352

____ 204

1.106. ____ 2 702

____ 204

1.107. ____ 3 090

____ 204

1.108. ____ 2007

____ 205

1.109. ____ 293 946

____ 205

1.110. ____ 8,95

____ 205

1.111. ____ 99,84

____ 205

1.112. ____ 24 140

____ 205

1.113. ____ 24 835

____ 205

1.114. ____ 2 481

____ 205

1.115. ____ 3 176

____ 205

1.116. ____ 2008

____ 205

1.117. ____ 321 387

____ 205

1.118. ____ 9,34

____ 205

1.119. ____ 99,88

____ 205

1.120. ____ 27 441

____ 205

1.121. ____ 27 950

____ 205

1.122. ____ 2 966

____ 205

1.123. ____ 3 475

____ 205

1.124. ____ 2009

____ 205

1.125. ____ 345 902

____ 205

1.126. ____ 7,63**

____ 205

1.127. ____ 99,91

____ 205

1.138. ____ 3 389

____ 205

1.139. ____ 7 915

____ 205

1.140. ____ 2011

____ 205

1.141. ____ 658 737

____ 205

1.142. ____ 6,5

____ 205

1.143. ____ 99,91

____ 205

1.144. ____ 40 222

____ 205

1.145. ____ 44 375

____ 205

1.146. ____ -

____ 205

1.147. ____ -

____ 205

1.148. ____ 2012

____ 205

1.159. ____ 99,93

____ 205

1.160. ____ 65 984

____ 205

1.161. ____ 66 584

____ 205

1.162. ____ 8 191

____ 205

1.163. ____ 8 791

____ 205

1.164. ____ 2014

____ 205

1.165. ____ 851 511

____ 205

1.166. ____ 9,55

____ 205

1.167. ____ 99,94

____ 205

1.168. ____ 74 252

____ 205

1.169. ____ 76 551

____ 205

1.180. ____ 2016

____ 206

1.181. ____ 1 022 231

____ 206

1.182. ____9,44

____ 206

1.183. ____99,96

____ 206

1.184. ____88 194

____ 206

1.185. ____108 538

____ 206

1.186. ____14 127

____ 206

1.187. ____34 471

____ 206

1.188. ____ 2017

____ 206

1.189. ____ 1 074 236

____ 206

1.190. ____5,09

____ 206

1.191. ______ 99,98

______ 206

1.192. ______ 52 005

______ 206

1.193. ______ 73 314

______ 206

1.194. ______ 13 663

______ 206

1.195. ______ 34 972

______ 206

1.196. ______ 2018

______ 206

1.197. ______ 1 141 602

______ 206

1.198. ______ 6,27

______ 206

1.199. ______ 99,98

______ 206

1.200. ______ 67 366

______ 206

1.201. ____________________ 63 531

____________________ 206

1.202. ____________________ 16 126

____________________ 206

1.203. ____________________ 12 291

____________________ 206

1.204. ____________________ 2019

____________________ 206

1.205. ____________________ 1 193 096

____________________ 206

1.206. ____________________ 4,5

____________________ 206

1.207. ____________________ 99,98

____________________ 206

1.208. ____________________ 51 494

____________________ 206

1.209. ____________________ 57 642

____________________ 206

1.210. ____________________ 14 402

____________________ 206

1.211. ____________________ 20 550

____________________ 206

www.ingramcontent.com/pod-product-compliance
Lightning Source LLC
LaVergne TN
LVHW060021210926
848481LV00013B/3759